CONTEXTOS

CURSO DE ESPAÑOL

Student Book

PART 1

Con EXTENSIÓN DIGITAL

ELEteca
un espacio en constante actualización

- Las actividades de este libro se amplían y complementan en un **espacio web de extensión al aprendizaje**.
- Para acceder a este espacio, entra en la **ELEteca** (*eleteca.edinumen.es*), y activa el código que tienes debajo.

Extensión digital

Código de acceso

8bt9EVsnGh

© Editorial Edinumen, 2016

Authors:
Cecilia Bembibre, María Carmen Cabeza, Noemí Cámara, Susana Carvajal, Francisca Fernández, Emilio José Marín, Celia Meana, Ana Molina, Susana Molina, Liliana Pereyra, Francisco Fidel Riva, Equipo Espacio, and equipo Nuevo Prisma
Coordination Team: David Isa, Celia Meana and Nazaret Puente.

ISBN - 978-84-9848-911-8

DEPÓSITO LEGAL - M-36325-2016

Editorial Coordination:
Mar Menéndez

Cover Design:
Carlos Casado y Juanjo López

Design and Layout:
Carlos Casado, Juanjo López y Sara Serrano

Illustrations:
Carlos Casado

Photos:
See page 263

Editorial Edinumen
José Celestino Mutis, 4. 28028 Madrid. España
Telephone: (34) 91 308 51 42
Fax: (34) 91 319 93 09
Email: edinumen@edinumen.es
www.edinumen.es

Learning to communicate in Spanish can help you achieve a more vibrant and prosperous future, especially in today's globalizing world. As of 2014, **more than 450 million people speak Spanish** as a native language, making Spanish the second most common native language in the world. According to a study by the Instituto Cervantes, **45 million people in the United States** speak Spanish as a first or second language. That's a Spanish-speaking community the size of the whole country of Spain!

Spanish is the most widely spoken language in the Western Hemisphere, and an official language of the European Union, making it an important language for international business. By learning Spanish, you'll be joining 20 million other students worldwide who are learning to speak Spanish. You'll also be gaining a valuable professional skill on an increasingly bilingual continent. **¡Bienvenidos!**

WHY COMMUNICATIVE EXPERIENTIAL LEARNING?

Mechanical learning doesn't work

How did you learn to ride a bike? Did you sit in a chair while someone explained the fundamentals of bike riding to you, or did you go outside and give it a try yourself? Did you get better by memorizing a set of expert techniques, or did you suffer a few skinned knees until you improved?

If you're like most people, you learned by doing —and we don't think learning a language should be any different. When you learn out-of-context grammar and vocabulary skills, or complete exercises designed to perfect isolated language functions, it can be difficult to combine these skills when you want to express something new, or understand something that you've never heard before. Even more importantly, this kind of instruction can make us forget that Spanish is a living language that is spoken creatively and individually by people all over the world.

We need to feel, experience and reflect in order to learn

When we learn by doing —by following our own initiative and self-direction—we associate the things we learn with specific feelings and experiences, which helps us comprehend and retain new language. Activities that connect with our emotions awaken our curiosity, and help us remember what we've learned years later.

Communicative Experiential Learning is self-directed, and constructed according to the unique styles and needs of each individual. Differences in learning style and speed are allowed for and embraced in the experiential classroom.

Learning is more rewarding as part of a community

Communicative Experiential Learning also creates a supportive peer environment, in which learners are truly part of a classroom community. Learning by doing naturally encourages cooperative learning strategies, and rewards an open exchange of ideas and experiences.

Spanish is a vital, living language—which can be surprisingly easy to forget when you're conjugating endless strings of —AR verbs! Communicative Experiential Learning reminds us that the purpose of language is to connect with ourselves and with our communities, both locally and globally.

Contextos is a Spanish language program designed for students with background knowledge of English. It uses lively and compelling content, images, and video to teach the language learners need to succeed in and outside the classroom.

Divided into two volumes or parts, **Contextos** provides a complete course of instruction for levels A1 to B1.

STUDENT BOOK

Contextos uses lively and compelling content, images, and video to teach real-world language. The student book's experiential format encourages the development of strong communicative skills, which will increase students' comfort level in real-world settings.

EBOOK

Contextos eBooks are fully interactive and fully integrated with the Learning Management System ELEteca. Integrated audio and a seamless connection to online video content, as well as online and offline modes for Mac, PC, iOS, and Android, make using your eBook simple.

ONLINE WORKBOOK

The *Contextos* online workbook features a wide variety of activity types and exercises, and includes embedded video, a video note-taking feature, and speech recognition technology.

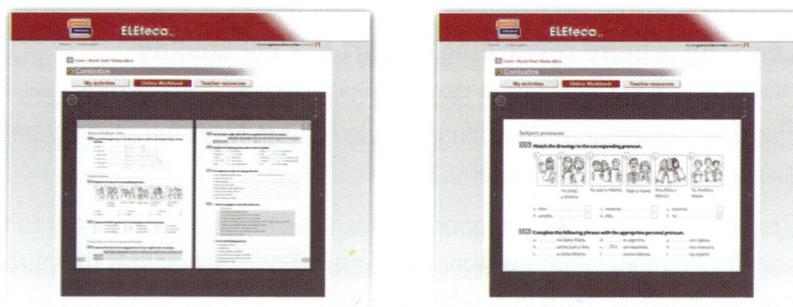

ELETECA

Contextos features a wealth of digital resources designed to supplement and enhance the Student Book. All are available in the rich, interactive world of *Contextos* ELEteca—in one place, with one password.

Interactive Activities

Online Workbook and eBook Integration

The *Contextos* Online Workbook and eBook are accessible through ELEteca, so students can access all of the digital resources in one place, using one password.

Gamification

"La Pasantía", a game that allows students to engage with the Spanish language in a fun context, as they compete to win a spot on the staff of a Spanish newspaper.

Videos

Contextos contains a wealth of video content, which:

- highlights both the unit theme and the culture of the Spanish-speaking world
- clarifies difficult grammar points and language skills
- models authentic language and a wide variety of accents

ELEteca 4.0

HOW TO ACCESS

To access ELEteca, just follow this simple steps:

1. Go to ELEteca: (**www.eleteca.edinumen.es**)
2. Redeem your Teacher access code.
3. Activate your Digital contents.

UNIDAD	**0**	PÁG. 10	**¡HOLA!**

Hablamos de

• Los países del mundo hispano

Vocabulario y comunicación

• **En español:** Using cognates and visuals cues
• **En la clase de español:** Communicating in the classroom

Pronunciación

• The Spanish vowels

Gramática

• El alfabeto español

Sabor latino

• **España y América Latina
Yo hablo español, ¿y tú?**

Destrezas

• **Comprensión de vocabulario:**
 – Making flashcards and visual flashcards
 – Grouping words into categories

En resumen

• Vocabulario

Pair icon: indicates that the activity is designed to be done by students working in pairs.

Group icon: indicates that the activity is designed to be done by students working in small groups or as a whole class.

Audio icon: indicates recorded material either as part of an activity or a reading text.

Language icon: provides additional language and grammar support in presentations and for activities.

Regional variation icon: provides examples of regional variations in the language.

Recycling icon: provides a reminder of previously taught material that students will need to use in an activity.

UNIDAD 7 — PÁG. 168 — ¿QUÉ TIEMPO VA A HACER?

Hablamos de	Vocabulario y comunicación	¡En vivo!	Gramática	Destrezas	Sabor latino	En resumen
• Las excursiones	• **El tiempo atmosférico:** Describing and talking about the weather • **Las estaciones del año:** Making comparisons **Pronunciación** • Word stress and the written accent	• **Episodio 7 30 grados:** Focusing on the task	• *Ir a* + infinitive • *Hay que, tener que, deber* + infinitive	• **Un fin de semana diferente** – **Comprensión de lectura:** Recognizing synonyms – **Expresión escrita:** Using transition words – **Interacción oral:** Interacting with the speaker	• **El cambio climático**	• **Situación:** Planes y proyectos • Vocabulario

UNIDAD 8 — PÁG. 192 — LO PASÉ MUY BIEN

Hablamos de	Vocabulario y comunicación	¡En vivo!	Gramática	Destrezas	Sabor latino	En resumen
• Las vacaciones	• **Antes de viajar:** Expressing needs and preferences • **Los viajes:** Describing an event in the past **Pronunciación** • Las palabras agudas	• **Episodio 8 De nuevo juntos:** Focusing on key information	• Preterit of regular verbs • Expressions used with the preterit	• **La ruta del lobo perdido** – **Comprensión de lectura:** Using semantic maps – **Expresión escrita:** Peer editing – **Interacción oral:** Turn-taking	• **Colombia y Panamá: La alianza hombre-naturaleza**	• **Situación:** ¿Eres un buen agente de viajes? • Vocabulario

UNIDAD 9 — PÁG. 216 — ESTUDIÉ MUCHO

Hablamos de	Vocabulario y comunicación	¡En vivo!	Gramática	Destrezas	Sabor latino	En resumen
• Estar ocupados	• **Las noticias de prensa:** Talking about actions in the past • **Los medios de comunicación:** Talking about doing something again **Pronunciación** • Las palabras llanas	• **Episodio 9 Taxi para cuatro:** Focusing on what is being said	• Preterit of irregular verbs: *ser, ir* and *dar* • Verbs with irregular preterit stems • Long form possessives	• **Mi profesor famoso** – **Comprensión de lectura:** Using context clues – **Expresión escrita:** Selecting appropriate vocabulary – **Interacción oral:** Practicing orderly conversation	• **La nueva educación latinoamericana**	• **Situación:** El último día del semestre • Vocabulario

0

¡HOLA!

San Miguel de Allende, México

San Juan, Puerto Rico

¿HABLAS ESPAÑOL?

Caracas, Venezuela

Madrid, España

LEARNING OUTCOMES

By the end of this unit you will be able to:

- Recognize words in Spanish that are related to English
- Identify objects and people in a classroom
- Ask what something means
- Ask how to say something in Spanish
- Ask someone to repeat or explain
- Spell in Spanish

Los países del mundo hispano

0.1 Look at the map of Spanish-speaking countries around the world and select the sentences that are true. Focus on the words in Spanish that look like words you know in English.

España

México

Mar Caribe

Cuba

República Dominicana

Océano Pacífico

Guatemala

Honduras

Puerto Rico

El Salvador

Nicaragua

Costa Rica

Océano Atlántico

Panamá

Venezuela

Ecuador

Colombia

Perú

Bolivia

Paraguay

Chile

Uruguay

Argentina

a. ☐ España está en Europa, no está en América del Sur.

b. ☐ Puerto Rico, Cuba y República Dominicana son islas en el mar Caribe.

c. ☐ Guatemala, Honduras, El Salvador, Nicaragua, Costa Rica y Panamá están en Centroamérica.

d. ☐ México es parte de América del Norte.

e. ☐ Argentina tiene costa con el océano Atlántico y el océano Pacífico.

APUNTES: El español en el mundo

✓ Spanish is the official language spoken in twenty countries and four different continents. Spanish is spoken not only in Europe and America, but also in Africa (Equatorial Guinea) and Oceania (Easter Island).

✓ Spanish is the most widely spoken of the romance languages, which are languages that derive from Latin. These include Portuguese, French and Italian among others.

✓ The first document found written in Spanish dates back to 975 and is a prayer to God.

✓ Colombia means "land of Christopher Columbus", Bolivia, "land of Simon Bolivar", Argentina, "land of silver", and Venezuela, "little Venice".

Sources: Adaptado de: http://www.tallerdeescritores.com/curiosidades-del-espanol.php.

0.2

Follow along as you listen to the profesor welcome his students to Spanish class. Then indicate if the statements that follow are true (T) or false (F).

¡Hola! Bienvenidos todos a la clase español. Soy el señor Blanco. Soy de Madrid, la capital de España. El español es una lengua importante. Muchas personas en el mundo hablan español. ¿En qué países hablan español? Miren el mapa. Hablan español en México, Guatemala, El Salvador, Honduras, Costa Rica, Nicaragua, Panamá, Colombia, Ecuador, Perú, Bolivia, Chile, Argentina, Uruguay, Paraguay, Venezuela, Puerto Rico, República Dominicana, Cuba y España.

¿Hablan español en Estados Unidos?

	T	F
a. According to the teacher, Spanish is an important language.	☐	☐
b. He says that people in Guatemala, Paraguay, and Brazil speak Spanish.	☐	☐
c. The teacher is from Spain.	☐	☐
d. His name is Mr. Blanco.	☐	☐
e. Madrid is the capital of Spain.	☐	☐
f. At the end, he states that people in the United States speak Spanish.	☐	☐

0.3

Identify each country below and include any information you know about the country such as its capital, famous landmarks, people, and so on. Then share the information with the class.

0.4

In groups of three or four, discuss the following questions.

– What did you learn about the Hispanic world that you didn't know before?
– What more would you like to learn?
– Why do you think learning Spanish or any other language is important?
– How do you plan to use Spanish in your life now or in the future?

1.A VOCABULARIO: EN ESPAÑOL

Cognates are words that look alike in Spanish and English. Although they have the same meaning, they are pronounced differently.

0.1 Listen to the following words in Spanish and see how many you understand. Then match the word to the appropriate image below. Use your knowledge of cognates to help you.

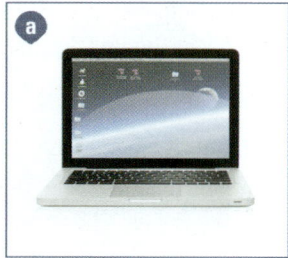

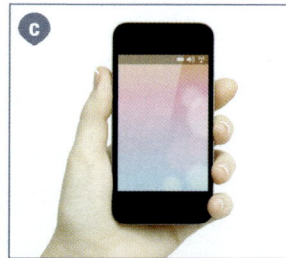

a
b
c
d
e
f
g
h
ABCDEFG
HIJKLMN
OPQRST
UVWXYZ

1. cafetería .... ☐   **3.** clase .... ☐   **5.** familia............ ☐   **7.** alfabeto .... ☐

2. música .... ☐   **4.** teléfono .... ☐   **6.** mapa............. ☐   **8.** computadora . ☐

0.2 Look at the following menu posted outside a restaurant in Cartagena, Colombia. With a partner, make a list of the words you recognize. Then try guessing at some of the unfamiliar words.

DESAYUNOS
MENÚ DEL DIA
BURRITOS-TACOS-NACHOS
SOPAS-ENSALADAS
HAMBURGUESAS-SANDWICH
CARNES-POLLO-TRUCHA
ONCES-CAFÉ

Familiar words	Unfamiliar words and their possible meaning

0.3 What other menu items do you know in Spanish? With a partner, use your own life experiences to create a menu with other food items you know.

Menú

1.B COMUNICACIÓN: USING COGNATES AND VISUAL CUES

Focusing on visual cues

Focusing on visual cues is another strategy that will help you figure out the meanings of new words. Use the visuals that accompany a text to anticipate content and meaning. Rely on universally accepted formats and details to help you draw appropriate conclusions.

Cognates

As you have already seen, cognates are words in Spanish and English that look similar and often have the same meaning. As you begin your study of Spanish, cognates will help you access meaning. You will also notice that Spanish borrows many words from English, especially in the area of technology.

False friends

Not all words that look similar will have the same meaning. For example, the menu on the previous page lists **sopa**. While **sopa** may look like the English word "soap", **sopa** means soup. The same can be said for **dinero** (money, not dinner) and **partido** (game, not party). These words are called false friends o **falsos amigos**.

0.4 Before you begin to read, look at the image and predict what the text might be about. Then point out the cognates and other words you recognize in the text. Can you answer the question at the end?

Hola, mi nombre es Sofía y soy estudiante. Estudio inglés en la escuela. Mi escuela es grande y tengo muchos amigos. Mis amigos son de Ecuador, México y Perú. Uso el celular para comunicarme con mis amigos. También uso el celular para estudiar y escuchar música. Y tú, ¿estudias español en clase?

0.5 With a partner, look at the following signs and try to determine what each one is saying. Concentrate on the words you recognize and use the visuals to guess at unfamiliar words. Compare your answers with those of another pair.

0.6 Create your own sign using the expressions above and present it to the class.

2.A VOCABULARIO: EN LA CLASE DE ESPAÑOL

0.7 Look at the drawing of the classroom and listen to the words for the people and objects you see.

1. un libro
2. una silla
3. un cuaderno
4. un bolígrafo
5. un lápiz
6. una tableta
7. una carpeta
8. una mochila
9. una papelera
10. una mesa
11. una estudiante
12. un borrador
13. una pizarra
14. un marcador
15. una profesora
16. una ventana
17. un tablero de anuncios
18. una puerta

0.8 List the words above according to the categories below. Then compare your answers with a partner.

Objetos de clase	Objetos personales

0.9 Choose one of the images below to describe to your partner and see whether he/she has the same items. Your partner can either mark or point to the item. Use the *Modelo* as a guide.

Modelo: E1: Una computadora.   E2: Sí, aquí *(here)*. / No, aquí no.

Estudiante 1

Estudiante 2

2.B COMUNICACIÓN: COMMUNICATING IN THE CLASSROOM

0.10 Listen to some useful questions and phrases used by students and professors in the classroom.

🔊 ④

» **Para comunicarte con el profesor / la profesora:**

¿Cómo se dice *blackboard* en español? *How do you say blackboard in Spanish?*

No comprendo. *I don't understand.*

¿Puede repetir, por favor? *Can you please repeat?*

Más despacio, por favor. *More slowly, please.*

¿Qué significa "pizarra"? *What does "pizarra" mean?*

¿Cómo se escribe … en español? *How do you spell it in Spanish?*

¿Puede escribirlo en la pizarra? *Can you write it on the board?*

¿Está bien así? *Is this right?*

» **Expresiones que usa el profesor / la profesora en la clase:**

Abran los libros (en la página…), por favor. *Open your books (to page …), please.*

Cierren los libros. *Close your books.*

Escuchen con atención. *Listen carefully.*

Miren la pizarra. *Look at the board.*

Trabajen en parejas. *Work in pairs.*

¿Comprenden? *Do you understand?*

¿Tienen preguntas? *Do you have any questions?*

Sí, está bien. *Yes, it's fine.*

Sí, claro. *Yes, of course.*

In Spanish, question marks and exclamation points are placed before and after the sentence. Notice that at the beginning they are written upside down.
- ¿Está bien así**?**
- ¡Perfecto**!**

0.11 Fill in the blanks to complete the following conversations. Then practice them aloud with a partner.

a. ● ¿Qué .... "carpeta"?
● Carpeta" es *folder* o *binder* en inglés.

b. ● ¿Cómo ...... *wastepaper basket* en español?
● Papelera.
● ...., por favor.
● Pa-pe-le-ra.

c. ● ¿Cómo .... *backpack* en español?
● Mochila.
● ¿............... en la pizarra?
● Sí, claro.

d. ● ¿Cómo .... *bulletin board* en español?
● Tablero de anuncios.
● ¿Puede ...., por favor?
● Sí, ... Tablero de anuncios.

0.12 What would you say or do in the following situations? Work with a partner and take turns responding.

What would you say?	What would you do if your professor says…?
1. You don't understand the word "ventana".	**4.** Escuchen con atención la conversación entre Luis y Marta.
2. Your professor is talking too fast.	**5.** Abran los libros en la página 28 y trabajen en parejas.
3. You need to hear something again.	**6.** Miren el mapa.

0.13 With a partner, create your own conversations using the expressions above and the vocabulary from activity 0.7.

GRAMÁTICA

1. EL ALFABETO ESPAÑOL

0.1 (5) Listen to the names of the letters in Spanish. What differences do you notice?

A	B	C	D	E	F	G	H	I
a	be	ce	de	e	efe	ge	hache	i

J	K	L	M	N	Ñ	O	P	Q
jota	ka	ele	eme	ene	eñe	o	pe	cu

R	S	T	U	V	W	X	Y	Z
erre	ese	te	u	ve *or* uve	doble ve *or* doble uve	equis	i griega *or* ye	zeta

When used together, **ch** *(che)* and **ll** *(elle)* produce a single sound. They are not considered letters.

0.2 (6) Listen and select the correct option.

1. ☐ b   2. ☐ g   3. ☐ y   4. ☐ s   5. ☐ j   6. ☐ h   7. ☐ z   8. ☐ p
   ☐ v   ☐ ñ   ☐ j   ☐ r   ☐ g   ☐ x   ☐ c   ☐ b

0.3 (7) Listen and select the letter in each group that is not mentioned.

1. ☐ F ☐ H   2. ☐ M ☐ N   3. ☐ K ☐ C   4. ☐ V ☐ D   5. ☐ Y ☐ T
   ☐ G ☐ J   ☐ Ñ ☐ P   ☐ W ☐ G   ☐ B ☐ E   ☐ I ☐ L

0.4 Write the name of the letters to spell out the following Hispanic countries. Then write the name of the country on the map.

a. **V E N E Z U E L A**
   uve e ene e zeta u e ele a

b. **U R U G U A Y**

c. **E C U A D O R**

d. **P A R A G U A Y**

e. **H O N D U R A S**

(Map of the Americas with labels)
México, Cuba, República Dominicana, Puerto Rico, Guatemala, El Salvador, Nicaragua, Costa Rica, Panamá, Colombia, Perú, Brasil, Bolivia, Chile, Argentina

0.5 Write out the names of the following countries where Spanish is spoken.

    a. Pe - a - ene - a - eme - a ....

    b. E - ese - pe - a - eñe - a ....

    c. Eme - e - equis - i - ce - o ....

    d. Be - o - ele - i - uve - i - a ....

    e. A - erre - ge - e - ene - te - i - ene - a ....

    f. Ce -hache - i - ele - e ....

0.6 Write out the letters of your name in Spanish in the name tag. Then, in groups of three or four, take turns spelling your name out to each other.

    (Modelo:) E1: Hola, mi nombre es "ese – te – e – pe – hache".

                  E2: Hola, Steph.

HOLA
mi nombre es

0.7 Practice saying and spelling new vocabulary words in Spanish with your group. Ask each other about the words you have learned so far.

    (Modelo:) E1: ¿Cómo se dice *table* en español y cómo se escribe?

                  E2: Mesa, eme - e - ese - a.

                  E1: Sí, está bien.

🗨 PRONUNCIACIÓN

THE SPANISH VOWELS

In Spanish, each vowel has only one sound and is pronounced the same way in almost every case.

Vowel	Sound like	Examples
a	*a* in f*a*ther, but shorter	m*a*rca, c*a*rpet*a*, h*a*bl*a*
e	*e* in th*e*y, but shorter	m*e*sa, *e*studiante, clas*e*
i	*i* in mach*i*ne, but shorter	s*í*, escr*i*be, am*i*go
o	*o* in z*o*ne, but shorter	n*o*mbre, pr*o*fesora, g*o*ma
u	*u* in r*u*le, but shorter	an*u*ncio, preg*u*nta, esc*u*cha

0.1 Listen and repeat after the speaker.

⊙ (8)

0.2 List the words you hear in the appropriate column according to their vowel sound.

⊙ (9)

a	e	i	o	u

YO HABLO ESPAÑOL, ¿Y TÚ?

El español es la segunda lengua más hablada en el mundo. Se habla en casi toda América Latina y España. Se habla en Filipinas y en algunas partes de África. ¡Apréndelo!

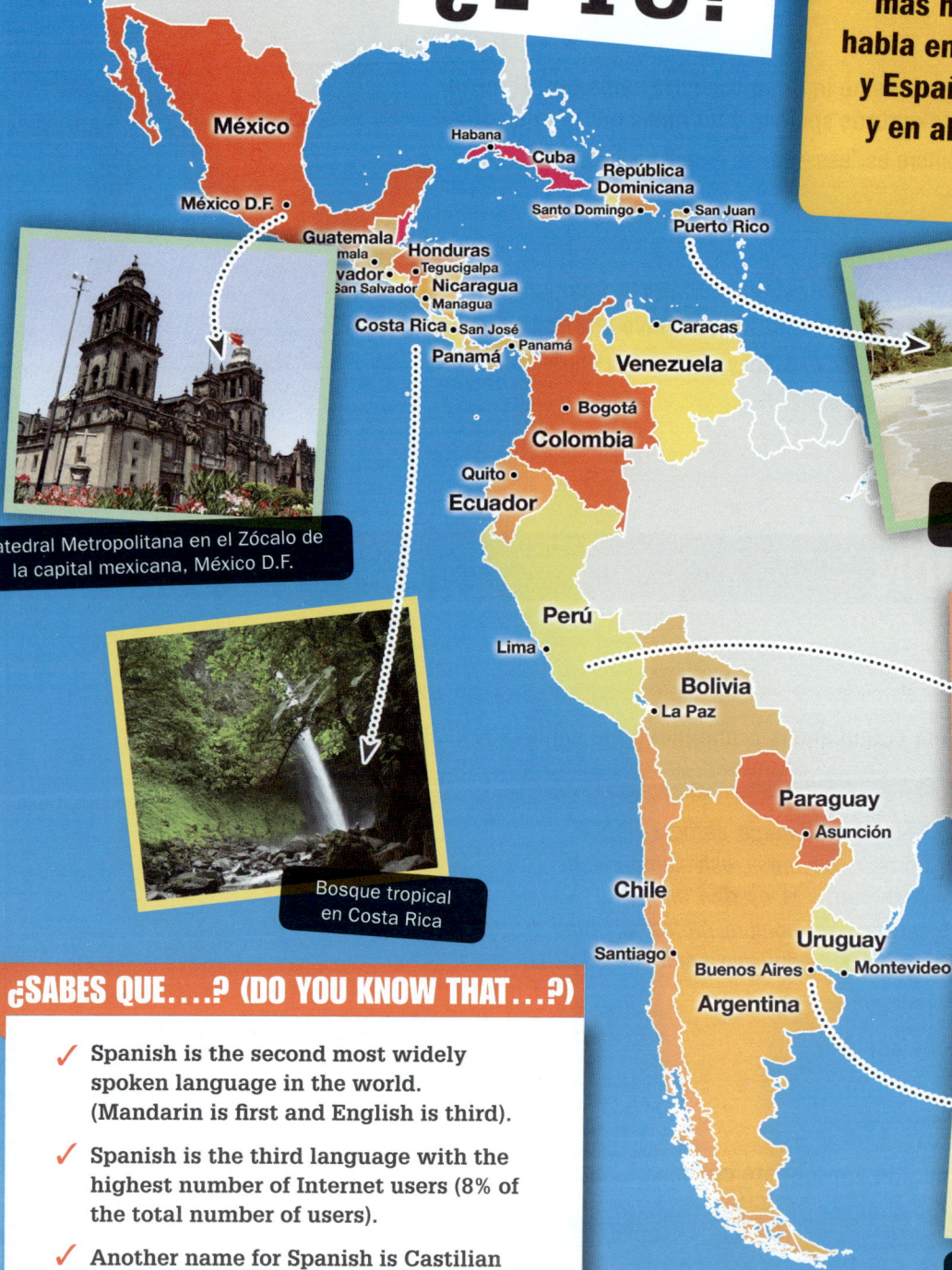

México
Habana
Cuba
República Dominicana
México D.F.
Santo Domingo
San Juan
Puerto Rico
Guatemala
mala
Honduras
vador
Tegucigalpa
San Salvador
Nicaragua
Managua
Costa Rica
San José
Panamá
Panamá
Caracas
Venezuela
Bogotá
Colombia
Quito
Ecuador
Perú
Lima
Bolivia
La Paz
Paraguay
Asunción
Chile
Uruguay
Santiago
Buenos Aires
Montevideo
Argentina

Catedral Metropolitana en el Zócalo de la capital mexicana, México D.F.

Playa Flamenco en la Isla de Culebra, Puerto Rico

Bosque tropical en Costa Rica

Machu Picchu en Perú

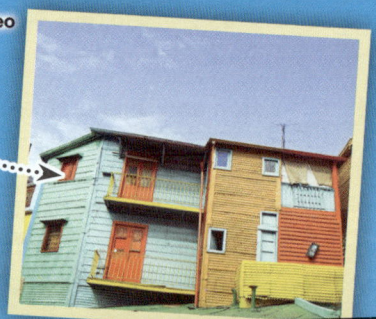

Barrio de La Boca en Buenos Aires, Argentina

¿SABES QUE....? (DO YOU KNOW THAT...?)

✓ Spanish is the second most widely spoken language in the world. (Mandarin is first and English is third).

✓ Spanish is the third language with the highest number of Internet users (8% of the total number of users).

✓ Another name for Spanish is Castilian (*castellano*), named after the region in Spain where it originated.

✓ The letter *ñ* only exists in Spanish.

SELECT THE CORRECT OPTION TO COMPLETE EACH SENTENCE.

a Spanish is the **first / second** most widely spoken language in the world.

b The letter **q / ñ** is unique to Spanish.

c The majority of students in the United States study **Spanish / Japanese**.

d **Many / Not many** people speak Spanish.

e Another name for Spanish is **Castilian / European Spanish**.

f Spanish is the **second / third** language with the highest number of Internet users.

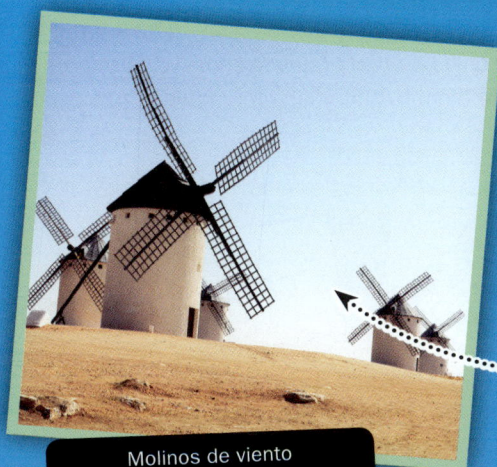

España
• Madrid
Barcelona
Valencia •
• Sevilla

Molinos de viento
en Castilla, España

Parque Güell en Barcelona,
España

La Alhambra en Granada, España

QUICK FACTS!

✓ In the United States, Spanish is the second most widely spoken language.

✓ Spanish is the second most studied language among students in the United States.

✓ According to a study from the University of Lyon, France, Spanish speakers can pronounce 7.8 syllables per second. (Only Japanese has a higher number of syllables per second).

Fuentes: Institute of Latin American Studies, Pew Research, World Bank, , BBC Worldwide, Cambio Climático Global, Procisur, United Nations.

In this section of every unit, you will practice three of the four communication skills: reading, writing, and speaking. Specific strategies are presented to guide you as you complete the activities. Use the strategies in *Destrezas* to become a better learner.

1. COMPRENSIÓN DE VOCABULARIO

Learning vocabulary is one of the basic building blocks you need to begin communicating in Spanish. Experiment to find your own learning style and use what works best for you. Here are some strategies.

Making flashcards

Make traditional flashcards with Spanish on one side and English on the other. Quiz yourself or have others quiz you.

calculadora

calculator

Making visual flashcards

Draw a picture of a word or action on one side of a card and the Spanish word on the other. You don't have to be a great artist, as you are the only one that needs to know what the drawing represents. Use them to quiz yourself or have others use the cards to quiz you.

calculadora

Grouping words into categories

Group words into categories that make sense to you. These categories can be based on meaning, parts of speech, common properties, topic, etc. Label the list according to your reasoning for the grouping.

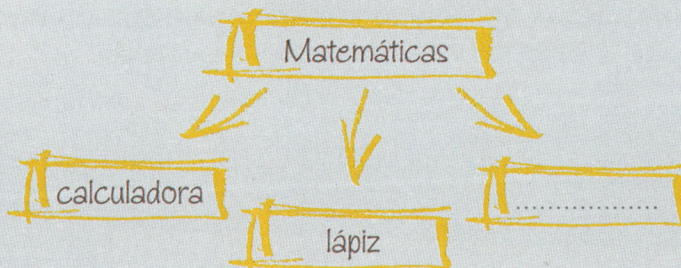

Matemáticas

calculadora   lápiz   ....

0.1 Apply one of the strategies presented above to this list of vocabulary words. Use a dictionary for any words you don't know.

afiche	mesa	mochila	tableta
marcador	silla	carpeta	computadora portátil
bolígrafo	borrador	lápiz	pizarra digital interactiva
cuaderno	diccionario	papelera	tablero de anuncios

0.2 Choose a partner who selected a different strategy from yours and practice quizzing each other. Which one of you did better recalling the words?

I learn vocabulary better using:

☐ images   ☐ word associations

☐ a dictionary   ☐ translations

☐ drawings   ☐ ....

LISTA DE VOCABULARIO

En la clase In class

el bolígrafo pen
el borrador eraser
la carpeta folder, binder
la computadora computer
el cuaderno notebook
el diccionario dictionary
el estudiante student (male)
la estudiante student (female)
el lápiz pencil
el marcador marker
la mesa table, desk
la mochila backpack
la papelera wastepaper basket
la pizarra blackboard
el profesor teacher (male)
la profesora teacher (female)
la puerta door
la silla chair
el tablero de anuncios bulletin board
la tableta tablet
la ventana window

Para comunicarte con tu profesor / profesora
To communicate with your teacher

¿Cómo se dice… en español? How do you say… in Spanish?
¿Cómo se escribe… en español? How do you spell… in Spanish?
¿Está bien así? Is this right?
Hola, mi nombre es… Hi, my name is…
No comprendo. I don't understand.
¿Puede escribirlo en la pizarra? Can you write it on the blackboard?
¿Puede repetir, por favor? Can you please repeat?
¿Qué significa…? What does… mean?

Expresiones que usa el profesor / la profesora en la clase
Expressions used by the teacher in the classroom

Abran los libros (en la página…), por favor. Open your books (to page …), please.
Cierren los libros. Close your books.
¿Comprenden? Do you understand?
Escuchen con atención. Listen carefully.
Miren la pizarra. Look at the board.
¿Tienen preguntas? Do you have any questions?
Trabajen en parejas. Work in pairs.
Sí, está bien. Yes, it's fine.
Sí, claro. Yes, of course.

Otras palabras y expresiones útiles
Other useful words and expressions

bienvenidos welcome
está /están is/are located
el mundo hispano Hispanic world
Hola, mi nombre es… Hi, my name is…
los países countries

1

¡BIENVENIDOS!

¿Dónde están las personas? ¿Están en la universidad o en la calle?

¿Son estudiantes o amigos?

Y tú, ¿estás en clase con tus amigos?

¿Está la bandera de tu país en la foto?

Los muchachos son de América Latina

LEARNING OUTCOMES

By the end of this unit you will be able to:

- Say hello, good-bye, and make introductions
- Give your age and say where you are from
- Ask others about themselves
- Identify some common professions
- Express dates and phone numbers

Los compañeros de clase

1.1 Look at the image below of students on their way to class. Then choose the correct answer based on what you see or can infer from the image.

1. La imagen representa...
a. una foto de familia.
b. una foto de compañeros de clase.
c. una foto de vacaciones.

2. Los muchachos están...
a. en clase.
b. en el campus universitario.
c. en la cafetería.

3. En la imagen...
a. hay 3 muchachos.
b. hay 1 muchacho y 3 muchachas.
c. hay 2 muchachos y 2 muchachas.

4. Los muchachos tienen...
a. mochilas y cuadernos.
b. carpetas y papeleras.
c. bolígrafos y lápices.

1.2 (10) Follow along as you listen to a conversation between students meeting for the first time. Then choose the best option.

Nélida: Hola, ¿qué tal? Me llamo Nélida. Y ustedes, ¿cómo se llaman?
Alberto: Hola, yo soy Alberto y él es Miguel.
Miguel: ¿Qué tal? Ella es Cecilia. Es colombiana, de Bogotá.
Cecilia: Hola a todos, ¿qué tal? ¿De dónde eres, Alberto? ¿Eres norteamericano?
Alberto: No, soy argentino, de Buenos Aires, pero vivo aquí en Estados Unidos.

Nélida: Cecilia, ¿cuántos años tienes?
Cecilia: Tengo 20 años. ¿Y tú?
Nélida: Tengo 18 años.
Miguel: Bueno, muchachos, vamos a clase. ¡Hasta luego!
Alberto: Sí, es verdad, ¡hasta luego!
Nélida y Cecilia: ¡Adiós!

a. Alberto no es **norteamericano** / **argentino**.
b. Cecilia tiene **20** / **18** años.
c. La muchacha colombiana se llama **Nélida** / **Cecilia**.
d. Alberto es de **Bogotá** / **Buenos Aires**.
e. Alberto, Nélida, Cecilia y Miguel son **estudiantes** / **profesores** en la universidad.

1.3 (11) Listen to Miguel, Nélida, Cecilia, and Alberto talk about where they are from. Then fill in the missing words in the sentences below.

a. Miguel es de Los Ángeles, él es ....
b. Alberto es de Buenos Aires, él es ....
c. Nélida es de Madrid, ella ....
d. Cecilia es de Bogotá, ella es ....

1.4

(12)

Follow along as you listen to the conversations below. What is the difference between them? Then, in groups of three, practice the conversations aloud with each of you taking a part.

The following abbreviations are used for a person's title:
señor ▶ **Sr.**
señora ▶ **Sra.**
señorita ▶ **Srta.**

Victoria: ¡Hola, Ana! ¿Qué tal estás?
Ana: Bien. Mira, esta es Susana, una amiga de clase.
Victoria: Hola, Susana.
Susana: ¡Hola! ¿Qué tal?

Patricia: Buenos días, Leonor. ¿Cómo está usted?
Leonor: Muy bien, gracias. Mire, le presento al señor Fernández.
Sr. Fernández: Encantado.
Patricia: Mucho gusto.

It is common practice in hispanic cultures to greet friends with a hug and a kiss. In many countries such as in Argentina, Spain, and Uruguay, kissing on both cheeks between a man and a woman or two woman is standard practice. Kisses are often a brief touching of the cheeks while making a kissing sound.

un abrazo

un beso

1.5 Read the following expressions and decide whether they would most likely be used in formal (F) or informal (I) situations. Then write what you think the expressions mean. Compare your answers with a partner.

	F	I	What do you think it means?
a. Hola, ¿qué tal?	☐	☐	....
b. Buenos días, ¿cómo está?	☐	☐	....
c. Encantado.	☐	☐	....

1.6 In groups of three, take turns introducing each other in formal and informal situations using the conversations above as a model. *¡Atención!* Be sure to substitute your own information.

APUNTES: El español en Estados Unidos

✓ En Estados Unidos hay más de 819,100 estudiantes internacionales en las universidades, un 4% de todos los estudiantes universitarios.

✓ Colombia, México y España son los países hispanohablantes que más estudiantes tienen en las universidades de Estados Unidos.

✓ Menos del 10% de los estudiantes de Estados Unidos estudian en el extranjero.

✓ Muchos jóvenes estudian en España, pero países como Costa Rica, Perú y Ecuador también son destinos populares.

Fuentes: Pew Research Center, 2013; Institute of International Education, 2013.

VOCABULARIO Y COMUNICACIÓN

1.A VOCABULARIO: SALUDOS Y PRESENTACIONES

1.1 (13) A group of students met in the library after class to start work on their first assignment for Spanish class. Listen as they introduce themselves and say where they are from. Complete the sentences with the information from the list based on what you hear. Then listen again to check your answers.

Puerto Rico • Chile
India • República Dominicana
Canadá • China

Nombre		País
a.	/	....
b.	/	....
c.	/	....
d.	/	....
e.	/	....

To ask about another person's name, say:
- ¿Cómo se llama él?
  (for a male)
- ¿Cómo se llama ella?
  (for a female)

To ask about where another person is from, say:
- ¿De dónde es él (ella)?

1.2 With a partner, point to one of the students in the image above and take turns asking each other for their names and places of origin.

Modelo: E1: ¿Cómo se llama él?   E1: ¿De dónde es?
         E2: Se llama Eduardo.   E2: Es de Estados Unidos.

1.3 In groups of three, take turns introducing yourselves and each other using the *Modelo* below.

Hola, me llamo Marta, ¿qué tal?

Hola, muy bien, gracias. Yo soy Eva y este es Carlos.

Hola, Carlos, ¿qué tal?

Muy bien, encantado. ¿Estudias aquí en la universidad?

Sí, estudio español.

1.B COMUNICACIÓN: GREETING PEOPLE, MAKING INTRODUCTIONS, AND SAYING GOOD-BYE

Informal	Formal

Para saludar *To say hello*

Hola, ¿qué tal? *Hi, what's up?*
Hola, ¿qué tal estás? *Hi, how are you doing?*

Buenos días / tardes. *Good morning / afternoon.*
Buenas noches. *Good evening, Good night.*

Para presentarse *To introduce yourself*

Hola, soy… *Hi, I'm…*
Hola, me llamo… *Hi, my name is…*

Buenos días / tardes,
Buenas noches, } *soy / me llamo…*

Para presentar a alguien *To introduce someone*

Mira, este es Dan. *Hey, this is…*
Mira, esta es Jenny. *Hey, this is…*
Mira, estos son Dan y Bill. *Hey, these are…*
Mira, estos son Dan y Jenny.
Mira, estas son Jenny y Ana.

Mire, le presento al Sr. Pérez. *Look, I'd like to introduce you to Mr. Perez.*
Mire, le presento a la Sra. Díaz. *Look, I'd like to introduce you to Mrs. Diaz.*

Para responder a una presentación *To respond to an introdution*

Hola, ¿qué tal? *Hi, what's up?*

Encantado. *Delighted (said by a male).*
Encantada. *Delighted (said by a female).*
¿Cómo está? *How do you do?*
Mucho gusto. *Pleased to meet you.*

Para despedirse *To say good-bye*

Adiós. *Good-bye.*
Hasta luego / mañana / pronto. *See you later / tomorrow / soon.*

1.4 Look at the people below as they introduce themselves. Match the expressions to the appropriate image.

a. Buenas tardes. Yo soy el Sr. Martín.
b. Hola, ¿qué tal? Soy Melinda.
c. Hola, ¿qué tal estás? Me llamo Mario. ¿Y tú?
d. Hola, me llamo Felipe y esta es mi amiga María.

1.5 Introduce the people above to your partner using informal expressions. Your partner will respond appropriately.

1.11 With a partner, look at the photos of the following well-known figures. Do you know who they are and what they do? Choose the correct profession from the list for each of them. *¡Atención!* Be sure to use the correct form.

Some jobs and professions

For males:		For females:
ingeniero	▶	ingeniera *engineer*
profesor	▶	profesora *teacher*
futbolista	▶	futbolista *soccer player*
médico	▶	médica *doctor*
escritor	▶	escritora *writer*
cantante	▶	cantante *singer*
actor	▶	actriz *actor/actress*
tenista	▶	tenista *tennis player*
estudiante	▶	estudiante *student*

1.12 Match the following information with each of the people above.

1. Es colombiana. .... a b c d
2. Es una escritora chilena. .... a b c d
3. Es argentino. .... a b c d
4. De origen español, nacionalizado estadounidense. .... a b c d
5. Es futbolista en el FC Barcelona. .... a b c d
6. Publica una novela al año. .... a b c d
7. Es actriz en una serie de televisión norteamericana. .... a b c d
8. Pasa 215 días en el espacio exterior. .... a b c d
9. Vive en España. .... a b c d
10. Es miembro de la Academia Estadounidense de las Artes y las Letras. ...... a b c d
11. Actualmente, está retirado. .... a b c d
12. Vive en Los Ángeles. .... a b c d

1.13 Read more about these people and fill in the blanks with the information from the previous activity and the answers you selected.

Lionel Messi es un futbolista .... que vive actualmente en .... porque juega en el ...., un equipo español.

Es un gran futbolista. Es jugador de la selección argentina de fútbol desde hace varios años.

Sofía Vergara es ...., famosa en Estados Unidos por su participación en la serie de televisión, *Modern Family.* Interpreta a Gloria Delgado en la serie, una mujer ...., casada con un hombre norteamericano.

Actualmente vive en .... junto a su hijo, Manuel.

Miguel López-Alegría, nace *(is born)* en Madrid pero tiene nacionalidad .... Es el primer astronauta de origen español en llegar al espacio exterior. En una de sus misiones, ... en el espacio exterior. Actualmente, está ....

Isabel Allende nace accidentalmente en Perú, pero es chilena, es .... Es .... y publica .... al año. Vive en Estados Unidos y desde 2004 es miembro de la Academia ....

2.B COMUNICACIÓN: ASKING AND GIVING INFORMATION ABOUT YOURSELF AND OTHERS

- ¿Cómo te llamas? *What's your name?*
- Me llamo Francisca García Mejías. *My name is Francisca Garcia Mejias.*

- ¿De dónde eres? *Where are you from?*
- Soy de México. / Soy mexicana. *I'm from Mexico. / I'm Mexican.*

- ¿Dónde vives? *Where do you live?*
- Vivo en Puebla. / Vivo en la calle Reina. *I live in Puebla. / I live on Reina Street.*

- ¿Qué haces? *What do you do?*
- Soy estudiante. *I'm a student.*

> *Hola, soy Francisca García Mejías.*

Los apellidos. People in Spanish-speaking countries often use two last names. In the case of Francisca García Mejías, García is Francisca's father's last name or *apellido* and Mejías is her mother's. In this way, both sides of the family are represented.

1.14 Listen to the following conversations and fill in the missing words. Then practice the conversation with a partner.

(15)

a. En un café…	b. En la biblioteca…	c. En la calle…

Carlos: Hola, buenas tardes. ¿Cómo te llamas?
Miranda: Me llamo Miranda.
Carlos: ¿.............. haces, Miranda?
Miranda: Soy ....

Bibliotecaria: ¿Cómo te llamas?
Rolando: Me .... Rolando Castro Gómez.
Bibliotecaria: ¿........... vives?
Rolando: Vivo en la calle Molina.
Bibliotecaria: Muy bien, pues aquí tienes el libro.

Miguel: ¿De dónde..............?
Berto: .... puertorriqueño. ¿Y tú?
Miguel: Soy de...............
Berto: ¿Y qué..............?
Miguel: ....profesor. ¿Y tú?
Berto: Soy............... Estudio para ser...............

1.15 With a partner, take turns introducing yourself as one of the people in the images. Give your name, say where you are from, and what you do. Use your imagination and the cues in the images to help you create a profile.

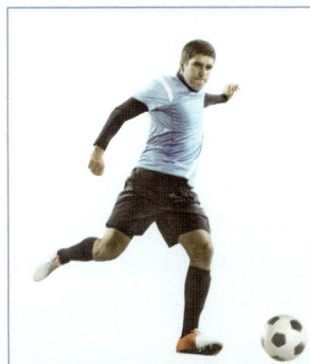

1.16 Listen to the numbers from 0 to 31 and check off the numbers that refer to your age and birthdate as you hear them. What numbers did you choose?

0	cero	8	ocho	16	dieciséis	24	veinticuatro
1	uno	9	nueve	17	diecisiete	25	veinticinco
2	dos	10	diez	18	dieciocho	26	veintiséis
3	tres	11	once	19	diecinueve	27	veintisiete
4	cuatro	12	doce	20	veinte	28	veintiocho
5	cinco	13	trece	21	veintiuno	29	veintinueve
6	seis	14	catorce	22	veintidós	30	treinta
7	siete	15	quince	23	veintitrés	31	treinta y uno

1.17 Listen to the numbers and select the ones you hear.

☐ 3   ☐ 2   ☐ 16   ☐ 7   ☐ 12   ☐ 11   ☐ 25
☐ 15   ☐ 9   ☐ 14   ☐ 28   ☐ 18   ☐ 13   ☐ 20

The months in Spanish are not capitalized.

1.18 Listen to the names of the months in Spanish. Then list the months under the appropriate categories. Check your answers with a partner. Did you list the same months?

Los meses del año

enero	julio
febrero	agosto
marzo	septiembre
abril	octubre
mayo	noviembre
junio	diciembre

marzo

L	M	X	J	
4	5	6	7	
11	12	13	14	
18	19	20	21	
25	26	27	28	

abril

L	M	X	J	V	S	D
1	2	3	4	5	6	7
8	9	10	11	12	13	14
15	16	17	18	19	20	21
22	23	24	25	26	27	28
29	30					

Los meses de clase	Los meses de vacaciones	El mes de mi cumpleaños (birthay)

To say the date, use:
- Es el 4 de junio. *It's June 4th.*

To ask for today's date, use:
- ¿Qué día es hoy?

To ask for a specific date, use:
- ¿Cuándo es el Día Internacional de la Mujer?
- Es el 8 de marzo.

1.19 Answer the following questions by writing out the correct date. Then compare your answers with a partner.

a. ¿Cuándo es la fiesta nacional de tu país?

b. ¿Cuándo es el Día de San Valentín?

c. ¿Cuándo es la Navidad *(Christmas)*?

d. ¿Cuándo es el último *(last)* día del año?

e. ¿Cuándo es el primer *(first)* día del año?

3.B COMUNICACIÓN: SHARING OTHER PERSONAL INFORMATION

- ¿Cómo te llamas? *What's your name?*
- Me llamo Francisca García Mejías. *My name is Francisca García Mejías.*

- ¿Cuántos años tienes? *How old are you?*
- Tengo 20 años. *I'm 20 years old.*

- ¿Cuándo es tu cumpleaños? *When is your birthday?*
- Es el 11 de mayo. *It's May 11th.*

- ¿Cuál es tu número de teléfono? *What is your phone number?*
- Es el seis, tres, dos, uno, cinco, dos, cero, seis, ocho. *It's six, three, two, one, five, two, zero, six, eight.*

1.20 Look at the following people. How old do you think they are? Then, with a partner, take turns asking each other to see if you agree.

> Modelo: E1: ¿Cuántos años tiene Marcos?
> E2: Tiene… años.
> E1: Sí, es verdad. / No, creo que tiene… años.

Tomás   Encarna   Maribel   Marcos

1.21 Ask and exchange telephone numbers with three other classmates. *¡Atención!* It is not necessary to give your real number.

¿Cuál es tu número de celular?

Es el 223 446 728.

1.22 Introduce yourself to three classmates. Greet them and ask each one's name, age, and birthday. Then introduce one of them to the class. The class will ask him/her additional questions.

> Modelo: Este/Esta es…

🗨 PRONUNCIACIÓN

THE SOUNDS OF *CH* AND *Ñ*

» The **ch** sequence in Spanish produce a single sound similar to the *ch* sound in English: **Ch**ile, **ch**urch.

» The **ñ** exists only in the Spanish alphabet. The sound is similar to the *ny* in can**y**on.

1.1 Listen to the sounds of *ch* and *ñ* in the words below. Then listen again and repeat after the speaker.

a. mu**ch**acho, mu**ch**acha, co**ch**e, diecio**ch**o, escu**ch**ar

b. ni**ñ**o, espa**ñ**ol, ense**ñ**ar, ma**ñ**ana, compa**ñ**ero

1.2 Underline the *ch* and *ñ* in the sentences below. Then take turns with a partner reading the sentences aloud.

El señor escucha música en el coche.

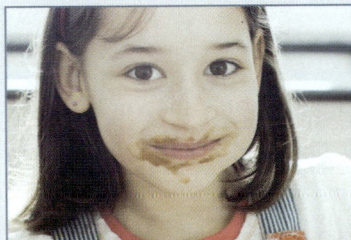

La niña española come chocolate. Es su cumpleaños.

La muchacha chilena dice: "Hasta mañana".

¡EN VIVO!
Episodio 1

Saludos y mochilas

ANTES DEL VIDEO

1.1 In groups of three, look at Images 1 and 3. What is happening in the scenes? What expressions in Spanish would you use in a similar situation?

⚙ ESTRATEGIA

Anticipating content
Knowing what people are talking about or anticipating what they are going to say makes it much easier to understand another language. When listening to spoken Spanish, it always helps to anticipate what the conversation will be about before you listen. Use the images to help you predict the content.

1.2 With a partner, think of the expressions you would use in the following contexts and provide examples for each.

a. para saludar

b. para presentarse

c. para presentar a alguien

d. para responder a la presentación

e. para despedirse

f. para preguntar el número de teléfono

g. para preguntar la nacionalidad

h. para preguntar la edad

i. para preguntar el nombre

1.3 Take another look at the images and write a caption for each one. You can use the expressions you prepared in the previous activity.

Imagen 1:..   Imagen 4:..

Imagen 2:..   Imagen 5:..

Imagen 3:..   Imagen 6:..

DURANTE DEL VIDEO

1.4 Watch the following segment and answer the questions.

`00:00 - 01:50`

a. What do they want to buy?

b. What do they sell in the store?

c. List the items mentioned by the characters.

d. Can you think of any other items you can place in a backpack? List them in Spanish.

1.5 Watch the next segment and indicate the sentences that refer to Lorena (L) and the ones that refer to Eli (E).

`01:50 - 02:51`

a. ☐ Necesita una mochila y ropa.

b. ☐ Es estudiante.

c. ☐ Es venezolana.

d. ☐ Vive con sus padres.

e. ☐ Está aquí por trabajo.

f. ☐ Es colombiana.

g. ☐ Es su primera semana en la ciudad.

h. ☐ Vive aquí desde agosto del 2010.

i. ☐ Es su primer día de trabajo.

1.6 Watch the rest of the episode and fill in the missing words.

Eli: Muchachos, les presento a Lorena, es (a) .... Él es Alfonso y es (b) ....
Alfonso: (c) ...., Lorena.
Lorena: (d) ....
Juanjo: Yo me llamo Juanjo.
Lorena: Encantada. ¿(e) .... eres? Tu (f) .... no es de aquí...
Juanjo: Yo soy (g) .... (h) .... Madrid.
Eli: Lorena es (i) .... en la ciudad. Es

su primera semana aquí. ¿Quieres conocer-la (j) ....?
Lorena: ¡Genial! No conozco a nadie aquí.
Juanjo: Pues ya nos conoces a (k) ....
Eli: ¿(l) .... es tu número de teléfono? Te llamo otro día y quedamos.
Lorena: ¡Estupendo! Apunta.
Lorena: (m) ....
....

1.7 Answer the following questions. If necessary, watch the episode again.

a. When are they going to show Lorena the city?

b. Did they buy the backpacks?

1.8 In groups of three, assign each member a role to play (A, B, or C). Then, prepare a conversation in which Students A and B are friends and Student C is new to the university. Include the following words.

número de teléfono • bienvenido/a • encantado/a • compañeros/as
fin de semana • ustedes • soy • aquí

1.9 Present your conversation to the class.

DESPUÉS DEL VIDEO

1. DEFINITE AND INDEFINITE ARTICLES

» In Spanish, there are four definite articles that correspond to the English *the*.

	Masculine	Feminine
Singular	**el** cuaderno *the notebook*	**la** mochila *the backpack*
Plural	**los** cuadernos *the notebooks*	**las** mochilas *the backpacks*

» In both Spanish and English, the definite article is used to identify and talk about specific people, places, or things we know.

La pizarra es negra. The blackboard is black.
La profesora es de Perú. The teacher is from Peru.
Los estudiantes son peruanos. The students are Peruvian.

» There are four indefinite articles in Spanish that correspond to the English *a*, *an*, and *some*.

	Masculine	Feminine
Singular	**un** cuaderno *a notebook*	**una** mochila *a backpack*
Plural	**unos** cuadernos *some notebooks*	**unas** mochilas *some backpacks*

» The indefinite article is used to talk about nonspecific people, places, or things.

Eduardo es un amigo. Eduardo is a friend.
San Antonio es una ciudad bonita. San Antonio is a pretty city.
Necesito unos marcadores. I need some markers.

» In Spanish, definite and indefinite articles match nouns in number (singular / plural) and gender (masculine / feminine). Most nouns ending in **–o** are masculine and most ending in **–a** are feminine.

1.1 Write the indefinite and definite articles for the following people and things. Then with a partner, take turns saying the plural forms of each.

a	b	c	d
........../..........teléfono	........../.........profesora	........../.........bolígrafo	........../..........carpeta
e	f	g	h
........./..........muchacha	............/...........mesa	........./..........estudiante	........./.......diccionario

1.2 Select an image below and memorize what you see. Then, without looking, identify the objects using **un / una / unos / unas**. Your partner will take notes. Afterwards, compare your partner's answers with the actual image. Did you name all the objects? Switch roles and repeat with another image.

Use **hay** to say *there is* or *there are*:

- **Hay** una mochila y unos lápices.

2. SUBJECT PRONOUNS AND THE VERB *SER*

» Subject pronouns refer to people and often come before the verb to show who is doing the action or is being described. The chart below lists the subject pronouns in Spanish with their meaning in English.

Singular	Plural
yo *I*	nosotros/nosotras *we*
tú *you (informal)*	vosotros/vosotras *you (plural, Spain)*
usted *you (formal)*	ustedes *you (plural)*
él *he*	ellos *they (all males or mixed)*
ella *she*	ellas *they (all females)*

» Both **tú** and **usted** are used when speaking directly to someone. Use **tú** when that person is a friend. Use **usted** when speaking to someone in a formal situation or to show respect.

» Use **ustedes** when speaking to a group of people. Your teacher, for example, will address the class as **ustedes**. The English equivalent would be *you all*.

» Use **nosotras** and **ellas** when referring to a group of all females.

» **Vosotros/vosotras** is used in Spain.

¿De dónde son ustedes?

yo   nosotros/nosotras
tú   vosotros/vosotras
usted   ustedes
él   ellos
ella   ellas

» You have already been using the forms of the verb **ser** to make introductions and say where you and others are from. Here are all the forms of **ser** with the subject pronouns and meaning in English.

SER *(to be)*	
yo **soy** *I am*	nosotros/as **somos** *we are*
tú **eres** *you are*	vosotros/as **sois** *you are (plural, Spain)*
usted **es** *you are (formal)*	ustedes **son** *you are (plural)*
él/ella **es** *he/she is*	ellos/ellas **son** *they are*

» Spanish speakers often omit the subject pronouns when using **yo**, **tú**, **nosotros/as**, and **vosotros/as** since the verb ending already carries that information.

Yo soy de Madrid. *Soy* de Madrid. (The form **soy** can only apply to **yo**)
Tú eres de Santiago. *Eres* de Santiago. (The form **eres** can only apply to **tú**)

» **Usted**, **él** and **ella** use the same form of the verb: **es**.

» **Ustedes**, **ellos** and **ellas** use the same form: **son**.

Vocabulario adicional:
también *also*
pero *but*

1.3 Complete the sentences with the correct form of *ser* to describe the following people. Then check your answers with a partner.

Esta .... Pamela. No .... estudiante, ... profesora de inglés en México. .... de Estados Unidos. .... muy inteligente.

¡Hola! Nosotros .... amigos. .... estadounidenses pero .... de todas partes. Diego .... de Cuba. Jennifer .... de Chicago. Tomás y Elena .... de México.

To say that something is not true for you, use **no** before the verb.
- Yo no soy de Bogotá, soy de Nueva York. *I'm not from Bogota, I'm from New York.*

1.4 With a partner, select the question you would use to ask the people above where they are from.
¿De dónde eres? • ¿De dónde es usted? • ¿De dónde son ustedes?

Vocabulario adicional:
interesantes, inteligentes, responsables, independientes, amigos, estudiantes, estudiantes de español, de todas partes, de…

1.5 Write a description about yourself, similar to the one in Activity 1.3 and read it aloud to a partner. *¡Atención!* Be sure to take notes on what your partner says.
Modelo: ¡Hola! Yo soy…

1.6 Take turns telling the class what you have in common with your partner and what is different.
Modelo: E1: Nosotros somos estudiantes.
E2: También somos estudiantes, pero yo soy estudiante de español.

3. PRESENT TENSE OF *LLAMAR(SE)* AND *TENER*

» You have been using the expression **me llamo** to tell someone your name. The expression comes from the verb **llamar(se)**.

LLAMAR(SE) *(to be called)*	
yo me llamo *I am called*	nosotros/as nos llamamos *we are called*
tú te llamas *you are called*	vosotros/as os llamais *you are (plural, Spain) called*
usted se llama *you are called (formal)*	ustedes se llaman *you are (plural) called*
él/ella se llama *he/she is called*	ellos/ellas se llaman *they are called*

» The verb **llamar(se)** literally means *to be called* and not *my name is*. Its meaning in English may sound strange to you, but it is absolutely clear to all Spanish speakers.

- ¿Cómo **te llamas**? *What's your name? / What are you called?*
- **Me llamo** Alberto. *My name is Alberto. / I'm called Alberto.*

- ¿Cómo **se llama** el profesor? *What's the teacher's name? / What is the teacher called?*
- **Se llama** Sr. Estevez. *His name is Mr. Estevez. / He's called Mr. Estevez.*

» You have also been using the expression **tengo… años** to tell someone your age. This expression comes from the verb **tener**.

TENER… AÑOS *(to be…years old)*	
yo tengo…años *I am… years old*	nosotros/as tenemos… años *we are… years old*
tú tienes… años *you are… years old*	vosotros/as tenéis… años *you are… years old (plural, Spain)*
usted tiene… años *you are (for)… years old*	ustedes tienen… años *you are… years old (plural)*
él/ella tiene… años *he/she is… years old*	ellos/ellas tienen… años *they are… years old*

» Without **años**, the verb **tener** by itself means *to have*.

Yo **tengo** una computadora. *I have a computer.*
Los estudiantes **tienen** mochilas. *The students have backpacks.*

1.7 Choose the correct form of the question and answer from the options.

Pregunta *(Question)*	Respuesta *(Answer)*
a. ¿Cómo **te llamas / se llaman**?	▶ **Me llamo / Se llama** Isabel.
b. ¿Cuántos años **tienen / tengo** los estudiantes?	▶ **Tienen / Tengo** 15 años.
c. **¿Tienes / Tiene** usted teléfono celular?	▶ Sí, **tengo / tenemos** teléfono celular.
d. ¿Cómo **me llamo / se llama** la bibliotecaria?	▶ **Te llamas / Se llama** Sra. Menéndez.
e. ¿Cuántos años **tengo / tiene** Luis?	▶ **Tiene / Tienes** 13 años.
f. ¿Cómo **se llaman / nos llamamos** ustedes?	▶ **Nos llamamos / Se llaman** Ana y Ricardo.

1.8 Prepare some questions to interview a classmate you have not spoken to yet. Ask your classmate his/her name, age, origin/nationality, what he/she does, and what's in his/her backpack. Use the chart to help you prepare your questions in Spanish. After the interview, introduce your classmate to the class using all the information you collected about him/her.

Modelo: Este/Esta es…

Pregunta en español	
name?	....
age?	....
origin?	....
do?	....
backpack?	....

VIDEOCLASES
1 Y 2

DESTREZAS

1. COMPRENSIÓN DE LECTURA

1.1 Fill in the missing information in the chart below.

Masculino	Femenino	País
		República Dominicana
español		
		Estados Unidos
	japonesa	
colombiano		

1.2 Andrea recently became the President of the Asociación Hispánica at her school. Read the e-mail she sent to her friend Michael telling him about the other officers in the club. Can you guess which one is Andrea in the accompanying photo?

⚙ ESTRATEGIA

Guess meaning from context

When you approach a text in Spanish, it is important to learn to use the context to guess possible meanings of unfamiliar words. Focus on the ideas and not on the meaning of every word. By focusing on what you understand and the accompanying visual clues, you will often be able to figure out the meanings of new words.

⬤⬤⬤   Asunto: Asociación Hispánica

De: Andrea   **Para:** Michael

Hola, Michael:

¿Qué tal? Mira, esta es una foto con unos compañeros de la Asociación Hispánica de mi universidad y la Sra. Pérez. Ella es la consejera *(advisor)* de la asociación y también es profesora de español. Es colombiana y habla perfectamente inglés y español. En el comité ejecutivo somos cuatro estudiantes: Mika, Steve, Óscar y yo. Mika es japonesa. Tiene dieciocho años y es estudiante. Mika habla muy bien español, pero a veces usa palabras en inglés.

Steve tiene diecinueve años y es de Baltimore. Comprende mucho español pero tiene dificultades para hablar. Todos los días habla con sus amigos por teléfono. Tiene un perro, se llama Chato. Tiene muchas fotos de Chato en su celular.

Óscar es estudiante. Es dominicano y tiene dieciocho años. Habla mucho en clase y siempre escucha música en su mp4. Quiere ser médico y trabajar en un hospital.

En las reuniones solo hablamos en español y es un poco difícil comprendernos, pero es muy divertido.

Hasta luego,

Andrea

1.3 Answer the following questions about Andrea's e-mail. Then check your answers with a partner.

a. ¿Quién *(Who)* tiene diecinueve años?

b. ¿Cómo se llama la muchacha japonesa?

c. ¿Qué hace la Sra. Pérez?

d. ¿Cómo se llama el muchacho que tiene dieciocho años?

e. ¿De dónde es Óscar?

f. ¿Cuántos años tiene Mika?

g. ¿Cómo se llama el perro de Steve?

2. EXPRESIÓN ESCRITA

1.4 _____ The following people have just been selected to serve on the executive committee of the Spanish club at your school. Write an e-mail introducing them to the rest of the members of the club. Before you being to write, read the strategy and follow the suggestions provided.

⚙️ **ESTRATEGIA**

Brainstorm ideas about what you are going to write

Make a list of words and structures you already know in Spanish and expect to use to write about the people in the photo. Create a chart, like the one below, to help you organize your ideas and information..

Nombre	Profesión	Nacionalidad	Edad
Vanessa	....	....	....
el Sr. Díaz	....	....	....
Alfonso	....	....	....
Jessica	....	....	....
Erin	....	....	....

Vanessa   Sr. Díaz   Alfonso

Jessica   Erin

1.5 _____ Use the information you prepared to write your e-mail.

🔴🟠🟢 | Asunto: Comité ejecutivo

De: _____   Para: Los miembros de la Asociación Hispánica

¡Hola a todos!
¿Qué tal? Esta es una foto del nuevo comité ejecutivo de la Asociación Hispánica.
El Sr. Díaz es…

Hasta luego,
…

3. INTERACCIÓN ORAL

1.6 _____ Introduce yourself to a group of Spanish professors who are looking for another candidate to add to the executive committee. Include the following information in your presentation.

⚙️ **ESTRATEGIA**

Talk, don't read

Look at your notes only occasionally. Remember it is more important for you to present your information in a natural and relaxed way than it is to capture word for word what you have prepared.

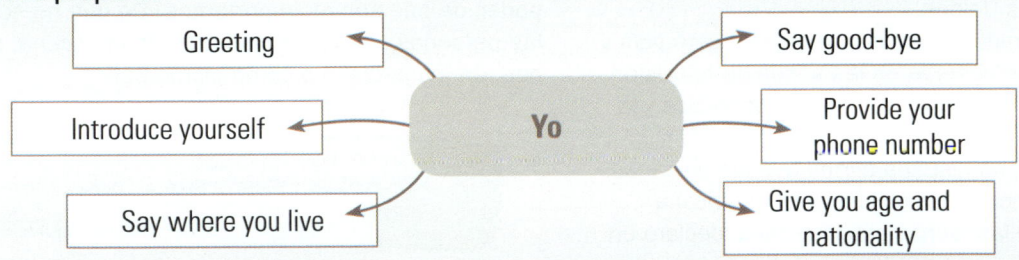

Greeting

Introduce yourself

Say where you live

Yo

Say good-bye

Provide your phone number

Give you age and nationality

HISPANOS en EE. UU.

Inmigrantes hispanos protestan contra la reforma de la ley de inmigración en 2006.

Los primeros hispanos llegaron a Estados Unidos en el año 1513. Ahora representan casi un cuarto* de la población de este país. Son **jóvenes, influyentes** y **grandes consumidores**, pero, ¿qué más sabes de ellos?

Ponce de León   USA 20c

Sello postal con el retrato de Juan Ponce de León

Jennifer Lopez, latina influyente y defensora de los hispanos en EE. UU.

«La comunidad hispana en EE. UU. es una de las de mayor crecimiento*. En 2025, uno de cada cuatro estadounidenses será hispano», dice Pablo A. Piccato, profesor de Historia en la Universidad de Columbia, Nueva York. «Unos 52 millones de hispanos viven ahora en Estados Unidos. Forman una comunidad diversa y joven, con una edad promedio* de 28 años. Además, tienen un peso* político importante», afirma Piccato.

¿Crees que la comunidad hispana es diversa? ¿Por qué?

LA INFLUENCIA HISPANA

Actualmente, más de 37 millones de personas hablan español en Estados Unidos.

El español es considerada la segunda lengua en este país y la influencia hispana se observa en las series de televisión, la comida, la música, los deportes, la moda, la política y la cultura popular.

El 78% de la población no hispana afirma que los hispanos tienen una gran influencia en la cultura norteamericana.

Jennifer López, una de las latinas más famosas, declaró en 2013: «Los hispanos nos estamos dando cuenta de nuestro poder, de que somos importantes. De que no somos solo las personas que trabajan detrás de la escena, en las cocinas, en los jardines o como plomeros».

¿Qué dos elementos de la cultura hispana conoces*?

Basílica de San Francisco de Asís en Nuevo México

EL VOTO HISPANO

En la política, los hispanos también tienen gran influencia. Por ejemplo, la jueza de la Corte Suprema, Sonia Sotomayor, hija de padres puertorriqueños, sería una candidata ideal a la presidencia de EE. UU., según la organización VotoLatino, que trabaja para crear conciencia cívica en los jóvenes hispanos. Ellos dicen que Sotomayor «representa las aspiraciones de los inmigrantes y americanos».

En las elecciones presidenciales de 2012, el voto hispano fue decisivo:

- El 10% de los votantes* fue hispano.
- Un 70% eligió a Barack Obama.
- Los votantes vivían en estados influyentes en el recuento* final como California, Texas, Florida y Nuevo México.

¿Conoces algún político de origen hispano?

LOS HISPANOS EN LA HISTORIA

- Después de los nativos americanos, los hispanos son la comunidad más antigua de EE. UU.
- El primer español llegó a la costa este de EE. UU. en 1513. Se llamaba Juan Ponce de León y llamó a esta zona 'La Florida'.
- Muchos nombres tienen origen español o latino: Florida, Nuevo México, Louisiana, Los Ángeles, Arizona, Nevada. En estas zonas se ve la influencia española en la arquitectura, especialmente en el estilo de las casas y las iglesias católicas.
- El español se hablaba en EE. UU. antes que el inglés.
- El español y el inglés han coexistido durante más de 400 años.

¿Qué otros lugares con nombre español conoces?

LOS HISPANOS, GRANDES CONSUMIDORES

En una reciente estadística de la empresa IBISworld, los hispanos aparecieron como grandes consumidores. Esto es un incentivo para los comerciantes, que han incorporado elementos de la cultura latinoamericana para atraer clientes. Por ejemplo, algunos centros comerciales como el Fiesta Mall (Mesa, Arizona) o la capilla* de Saint Francis en el centro comercial Prudential Center (Boston, Massachusetts) ofrecen misas el 12 de diciembre. Este es un día especial para la comunidad mexicana, ya que se celebra el día de la virgen de Guadalupe, protectora del país y muy querida por la gente.

La virgen de Guadalupe

Y tú, ¿consumes algún producto de carácter hispano?

DO A QUICK INTERNET SEARCH FOR THE FOLLOWING INFORMATION

a ¿Cuál es el porcentaje de población hispana en tu estado?

b ¿Cuál es el número de hispanos en tu universidad?

c ¿Qué cinco personas de origen hispano tienen influencia en tu país? ¿Por qué?

VOCES LATINAS
Hispanos influyentes en EE.UU.

GLOSARIO		
la capilla – chapel	el cuarto – fourth	el recuento – election returns
conoces – do you know	el peso – weight	el votante – voter
el crecimiento – growth	el promedio – average	

Fuentes: The Hispanic Council, Pew Research, Conill, Instituto Cervantes, BBC Worldwide, Census Bureau, PBS,

EN RESUMEN

¿QUÉ HAS APRENDIDO?

Situación

En el centro de estudiantes internacionales
You have volunteered to take a group of international students on a campus tour during orientation week.

LEARNING OUTCOMES

	ACTION
Give your age and say where you are from	**1.1** Introduce yourself to the group and tell them a little about yourself. Complete the following to use as a guide.

Greeting: .... Age: .... Other information: ....

Name: .... Origin/nationality: ....

Say hello, good-bye, and make introductions

1.2 During your campus tour you come across Sr. Molina, your Spanish professor. Greet him appropriately. Then introduce each of the students in your group and say where they are from. Your partner will act as Sr. Molina. Switch roles.

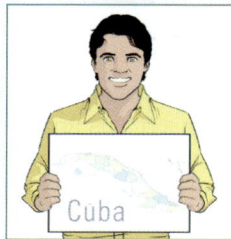   

Cuba   Estados Unidos   España   Francia   México

Raúl ....   Dan y Eve ....   Belén ....   Gaby y Marie ....   Arturo y Gus ....

Ask others about themselves

1.3 As you walk through campus, you take time to talk to your group and ask them questions about themselves. Prepare five questions you could ask them. Take turns asking and answering the questions with a partner.

Identify some common professions

1.4 Part of the tour includes visiting different buildings on campus. Say who the following people are or the profession students are studying for.

Él ....   Ella ....   Ella estudia para ser ....   Ella practica para ser ....   Él estudia para ser ....

Express dates and phone numbers

1.5 At the end of your tour, tell students the date for the first day of class (*el primer día de clase*), exchange phone numbers and say good-bye. Take turns with a partner.

LISTA DE VOCABULARIO

Saludos *Greetings*

Buenos días. *Good morning.*
Buenas tardes. *Good afternoon.*
Buenas noches. *Good evening / night.*
¿Qué tal? *What's up?*
¿Qué tal estás? *How are you doing?*

Presentaciones *Introductions*

Mire, le presento a (al)… *Look, I'd like to introduce you to…*
Mira, este / esta es… *Hey, this is…*
Mira, estos / estas son… *Hey, these are…*
Encantado/a. *Delighted.*
Mucho gusto. *Pleased to meet you.*
¿Cómo está? *How do you do? (formal)*

Despedidas *Saying good-bye*

Adiós. *Good-bye.*
Hasta luego. *See you later.*
Hasta pronto. *See you soon.*

Pedir información *Asking questions*

¿Cómo te llamas? *What's your name?*
¿Cuántos años tienes? *How old are you?*
¿De dónde eres? *Where are you from?*
¿Dónde vives? *Where do you live?*
¿Qué haces? *What do you do?*

Profesiones *Professions*

actor / actriz *actor / actress*
cantante *singer*
escritor/a *writer*
futbolista *soccer player*
ingeniero/a *engineer*
médico/a *doctor*
profesor/a *teacher*
tenista *tennis player*

Nacionalidades *Nationalities*

chino/a *Chinese*
cubano/a *Cuban*
chileno/a *Chilean*
coreano/a *Korean*
dominicano/a *Dominican*
ecuatoriano/a *Ecuadorian*
español/a *Spanish*
francés / francesa *French*
indio/a *Indian*
inglés / inglesa *British*
italiano/a *Italian*
japonés / japonesa *Japanese*
mexicano/a *Mexican*
peruano/a *Peruvian*
puertorriqueño/a *Puerto Rican*

Artículos *Articles*

el / la *the (for singular nouns)*
los / las *the (for plural nouns)*
un / una *a, an*
unos / unas *some, a few*

Pronombres de sujeto *Subject pronouns*

yo *I*
tú *you (informal)*
usted *you (formal)*
él *he*
ella *she*
nosotros/as *we*
vosotros/as *you (plural, Spain)*
ustedes *you, you all (plural)*
ellos *they (males or mixed)*
ellas *they (females)*

Verbos *Verbs*

llamar(se) *to be called*
ser *to be*
tener *to have*
tener… años *to be… years old*

Palabras y expresiones útiles *Useful words and expressions*

amigo/a *friend*
¿Cuándo es tu cumpleaños? *When is your birthday?*
pero *but*
perro *dog*
¿Qué día es hoy? *What's today's date?*
¿Quién? *Who?*
Señor (Sr.) *Mr.*
Señora (Sra.) *Mrs.*
Señorita (Srta.) *Miss./Ms.*
también *also*

2

EN CASA

- ¿Cuántas personas hay en total?
- ¿Están en casa o en clase?
- ¿Cuántos años tienen los muchachos?
- Y tú, ¿estás en casa o en clase?

El muchacho
se llama Pablo.
Vive en una casa
grande

LEARNING OUTCOMES

By the end of this unit you will be able to:

- Express opinions and preferences
- Describe people, places, and things
- Talk about your home
- Talk about activities
- Say where you and others are

HABLAMOS DE...

Una ciudad española

2.1 Look at the image below of Isabel and her friends in Barcelona. Then choose the correct answer to complete the sentences based on what you see or can infer from the image.

1. ¿Quién es Isabel?
a. Una cantante.
b. Una profesora.
c. Una turista.

2. ¿Qué tiene Isabel en las manos?
a. Un mapa.
b. Una tableta.
c. Una cámara.

3. ¿En qué país están los amigos?
a. Argentina.
b. España.
c. Estados Unidos.

4. ¿Qué aparece en la foto?
a. Un monumento.
b. Un hospital.
c. Una escuela.

2.2 Read more about Isabel. Find out the name of the structure in the photo and who designed it.

Hola, me llamo Isabel. Tengo 24 años y soy de Valencia, una ciudad que está en la costa este de España. Estoy en Barcelona, mi ciudad *(city)* favorita. Tengo muchas fotos de la ciudad. Esta es de la Sagrada Familia, un monumento del arquitecto Gaudí, muy famoso en España. También tengo fotos del Parque Güell, otra de sus obras *(works)* más originales.

a. ¿Cómo se llama el edificio *(building)*?
b. ¿Quién es el arquitecto?
c. ¿Qué otra obra es del mismo *(same)* arquitecto?

APUNTES: Las ciudades españolas

✓ Madrid, la capital de España, es la ciudad más grande seguida por Barcelona y Valencia.

✓ El 78% de la gente española vive en ciudades. El 22% vive en zonas rurales.

✓ Antoni Gaudí (1852-1926) y Rafael Moneo (1937) son dos de los arquitectos más famosos. Entre las obras de Moneo está la nueva ampliación del Museo del Prado en Madrid (2007) y la Catedral de Nuestra Señora de los Ángeles en Los Ángeles (2002).

2.3 (20) Listen to the conversation between Isabel and her friend Martín after her trip. Then decide whether the statements are true (T) or false (F) based on the conversation.

chicos = muchachos

Martín: Hola, Isabel, ¿qué tal el viaje? ¿Tienes las fotos de Barcelona?

Isabel: Sí, mira, aquí están.

Martín: En esta foto, estás en la Sagrada Familia, ¿verdad?

Isabel: Sí, es un lugar *(place)* muy bonito y conocido.

Martín: Para mí, esta foto es bellísima. ¿Dónde es?

Isabel: Es en el Parque Güell, otro lugar importante de la ciudad.

Martín: ¿Y cuál es tu foto favorita?

Isabel: Esta. Estoy con dos amigas en la Casa Milà, otro edificio conocido de Gaudí.

Martín: ¿Quiénes son estos chicos?

Isabel: Se llaman Karen y Mateo, son mexicanos, pero viven en Barcelona.

Martín: Para ti, ¿cómo es la gente *(people)* en Barcelona?

Isabel: Es muy simpática y amable.

Martín: Para mí, también.

Isabel: Mira, aquí tienes más fotos.

Parque Güell

	T	F
a. Isabel solo tiene tres fotos de Barcelona.	☐	☐
b. En una foto, Isabel está en la Casa Milà.	☐	☐
c. Para Martín, la Sagrada Familia es un lugar muy bonito.	☐	☐
d. Karen es una amiga mexicana.	☐	☐
e. Para Martín, la gente de Barcelona no es simpática.	☐	☐

Casa Milá

2.4 Here are some more of Isabel's photos of Barcelona. Choose the one you like best. With a partner, use the information in the photo and the *Modelo* to talk about your preference. Then switch roles.

Modelo: E1: Mira estas fotos de Barcelona.

E2: ¡Qué bonitas!

E1: ¿Cuál es tu favorita?

E2: Para mí, es esta de…

E1: ¿Qué es?

E2: Es…

Camp Nou, estadio de fútbol del equipo Barcelona F. C.

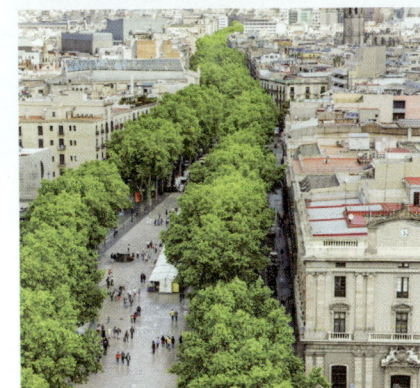

La Rambla, calle peatonal con tiendas

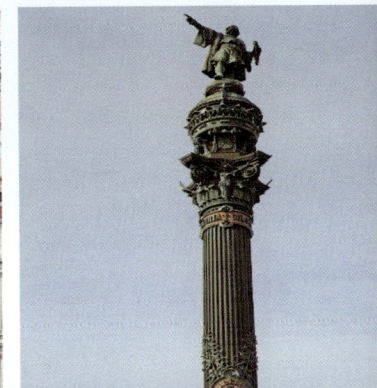

Monumento a Cristóbal Colón

1.A VOCABULARIO: LA CASA Y LOS COLORES

marrón = color café,
castaño
naranja = anaranjado
rojo = colorado

Vocabulario adicional
rosado
morado

Colors in Spanish agree in number and gender with the noun.
- La mes**a** es amaril**la**.
- Los cuadern**os** son amaril**los**.

2.1 Complete the sentences using the words you know for the items in the images. Then listen to the audio to check your answers.

(21)

La .... es verde .

El .... es anaranjado .

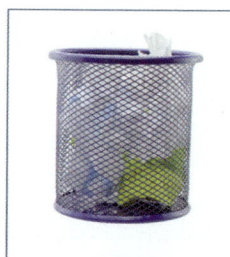
La .... es azul .

La .... es marrón .

La .... es gris .

El .... es ....

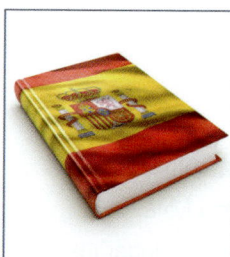
El .... de español es rojo y amarillo .

El .... es blanco .

2.2 Nieves is on her way home to her new apartment in Madrid after buying some new things for it. With a partner, take turns describing the colors of the items in the image.

el edificio

la bolsa pequeña

el vestido

la calle

el paso de peatones

el cielo

el sombrero

los árboles

la bolsa grande

las sandalias

2.3 Nieves sent some photos of the apartment she just decorated to the magazine *Mi casa*. Identify the rooms of her apartment according to the descriptions she provides.

el cuarto, la recámara = el dormitorio
la sala de estar = el salón
el apartamento = el piso

MI APARTAMENTO NO ES MUY GRANDE PERO ES MUY BONITO

1. ☐ Esta es la cocina. Es mi cuarto favorito porque aquí preparo comida para los amigos.

2. ☐ Este es el salón. Es pequeño pero hay espacio para un sofá, dos sillas y una mesa.

3. ☐ Este es el dormitorio. Aquí estudio y uso la computadora.

4. ☐ Este es el cuarto de baño. No es muy moderno pero es perfecto para mí.

2.4 Nieves uses a lot of color in her decorating style. Take turns asking each other about the color of each room in her apartment.

a. ¿De qué color es la cocina?

b. ¿De qué color es el dormitorio?

c. ¿De qué color es el cuarto de baño?

d. ¿De qué color es el salón?

2.5 Listen to another student talk about her favorite rooms and colors. Then match the room to the correct color.

1. el salón	**a.** verde
2. la clase	**b.** amarillo
3. la cocina	**c.** blanco
4. el dormitorio	**d.** anaranjada

2. PRESENT TENSE OF REGULAR –AR VERBS

» Spanish has three groups of verbs which are characterized by the ending of the infinitive. The largest group of Spanish infinitives end in –**ar**. You will learn about the other two groups in Unidad 3. First look at the following infinitives in Spanish and their meaning in English.

Spanish Infinitive	English Infinitive	Spanish Infinitive	English Infinitive
bailar	to dance	estudiar	to study
caminar	to walk	hablar	to speak
cantar	to sing	mandar	to send
comprar	to buy	pasear	to go for a walk
descansar	to rest	trabajar	to work
escuchar	to listen to	viajar	to travel

» In Spanish, we use a formula to conjugate verbs, that is, to show who is doing the action. To form the present tense of verbs ending in –**ar**, drop the –**ar** ending from the infinitive, and add the appropriate ending as shown in the chart below.

Subject pronouns	Hablar	Endings for -ar verbs		
yo	habl	**–o**	habl**o**	I speak
tú	habl	**–as**	habl**as**	you speak (informal)
usted / él / ella	habl	**–a**	habl**a**	you speak (formal)/ he speaks / she speaks
nosotros/as	habl	**–amos**	habl**amos**	we speak
vosotros/as	habl	**–áis**	habl**áis**	you (plural, Spain) speak
ustedes	habl	**–an**	habl**an**	you (plural) speak
ellos / ellas	habl	**–an**	habl**an**	they speak

2.3 Listen to the verb forms and choose the correct subject pronoun for each verb.

(◎) (28) **Modelo:** You hear: cantamos   You write: nosotros

a. ....   c. ....   e. ....   g. ....

b. ....   d. ....   f. ....   h. ....

2.4 Read the following text about Juana and underline all the –ar verbs. Then identify the infinitive form each verb comes from. Check your answers with a partner.

Esta muchacha se llama Juana, no es de aquí. Es española y estudia francés. Habla inglés muy bien. Toca la guitarra en un grupo y canta. También escucha todo tipo de música en su mp4. Su mejor amigo se llama Mario. Estudia en Madrid, pero viaja mucho. Ahora está en Ecuador. Ellos siempre pasean por el parque del Retiro los fines de semana y visitan otras ciudades.

2.5 Complete the following sentences to describe what you and others do using the correct form of the verb and one of the options in parenthesis (or use one of your own). Then share your answers with a partner. What do you have in common?

a. En casa, yo (hablar) .... (mucho / español / inglés /…).

b. Yo (escuchar) .... música en (mi mp4 / mi computadora / mi teléfono celular /…).

c. Mi amigo (llamarse) .... (Bart / Paco / Jack /…).

d. Él (estudiar) .... (Matemáticas / Español / Biología /…).

e. Mi amigo y yo (pasear) .... por (el parque / la ciudad / la calle /…).

f. Yo normalmente (preparar) .... la comida (para mi amigo / para mi perro / para mí /…).

2.6 Answer the following questions about yourself. Then interview your classmates to find at least two others with the same answers as you. Call out *¡Alto el fuego!* when your chart is complete. Report back to the class to confirm your answers.

	Yo	Compañero/a 1	Compañero/a 2

a. ¿Estudias más en casa o en la biblioteca?

b. Generalmente, ¿qué día estudias más?

c. ¿Cantas en la ducha, en el carro, en el espejo o no cantas?

d. ¿Hablas más por teléfono o mandas mensajes de texto?

e. ¿Compras los libros de clase por Internet o en la librería?

Use **más** after the verb to say you do something *more*.

3. VERB *ESTAR*

» The verb **estar** also ends in **–ar,** but it is considered irregular because it does not follow the same formula as regular **–ar** verbs. Look at the forms below.

ESTAR			
yo	estoy	nosotros/as	estamos
tú	estás	vosotros/as	estáis
usted/él/ella	está	ustedes/ellos/ellas	están

» The verb **estar** is used to express where someone or something is located.
  Yo **estoy en** clase. *I'm in class.*   Juan **está en** Barcelona. *Juan is in Barcelona.*

» It is also used to express how you and others are feeling.
  ¿Cómo estás? How are you?   *Estoy bien. I'm fine.*   *Estoy contento. I'm happy.*

» Here are some adjectives that describe how someone is feeling.
  bien *well*   contento/a *happy*   enfermo/a *sick*
  Hoy estoy muy **contento** *porque empiezan las vacaciones. I'm very happy today because it's the start of vacation.*
  Maria está **enferma**. *Tiene gripe. Maria is sick. She has the flu.*

2.7 Match the people to the correct form of the verb *estar* to complete the sentences.

1. Alberto
2. Me llamo Dani y
3. Los estudiantes
4. Luisa y tú
5. Tú

a. estás contenta.
b. están en España.
c. están tristes.
d. estoy en Internet.
e. está en la biblioteca.

2.8 With a partner, take turns asking each other where the people in the photos are and how they are feeling. Use *Dónde está(n)* and *Cómo está(n)* in your questions. *¡Atención!* Be sure to use the correct form of the adjective when describing these people.

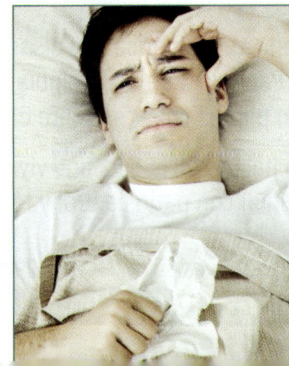

VIDEOCLASES
3 Y 4

SER JOVEN EN ESPAÑA

Unos amigos españoles charlan en una cafetería.

España comparte* el idioma y muchos aspectos culturales con los países de América Latina. También comparte historia y continente con los países de Europa. Pero, ¿cómo son los españoles? ¿Cómo viven?

LO MEJOR Y LO PEOR

Preguntamos a un grupo de muchachos entre 16 y 20 años: ¿Qué es lo mejor* de vivir en España? ¿Y qué es lo peor*? Todos respondieron que lo mejor es la gente, la vida social y la cultura. Sobre lo peor del país, todos coincidieron: "¡la economía!" exclamaron.

LA ECONOMÍA

La economía en España pasa por momentos difíciles. La crisis europea y mundial que comenzó en 2008, todavía afecta al país.
- Hay un fuerte desempleo (el 57.2% de jóvenes no tiene trabajo).
- Hay una crisis importante en el sector de la construcción.
- Tiene la mayor desigualdad* social de Europa.

«Muchos jóvenes con títulos universitarios nos tenemos que ir al extranjero*. Aquí no hay trabajo», dice Lucas González, de Valencia.

¿Cómo es la situación laboral en tu país? ¿Es fácil encontrar trabajo?

LA GENTE

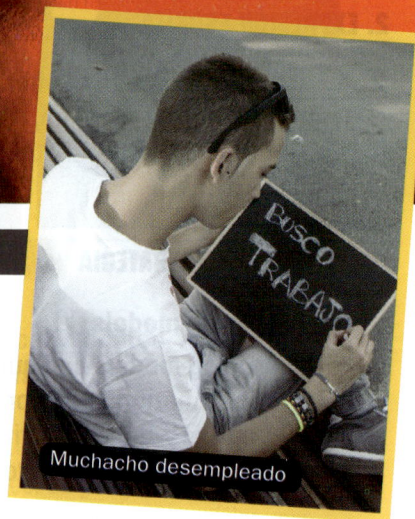
Muchacho desempleado

Como en muchos otros países con una historia rica y diversa, definir el carácter de la gente es una tarea* complicada. En el norte, por ejemplo, la gente tiene fama de* ser reservada y tranquila, en el sur, la gente tiende a ser abierta y algo más ruidosa*. También las personas que vienen del este, el oeste o el centro difieren en su personalidad. «Yo vivo en Londres, donde mucha gente piensa que los españoles somos ruidosos, alegres y que nos gustan la paella y el flamenco. Pero yo soy de Lugo, en el norte de España, donde somos muy tranquilos. Además, ¡allí no hay ni paella ni flamenco!», dice Silvia Castellón, una estudiante de Erasmus[1] en el Reino Unido.

Y en tu país, ¿hay varias formas de ser en distintas zonas geográficas? ¿Cómo es la gente donde tú vives?

¿VIDA SOCIAL O RED SOCIAL?

«España es un país de salir a la calle, de estar con los amigos, de charlar en los cafés. Ni Facebook ni Twitter pueden competir con eso», dice Carlos Esteban, un estudiante de segundo de Derecho* de Madrid.
«Yo sí tengo cuenta* en Facebook y la uso a diario. Cuelgo* mensajes o fotos. Pero para hablar prefiero estar con mis amigos», dice Marta González, de Valencia.
Según una reciente encuesta* del diario económico *Expansión*, los españoles prefieren Facebook, YouTube y Twitter para compartir mensajes o videos. Sin embargo, el 52% tiene cuenta en Facebook, en contraste con Suecia (92%), Islandia (97%) o Reino Unido (83%).
España es el séptimo país europeo en cuanto a* usuarios de Internet.

> ¿Cómo prefieres comunicarte con los amigos? ¿Piensas que las redes sociales sustituyen el contacto social? ¿Por qué?

Muchachos y muchachas en un barrio de tapas de Bilbao

LA CULTURA

A pesar de los recortes* de los últimos años, el cine, el teatro, la literatura y la música son las actividades favoritas de los jóvenes españoles. Según la Comisión Europea, España es uno de los seis países europeos con más participación cultural, por detrás de Suecia, Dinamarca, Holanda, Reino Unido y Francia.
Muchos escritores, directores de cine, arquitectos, diseñadores y pintores españoles tienen gran influencia en el mundo actualmente.

> Y tú, ¿qué tipo de cultura consumes?

1. Erasmus: Programa que facilita* el intercambio de estudiantes en universidades europeas.

ANSWER THE FOLLOWING QUESTIONS

a ¿Qué es lo mejor y lo peor de vivir en tu país?

b ¿Piensas que el porcentaje de usuarios de Facebook en tu país es alto o bajo? Busca* en Internet para saber el resultado.

c ¿Cuáles son tus actividades culturales favoritas?

d ¿Qué iconos culturales estadounidenses piensas que han tenido influencia en el mundo?

La Gran Vía, una avenida importante de Madrid

GLOSARIO

busca – search	
comparte – shares	
cuelgo – (I) post	
la cuenta – account	
Derecho – law	
la desigualdad – social inequality	
en cuanto a – in terms of	
la encuesta – survey	
el extranjero – abroad	
facilita – provides	
lo mejor – the best thing	
lo peor – the worse thing	
los recortes – cutbacks	
ruidoso – noisy	
la tarea – task	
tener fama de – to be known as	

Fuentes: Facebook, Internet World Stats, *El País*, Nielsen online, *The Wall Street Journal*, *Público*, Eurostat, abc, Erasmus Programme, y entrevistas.

VOCES LATINAS

Vivir en España

EN RESUMEN

Situación

Encuentra el apartamento ideal

You are looking for an apartment to rent and a housemate that shares your interests.

LEARNING OUTCOMES

ACTION

Talk about your home

2.1 You have found the following posting that interests you. Call a friend and describe the features of the apartment to him/her.

APARTAMENTO AMUEBLADO

- Salón, balcón
- Cocina (totalmente equipada)
- 2 habitaciones con armario
- Baño (ducha)

En Colonia, El Rosario, Zona 3, Cerca de las Universidades
Renta incluye: Energía Eléctrica, Cable y WIFI

Inf.: 7958691

Describe people, places, and things

2.2 After looking at the apartment, you realize it still needs some items, especially for your room. Prepare a list of the things you need to buy, for what rooms, and the colors you prefer.

Modelo: Para mi habitación, necesito…

Talk about activities

2.3 Your apartment is now fully furnished, but you have spent more money than you expected. You decide to look for a housemate and want someone with similar interests. Post an ad on the campus website describing what kinds of activities you usually do. Use the *Modelo* as a starting point.

Modelo: Busco compañero/a de apartamento para compartir la renta. Soy una persona muy activa…

Express opinions and preferences

2.4 Interview two possible housemates. Ask them about what they do, what their favorite things are and react to what they say with your own opinions and preferences.

Say where you and others are

2.5 Finally, you are all set. Write an email to your friend and tell him/her about your apartment and where it's located. Then write about your housemate, where he/she is now and what you do together.

Mensaje nuevo
Querido/a…
Hola, ¿cómo estás? Tengo un nuevo apartamento. ....
....
Saludos,
....

LISTA DE VOCABULARIO

Los lugares Places

la calle street
el centro downtown
la ciudad city
el edificio building
la escuela school
el parque park
el pueblo town

Los deportes Sports

el baloncesto / el básquetbol basketball
el béisbol baseball
el fútbol soccer
el fútbol americano football
el golf golf
el tenis tennis
el vóleibol volleyball

Las asignaturas School subjects

Arte art
Biología biology
Ciencias science
Computación computer science
Economía economics
Español Spanish
Física physics
Historia history
Informática computer science
Literatura literature
Matemáticas math
Música music

La comida Food

la carne meat
la fruta fruit
el pan bread
el pescado fish
el pollo chicken
la verdura vegetables

Descripciones Descriptions

aburrido/a boring
bonito/a beautiful, pretty

difícil difficult
divertido/a funny
fácil easy
fantástico/a fantastic
favorito/a favorite
genial great
grande big
guapo/a handsome / pretty
importante important
interesante interesting
pequeño/a small

Los colores Colors

amarillo yellow
anaranjado / naranja orange
azul blue
blanco white
gris grey
marrón brown
negro black
rojo red
verde green

La casa y los muebles
House and furniture

el armario closet
la bañera bathtub
la cama bed
la cocina kitchen
la cómoda chest of drawers
el cuarto de baño bathroom
el dormitorio bedroom
la ducha shower
el espejo mirror
la estantería shelf
la estufa stove
la foto (fotografía) photo
la habitación room
el horno oven
el lavabo sink
la mesa table
la mesilla bedside table
el microondas microwave
el sofá sofa
el salón living room

Verbos Verbs

amar to love
bailar to dance
caminar to walk
cantar to sing
comprar to buy
descansar to rest
escuchar to listen
estar to be
estar bien to be fine
estar contento/a to be happy
estar enfermo/a to be sick
estar triste to be sad
estudiar to study
hablar to speak
mandar to send
pasear to stroll, to walk around
trabajar to work
viajar to travel

Interrogativos Questions words

cómo how
cuál which one
cuánto how much
cuántos how many
de dónde from where
dónde where
por qué why
qué what

Palabras y expresiones útiles
Useful words and expressions

la cámara camera
el gato cat
la mascota pet
el perro dog

Creo que… I believe that…
¿Cuánto cuesta? How much does it cost?
En mi opinión… In my opinion…
Lo siento. I'm sorry.
Para mí, ti, él… For me, you, him,…
Pienso que… I think that…

3

MI FAMILIA

¿Cuántas personas hay en estas familias?

¿Dónde está cada una de ellas?

¿Qué hacen?

¿Quién es la persona favorita de tu familia?

¿Qué haces normalmente con él o ella?

¿Te identificas con alguna de estas familias? ¿Con cuál?

Esta familia está muy contenta

LEARNING OUTCOMES

By the end of this unit you will be able to:

- Describe family members
- Describe physical characteristics
- Describe personality traits and physical conditions
- Ask and say what people are like
- Express possession
- Talk about clothes and everyday activities

3.10 Marina loves to blog about clothes and what to wear. Match the sentences to the articles of clothing Marina recommends for different activities and occasions.

El blog de Marina

El blog de Marina

inicio | archivos | tendencias | buscar

Para clase

Para celebrar un cumpleaños

Para caminar por la ciudad

Para visitar a la familia de tu novio

Para hacer deporte

1. unas botas
2. unos jeans corte recto
3. un cárdigan y bufanda gris
4. una blusa rosa y falda gris
5. unos tenis

6. una camiseta roja y pantalones de entrenamiento
7. unas sandalias
8. una blusa verde, unos jeans corte skinny y unas balerinas
9. un vestido anaranjado
10. unos zapatos de tacón alto

3.11 Review the items in Martín's closet. Then with a partner select what Martín should wear for each of the situations listed below.

chaqueta

suéter

camisa

camiseta

pantalones cortos

tenis

jeans

pantalones

bota

gorra

cinturón

corbata

Para ir a clase	Para visitar a la familia de su novia	Para estar en casa

3.12 Think about what you would wear to an interview for an internship you are seeking. Then in groups of three, describe your outfit to the group. Each member will draw what you describe and identify the type of internship based on the clothing you describe. Compare drawings to see whose was most accurate. Give feedback to correct the other drawings.

SER	TENER
soy	tengo
eres	tienes
es	tiene
somos	tenemos
sois	tenéis
son	tienen

LLEVAR *to wear*
llevo
llevas
lleva
llevamos
lleváis
llevan

Es...
moreno/a
rubio/a
pelirrojo/a
castaño/a
- Mi prima es rubia.

>> Use the verb **ser** to describe a person's physical characteristics.
*Isabel **es** guapa. Isabel is attractive.*
>> Use the verb **tener** or **llevar** to describe a person's features or what he/she is wearing.
*Él **tiene** los ojos azules. He has blue eyes.*
***Lleva** jeans todos los días. He wears jeans every day.*
***Lleva** el pelo corto. He wears his hair short. / He has short hair.*

Here are some ways to answer the question, **¿Cómo es?**

Es...
alto/a *tall*
bajo/a *short*
calvo *bald*
delgado/a *thin*
feo/a *unattractive*
fuerte *strong*
gordo/a *overweight*
grande *big*
guapo/a *attractive*
joven *young*
mayor *old*
pequeño/a *small*

Tiene los ojos *(eyes)*...
azules *blue*
claros *light*
grandes *big*
marrones *brown*
negros *black*
oscuros *dark*
pequeños *little*
verdes *green*

Lleva...
bigote *mustache*
barba *beard*
gafas, lentes *glasses*

Tiene / Lleva el pelo *(hair)*...
castaño *light brown*
corto *short*
largo *long*
liso *straight*
moreno *dark brown*
pelirrojo *red*
rizado *curly*
rubio *blond*

Lleva...
una camisa blanca *a white shirt*
un vestido rosa *a pink dress*
una chaqueta roja *a red jacket*

3.13 The following people have posted profiles online to meet new friends. Complete their profiles with the words from the list.

largo • claros • moreno • baja • bigote • pelirrojo
barba • liso • delgada • castaño • corto • tímida

La web de amigos

Hola a todos, soy Mark. Soy (a) .... y llevo el pelo muy (b) .... Soy alto, llevo (c) .... y tengo los ojos azules. Soy simpático y divertido.

Hola, me llamo Antonia: soy alta y (d) ...., tengo los ojos (e) .... Soy rubia y tengo el pelo (f) ....y rizado. Soy un poco (g) ....

Soy Jorge, tengo 25 años. Soy (h) ...., tengo el pelo corto, llevo barba y (i) .... Soy muy hablador.

Me llamo Marta, tengo el pelo (j) .... y (k) .... Soy un poco (l) .... Tengo 20 años y estudio arte.

3.14 Write a similar profile about one of your classmates to post on *La web de amigos*. Include physical and personality traits and what he/she will be wearing at the social *La web de amigos* is hosting on Saturday. Then, in groups of three, read aloud the profile without disclosing the person's name. Your classmates will guess who the person is.

3.15 In your group, discuss online profiles and exchange opinions using the following questions as a guide.

- ¿Qué piensas de los perfiles en línea?
- ¿Son auténticos? ¿Son exagerados?
- ¿Qué es más importante para ti, la foto o la información?
- ¿Tienes un perfil en línea? ¿Cómo es?
- ¿Qué información tienes en tu perfil?

♻ ....
Expressing opinions:
Para mí,...
Pienso que...
Creo que...
En mi opinión...

🗨 PRONUNCIACIÓN

THE SOUNDS OF *C* AND *S*

3.1 Listen to the pronunciation of the following words. (32)

El sonido /k/		El sonido /s/	
c + a ▶ **ca**lvo		c + e ▶ **ce**ro	
c + o ▶ **co**rto		c + i ▶ **ci**nco	
c + u ▶ **cu**rso		z + a ▶ ri**za**do	
qu + e ▶ pe**que**ño		z + o ▶ **zo**rro	
qu + i ▶ tran**qui**lo		z + u ▶ **zu**rdo	

3.2 Read the following syllables aloud to your partner.

za-	que-	cu-	qui-	ca-
co-	ce-	zo-	ci-	zu-

3.3 Write the words you hear under the corresponding image. (33)

a

....

b

....

c

....

d

....

e

....

f

....

La chica más guapa del mundo

3.1 With a partner, look at the scenes from the episode and make your best guesses about what is happening. Then indicate which descriptions match each image.

a. Es la tía de Eli y Sebastián el día de su graduación.

b. Es el hermano de Eli.

c. Es Felipe, el amigo de Sebas.

d. Tiene el pelo negro, corto y muy rizado.

e. Lleva lentes y el pelo largo.

f. Está en una foto con el hermano pequeño de Eli.

g. Es el padre de Eli.

h. Para ellas, es una situación divertida.

i. Tiene el pelo muy corto, es guapo, simpático y un poco tímido.

j. Es alta, delgada y tiene el pelo largo y liso.

k. Llama a su amigo para hablar de Lorena.

l. Pregunta cómo es y qué ropa lleva.

m. Es la madre de Eli.

n. Está con Eli y la madre de Eli.

Imagen 1:.. Imagen 3:.. Imagen 5:..

Imagen 2:.. Imagen 4:.. Imagen 6:..

⚙ ESTRATEGIA

Making inferences from non-verbal clues
While listening to the conversations and watching the action, one can make inferences about the personality and/or the attitude of the person talking based on gestures, tone of voice, and eye contact. A speaker's body language can convey a message as well.

3.2 Watch the following scene from the episode and select the correct option.

`00:30 - 02:46`

a. Lorena visita a Eli para **hablar sobre su familia** / **ayudarle a elegir ropa**.

b. El apartamento de Lorena es **pequeño y bonito** / **grande y moderno**.

c. Lorena pregunta quiénes son las personas que están **en las fotos** / **en la casa**.

d. En las fotos están **sus padres y su hermano** / **sus padres, su tía y su hermano**.

e. **Sebas** / **Eli** está en una foto con su padre.

f. Las muchachas hablan de una foto de la graduación de su **prima** / **tía**.

3.3 Watch the following scene and answer the questions.

`02:46 - 04:15`

a. ¿Qué tipo de ropa prefiere Lorena para la primera cita?

b. ¿Cómo es la primera falda que muestra Eli?

c. ¿Cuántos vestidos saca Eli del armario?

d. ¿Qué tipo de calzado (footwear) prefiere Eli para combinar con el vestido?

3.4 Choose the statement that best describes the scene.

`04:15 - 05:17`

a. El hermano de Eli quiere tomar una foto de las muchachas para su amigo y las muchachas no quieren. También, su amigo pregunta si Eli tiene novio.

b. El hermano de Eli habla con su amigo de la amiga de su hermana. También, su amigo quiere saber si Lorena tiene novio.

c. El hermano de Eli llama a su amigo para hablar de una fiesta y presentarle a Lorena.

3.5 Before you watch the last scene of the episode, choose the ending you think is most likely to occur. Then watch the episode. Did you guess correctly?

a. El hermano de Eli no pregunta a Lorena si tiene novio porque es muy tímido y Lorena no tiene interés porque es muy joven.

b. El hermano de Eli le pregunta si tiene novio y Lorena le responde que sí y que está muy contenta con él.

c. El hermano de Eli le pregunta si tiene novio, Lorena no responde pero piensa que Sebas es un muchacho simpático.

3.6 With a partner, describe the physical characteristics of Eli, Lorena, Sebastián and Felipe and what each one is wearing in the episode.

3.7 What aspects of the episode do you identify with? Check the ones that apply and then share them with your group. Which one of you has the most in common with Eli?

	Sí	No
a. Mis amigos y yo hablamos de la ropa.	☐	☐
b. Hay muchas fotos de mi familia en mi casa.	☐	☐
c. Mi hermano es un poco tímido. / Mi hermana es un poco tímida.	☐	☐
d. Mi padre es calvo.	☐	☐
e. Mi madre lleva lentes.	☐	☐
f. El amigo de mi hermano es maleducado. / La amiga de mi hermana es maleducada.	☐	☐
g. Tengo un hermano pequeño que es simpático / Tengo una hermana pequeña que es simpática.	☐	☐
h. Mi hermano / Mi hermana entra en mi cuarto sin *(without)* permiso.	☐	☐

DESPUÉS DEL VIDEO

GRAMÁTICA

1. PRESENT TENSE OF –*ER* AND –*IR* VERBS

» You have already learned the forms of verbs in Spanish ending in **–ar**. There are two other groups of regular verbs, whose infinitives end in **–er** and **–ir**. To create the present tense forms of **–er** and **–ir** verbs, drop the endings from the infinitives, then add the verb endings as shown in the chart. Do **–er** and **–ir** verbs share the same endings?

COMER *(to eat)*			
yo	com**o**	nosotros/as	com**emos**
tú	com**es**	vosotros/as	com**éis**
usted/él/ella	com**e**	ustedes/ellos/ellas	com**en**

VIVIR *(to live)*			
yo	viv**o**	nosotros/as	viv**imos**
tú	viv**es**	vosotros/as	viv**ís**
usted/él/ella	viv**e**	ustedes/ellos/ellas	viv**en**

Yo **como** con mi familia.   *I eat with my family.*
Mi familia **vive** en Buenos Aires.   *My family lives in Buenos Aires.*

» Here are some useful –**er** and –**ir** verbs:

-ER		-IR	
aprender	*to learn*	abrir	*to open*
beber	*to drink*	asistir	*to attend*
leer	*to read*	discutir	*to argue*
ver	*to see*	escribir	*to write*
responder	*to answer*	recibir	*to receive*
creer	*to think*	subir	*to upload (to go up)*

» **Ver** is irregular in the *yo* form only:

VER	
veo	vemos
ves	veis
ve	ven

3.1 Read the following text and fill in the blanks with the correct form of the verbs.

Enrique y Marta son hermanos, (a) .... (vivir) juntos, pero son muy diferentes. Él siempre (b) .... (comer) pasta y ella ensaladas. Él (c) .... (beber) café y ella té. Los dos (d) .... (leer) novelas, pero él (e) .... (leer) novelas de aventuras y ella novelas de amor.
Marta (f) .... (aprender) italiano y Enrique, inglés. Los amigos de Enrique y Marta siempre (g) .... (escribir) correos electrónicos para comunicarse con ellos. Marta (h) .... (abrir) los correos todos los días, pero Enrique no. Son diferentes, pero nunca (i) .... (discutir).

3.2 Think about you and your family and complete the following sentences with the correct form of the verbs and a logical ending.

a. Mi familia y yo (vivir) ....

b. Normalmente yo (comer) ....

c. Mi prima Julia (vivir) ....

d. En un restaurante, nosotros (comer) ....

3.3 With your partner, take turns asking each other about the following activities. Respond with additional information about when or where you do them or why you don't.

Modelo: subir fotos a los medios sociales

E1: ¿Subes fotos a los medios sociales?

E2: Sí, subo fotos a Facebook, ¿y tú?

E1: Yo no. Soy un poco vago.

a. **comer** con tus amigos

b. **asistir** a clase

c. **ver** la televisión

d. **leer** entradas en Facebook

e. **recibir** mensajes de texto

Other terms commonly used:
medios sociales = redes sociales
autofoto = *selfie*

¿Tomas autofotos cuando estás aburrido?

2. POSSESSIVE ADJECTIVES

» Possessive adjectives tell you *whose* object or person is being referred to (*my car, his book, her mother*, etc.). In Spanish, possessive adjectives agree in number with the nouns that follow them. Here are the possessive adjectives in Spanish:

	Singular		Plural	
	Masculine	**Feminine**	**Masculine**	**Feminine**
my	**mi** carro	**mi** casa	**mis** carros	**mis** casas
your	**tu** carro	**tu** casa	**tus** carros	**tus** casas
his/her/your (for.)	**su** carro	**su** casa	**sus** carros	**sus** casas
our	**nuestro** carro	**nuestra** casa	**nuestros** carros	**nuestras** casas
your (pl., Spain)	**vuestro** carro	**vuestra** casa	**vuestros** carros	**vuestras** casas
their/your (pl.)	**su** carro	**su** casa	**sus** carros	**sus** casas

Mi teléfono es muy moderno. *My phone is very modern.*

Marisa tiene dos gatos. **Sus** gatos son negros. *Marisa has two cats. Her cats are black.*

» Possessive adjectives must agree in number (singular/plural) with the noun they modify. In addition to agreeing in number, **nuestro** and **vuestro** must also agree in gender.

Nuestr**o** tí**o** es divertido. *Our uncle is fun.*

Nuestr**a** tí**a** es rubia. *Our aunt is blond.*

3.4 Choose the correct option in each sentence. Then match the sentence to the person whose family is being described. Compare your answers with a partner.

	¿De quién?
1. **Mi** / **Nuestras** / **Tu** hermanas son amigas.	**a.** yo
2. **Su** / **Sus** / **Nuestro** padres están contentos.	**b.** nosotros/nosotras
3. **Mi** / **Tu** / **Tus** abuelos son muy mayores.	**c.** tú y yo
4. Sr. Isidro, ¿Cómo es **tus** / **sus** / **su** familia? ¿Grande o pequeña?	**d.** él/ella/ellos/ellas
5. **Mis** / **Nuestros** / **Tu** amigas son muy simpáticas.	**e.** usted
6. **Mi** / **Nuestros** / **Su** primos estudian en México.	**f.** tú

3.5 Underline the possessive adjectives in the following text. Then write a paragraph about your own family. Include a couple of sentences that are not true.

Tengo dos hermanos: Daniel y Ana. Nuestros padres se llaman Javier y Marisa. Vivimos en Valparaíso. Nuestro padre es alto y delgado, y nuestra madre es rubia. Mi hermano Daniel tiene 24 años y mi hermana Ana tiene 22. Ana es muy inteligente y alegre. Daniel es muy divertido y un poco vago. La hermana de mi padre tiene dos hijos gemelos. Está muy cansada porque sus hijos son pequeños. **¿Cómo es tu familia?**

> Tengo...

3.6 With a partner, take turns reading the paragraph you wrote about your family from the previous activity. Your partner should guess which of the sentences are false. When he/she guesses it, tell him/her the truth.

3. DEMONSTRATIVE ADJECTIVES

» Demonstrative adjectives point out people and objects and indicate how far away these people or objects are from the speaker. For example, for people or objects that are:

1. close to the speaker, use: **este**;
2. at an intermediate distance or between the speaker and the listener, use: **ese**;
3. far away from both, use: **aquel**.

Location of speaker	Singular		Plural		
	Masculine	**Feminine**	**Masculine**	**Feminine**	
aquí *here*	este	esta	estos	estas	*this, these*
ahí *there*	ese	esa	esos	esas	*that, those*
allí *over there*	aquel	aquella	aquellos	aquellas	*that (over there), those (over there)*

» As with other adjectives, demonstratives agree in gender and number with the nouns that follow.
  este zapato *this shoe* / **estos** zapatos *these shoes*
» These forms can also be used as pronouns, but must still agree in number and gender with the noun(s) they are replacing.

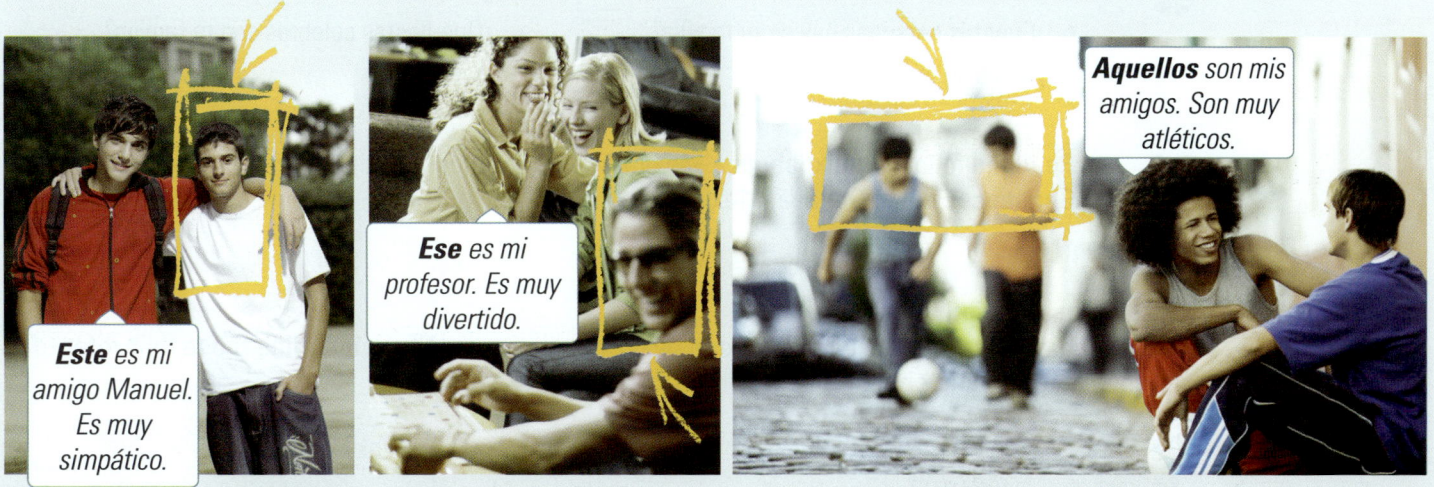

Ese es mi profesor. Es muy divertido.

Aquellos son mis amigos. Son muy atléticos.

Este es mi amigo Manuel. Es muy simpático.

3.7 Change the sentences from singular to plural or vice versa.

a. Esa mujer está muy nerviosa. ....

b. Estos estudiantes son un poco habladores. ....

c. Aquel hombre tiene los ojos azules. ....

d. Aquellas señoras son muy jóvenes. ....

3.8 Take turns asking each other about your favorite people and things. Then, react to your partner's answer and explain whether or not you agree.

Modelo: Tu tienda favorita.

E1: ¿Cuál es tu tienda favorita?

E2: Para mí es Target. ¿Y para ti?

E1: Para mí, también. Esa tienda tiene ropa bonita. / Para mí, no. Esa tienda tiene ropa horrible.

a. Tu restaurante favorito.

b. Tu actriz favorita.

c. Tu película favorita.

d. Tu color favorito.

e. Tu ciudad favorita.

f. Tu programa de televisión favorito.

Showing agreement and disagreement:
Para mí, también. ≠ Para mí, no.
Sí, es verdad. ≠ No, no es verdad.

3.9 With a partner, take turns creating sentences for what the people in the images might say. Use demonstrative adjectives.

Modelo: Creo que estos lentes son muy bonitos para mí.

VIDEOCLASES 5 Y 6

1. COMPRENSIÓN DE LECTURA

3.1 With a partner, take turns asking each other the following questions.

a. ¿Cómo es tu familia?

d. ¿Se reúnen con frecuencia?

b. ¿Cuántas personas hay en tu familia?

e. ¿Qué fiestas celebras con tu familia?

c. ¿Cómo se llaman?

3.2 Read the following text about a Mexican family getting together to celebrate a traditional Christmas Eve en Oaxaca, Mexico.

⚙ ESTRATEGIA

Identifying descriptive words
While reading, focus on the words used to describe this family. Then underline those that refer to personality traits and circle those that refer to a physical aspect.

La Nochebuena

Todos los años el mismo problema. Mi madre no sabe cómo organizar a la familia en la mesa. En total, somos nueve. Siempre es un desastre porque todos somos muy diferentes.

La abuela Julia es muy nerviosa y habladora. Lleva siempre ropa muy oscura. Odia *(hate)* los teléfonos celulares y el pelo largo en los hombres. El tío Vicente, con corbata y traje negros, es muy pesimista y habla muy poco. Su mujer, Guadalupe, siempre habla por el celular. La prima Marta es muy alegre pero bastante supersticiosa. Es actriz. Lleva pantalones y vestidos de muchos colores.

Mi hermana Sara es muy tranquila e inteligente pero un poco tímida, siempre con sus jeans viejos y una playera donde está escrito: "Prohibido hablar por el celular, gracias". Óscar, el novio de Sara, lleva el pelo largo y rizado. No habla mucho.

Mi padre es muy hablador, optimista y sociable, pero sus ojos no soportan los colores claros ni los muy oscuros. La pobre mamá, que es muy buena, no sabe qué hacer ni dónde sentarnos para evitar conflictos.

3.3 Describe the following people with the information presented in the reading.

a. la abuela Julia

c. Sara

e. la prima Marta

g. mamá

b. el tío Vicente

d. Óscar

f. papá

h. la tía Guadalupe

3.4 With a partner, arrange the seating chart below for this family's dinner using the information you have learned about them.

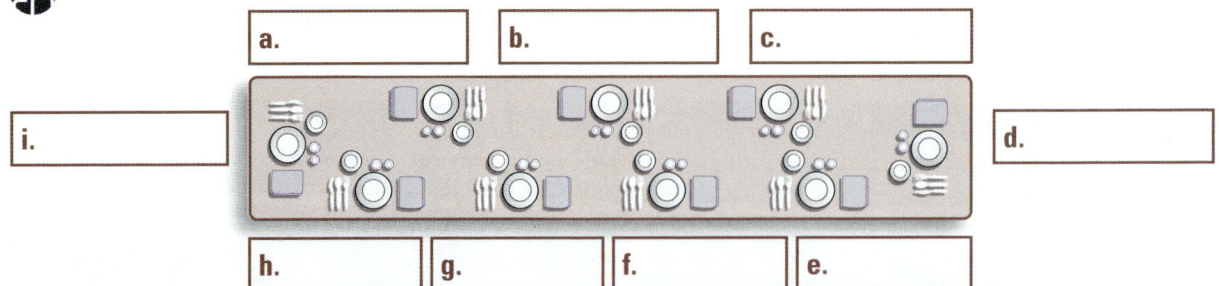

| a. | b. | c. |

| i. | | d. |

| h. | g. | f. | e. |

3.5 Tell the class about your own family celebration or tradition.

Modelo: En mi familia, nosotros...

2. EXPRESIÓN ESCRITA

3.6 _____ Think about your own family and choose two members you would like to write about.

⚙️ **ESTRATEGIA**

Making a chart
Make a chart showing information about the family members you have chosen. This will help you write your description.

Categoría	Detalles
nombre	....
relación	....
descripción física	....
descripción de carácter	....
ropa que lleva normalmente	....
estado físico	....

3.7 _____ Write a description of this person using the notes you prepared.

Modelo: Este/Esta es mi…

3.8 _____ Take turns reading parts of your description to a partner without saying who the person is. Your partner will try to guess the relationship based on what you say.

Modelo: E1: Julia es muy nerviosa y habladora. Tiene el pelo blanco y lleva siempre ropa muy oscura. Es bastante tradicional y no usa su teléfono celular. ¿Quién es Julia?

E2: ¿Es tu abuela?

E1: No.

E2: ¿Es tu tía?

E1: Sí, es la hermana de mi abuela, es mi tía abuela.

3. INTERACCIÓN ORAL

3.9 _____ Prepare a talk to present to the class about you and your family. Describe the physical traits and characteristics you share with members of your family and say who you are most like. Talk about what you do with your family and which member is your favorite.

⚙️ **ESTRATEGIA**

Creating a graphic organizer
Divide the topic into sections and create a web to organize your content. Use visual aids, such as photos, to help your audience grasp the main points.

Descripción física ←→ **Mi familia y yo** ←→ Actividades familiares

Descripción de carácter ←→ Favoritos

To say you are like someone else, use:
- Soy más como mi abuelo. _(most like)_
- Soy igual que mi abuelo. _(the same as)_

Modelo: Soy más como mi abuelo porque los dos somos…

Celebración del Día de Muertos

Una familia mexicana se divierte con los videojuegos.

TRADICIONES FAMILIARES

Para los mexicanos, la familia es lo más importante. Además de aprender valores* y compartir* la vida diaria, las familias mexicanas celebran varios días especiales cada año. ¡Descúbrelos!

El Día de la Madre es una de las fiestas más respetadas.

QUÉ DICEN LOS MEXICANOS

El 98,6% de los mexicanos piensa que la familia es lo más importante, según una encuesta de 2014. Más aún: el 43% cree que «tener una familia unida» es la base para tener éxito* en la vida. Los valores, dicen, se aprenden en casa, y los más importantes son la solidaridad, la amistad, el respeto, la responsabilidad, la tolerancia y la libertad.

¿Compartes los mismos valores que los mexicanos? ¿Cuáles son los más importantes para ti?

EL DÍA MÁS CELEBRADO

La madre es el centro de la familia mexicana. Tan es así*, que los insultos más fuertes en este país consisten en decir algo negativo sobre la madre.
El Día de la Madre es la fiesta familiar más importante, y por eso, es un día feriado y no se trabaja en muchas oficinas. Se celebra desde 1922, cada 10 de mayo. Es tradicional reunirse a compartir la comida en un restaurante y regalar rosas a la mujer de la casa.

Y en tu país, ¿cuándo y cómo se celebra el Día de la Madre? ¿Es también allí la fiesta familiar más importante?

LAS POSADAS

Nueve días antes de la Navidad, los mexicanos celebran Las Posadas, una fiesta popular que consiste en recordar el nacimiento* de Jesús. Es habitual celebrarla en familia, encontrarse con los vecinos* del barrio, cantar villancicos* y colgar piñatas hechas de barro y papel.

Y tú, ¿conoces a tus vecinos? ¿Qué actividades o eventos compartes con ellos?

Dulces típicos del Día de Muertos

UNA TRADICIÓN DORADA

«Cuando mi hermana se casó*, su novio le entregó las arras», dice Ric Segundo, un estudiante de la Universidad Autónoma de México. «Fue un momento especial, porque son un símbolo de la confianza entre los novios».
Las arras son 13 monedas de oro* que suelen pasar de generación en generación dentro de una familia. Esta tradición es muy antigua: ya existía en la antigua Roma y hoy está presente en las bodas católicas mexicanas. Las 13 monedas representan la abundancia en los 12 meses del año, más un mes en el que la riqueza* es compartida con los pobres.

Las arras son una tradición en las bodas.

LOS ANTEPASADOS*, PRESENTES

En México, la familia no solo está formada por quienes están presentes. Los antepasados, los familiares que han muerto, también tienen su lugar en la casa y las prácticas domésticas. El Día de Muertos se celebra el 31 de octubre, y 1 y 2 de noviembre, y es una ocasión para recordar y rendir homenaje* a los seres queridos* que ya no están. Normalmente, las familias preparan un altar en casa con los objetos y los platos favoritos del difunto*. También es habitual visitar el cementerio y llevar flores a las tumbas. Otro aspecto de esta celebración son los dulces especiales que se comen, como un pan llamado «pan de muerto» y las calaveras* de azúcar.

¿Qué tradición curiosa se celebra en las bodas de tu país?

¿Cómo se recuerda en tu país a los seres queridos que ya no están? ¿Te resulta interesante la tradición del Día de Muertos? ¿Por qué?

GLOSARIO

el antepasado – ancestor
la calavera – skull
compartir – to share
el difunto – deceased
el homenaje – tribute
las monedas de oro – gold coins
el nacimiento – birth
la riqueza – wealth
se casó – (she) got married
los seres queridos – loved ones
tan es así – so much so
tener éxito – to be successful
los valores – values
los vecinos – neighbors
los villancicos – Christmas carols

ANSWER THE FOLLOWING QUESTIONS

a ¿Piensas que la familia es lo más importante? ¿Qué otras cosas son importantes para ti?

b Según los mexicanos, la familia es la base para tener éxito. ¿Y para ti?

c Mucha gente piensa que el Día de la Madre es una fiesta demasiado comercial. ¿Estás de acuerdo? ¿Por qué?

d ¿Qué fiesta similar al Día de Muertos hay en tu país? ¿Cuál es su origen?

Fuentes: Consejo de la Comunicación del gobierno mexicano, *Diario de Yucatán*, Televisa.

VOCES LATINAS
Mi fiesta favorita

EN RESUMEN

Situación

Encuentra a la persona de tus sueños
You just registered on Match.com and want to find the person of your dreams.

LEARNING OUTCOMES

	ACTION

Describe physical characteristics and personality traits

3.1 Write a brief description of yourself including your physical characteristics and your personality traits.

> Mi nombre es... Soy...

Ask and say what people are like

3.2 From all the people that have responded, one caught your attention. Call your best friend and describe this person to her/him.

Describe family members, express possession and talk about everyday activities

3.3 Your special person wrote back and asked you about your family and your interests. This person wants to know more about you before you two meet in person. Write to this person and describe your favorite things to do, and what your family is like.

🖇 Adjuntar archivos	📷 Adjuntar fotos	Enviar ☐ Responder
Escribe un comentario:		😊

Talk about clothes and talk about everyday activities

3.4 Your special person and you are going to meet tonight for the first time. Call your best friend and ask her/him for advice about what to wear, what to talk about, etc. Your partner will ask you questions about what you know of him/her so far. Use the following questions as a guide: *¿Cómo es? ¿De dónde es? ¿Cuántos años tiene? ¿Estudia o trabaja? ¿Qué llevo? ¿Por qué? ¿De qué hablo?*

Modelo: E1: Tengo una cita con... y estoy nervioso/a.

LISTA DE VOCABULARIO

La familia Family

la abuela grandmother
el abuelo grandfather
el esposo husband
la esposa wife
la hermana sister
el hermano brother
los hermanos siblings
la hija daughter
el hijo son
los hijos children
la madrastra stepmother
la madre mother
la medio hermana half sister
el medio hermano half brother
la nieta granddaughter
el nieto grandson
el padrastro stepfather
el padre father
los padres parents
el/la primo/a cousin
la sobrina niece
el sobrino nephew
la tía aunt
el tío uncle

Verbos Verbs

abrir to open
aprender to learn
asistir to attend
beber to drink
comer to eat
discutir to argue
escribir to write
leer to read
llevar to wear
tener to have
tener… años to be… years old
tener calor to be warm

tener frío to be cold
tener hambre to be hungry
tener sed to be thirsty
tener sueño to be sleepy
ver to see
vivir to live

La ropa Clothes

el abrigo coat
la bota boot
la bufanda scarf
el calcetín sock
la camisa shirt
la camiseta t-shirt
la chaqueta jacket
el cinturón belt
la corbata tie
la falda skirt
la gorra baseball cap
el suéter sweater
los pantalones dress pants
la ropa interior underwear
las sandalias sandals
los tenis sneakers
el traje suit
los jeans jeans
el vestido dress
los zapatos de tacón high-heeled shoes

Las descripciones Descriptions

abierto/a outgoing
aburrido/a boring
amable friendly
antipático/a disagreeable
alto/a tall
azules blue
bajo/a short
calvo bald
castaño/a light brown

claros light
corto short
delgado/a thin
divertido/a fun
feo/a unattractive
fuerte strong
gordo/a overweight
grandes big
guapo/a attractive
hablador/a talkative
inteligente intelligent
joven young
largo long
liso straight
maleducado/a rude
mayor old
marrones brown
moreno/a dark brown
negros black
oscuros dark
pelirrojo/a red hair
pequeña small
pequeños little
rizado curly
rubio/a blonde
simpático/a likeable
tímido/a shy
trabajador/a hard-working
vago/a lazy
verdes green

Otras características Other characteristics

barba beard
bigote mustache
las gafas eyeglasses
los lentes eyeglasses

4

EL DÍA A DÍA

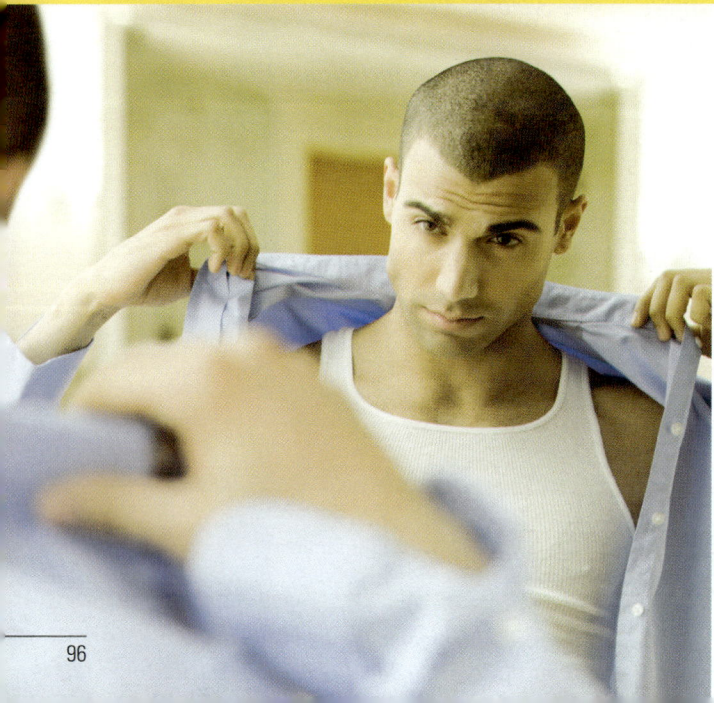

¿Dónde están estas personas?

¿Es por la mañana o por la noche?

¿Están tristes o contentos?

Y tú, ¿estás más contento por la noche o por la mañana?

Tiene sueño pero es hora de levantarse

LEARNING OUTCOMES

By the end of this unit you will be able to:

- Ask and give the day and time
- Describe daily routines and everyday activities
- Talk about professions
- Make plans

Los planes

4.1   Look at the image below of friends making plans. Then choose the text that best describes the image.

Texto a
En la fotografía puedes ver a dos muchachos, uno rubio y otro moreno, y a dos muchachas morenas. Una de las muchachas lleva un vestido corto. La otra muchacha lleva unos tenis rojos.

Texto b
En la fotografía aparecen dos muchachas y dos muchachos. Los dos muchachos llevan camisetas y pantalones largos. El muchacho rubio lleva sandalias.

Texto c
La fotografía representa a unos amigos. Las dos muchachas llevan falda. El muchacho de la camiseta azul lleva barba. El otro muchacho lleva lentes.

4.2 (34)   Listen to the conversation. Then write the name of the person described in each of the statements below.

Daniel: ¿Qué les parece si hacemos un poco de deporte?
Lucía: Yo tengo mucho sueño. Me levanto todos los días a las 7 de la mañana.
Andrés: Yo no puedo ir. Los miércoles trabajo por la noche en la biblioteca y me acuesto muy tarde.
Candela: ¿A qué hora?
Andrés: A las 2 de la mañana. No es fácil, pero mi clase los jueves empieza a las 11.
Candela: Yo, en cambio, me despierto a las 9 y llego siempre tarde a clase.
Daniel: Muchachos… Parecemos cuatro abuelos. Mi abuelo, que es médico, trabaja todo el día y no se queja como ustedes.
Candela: Es verdad. Mi madre es profesora y siempre encuentra tiempo para hacer deporte.
Daniel: Entonces, ¿por qué no quedamos mañana?
Lucía: Está bien, no me quejo más. ¿Quedamos a las 4?
Daniel: Bárbaro. ¿Dónde quedamos?
Candela: Podemos quedar en la puerta de la residencia.
Andrés: Chévere. Entonces… quedamos a las 4 en la puerta.

a. Es médico. ....
b. Se despierta siempre muy temprano..........
c. Trabaja todos los miércoles.....................

d. Su clase empieza a las once.....................
e. Es profesora ....
f. Llega tarde a clase................................

4.3 (34)   Listen again to the conversation and focus on the use of the following two verbs that may look similar but have different meanings. Match each one to its correct meaning.

1. quejarse
2. quedar

a. used to set up a time or place for meeting up with friends
b. used to say that you can do something
c. means to complain

4.4 Match the image to the correct description. Then with a partner, write a description for the images that are not used.

Las partes del día:

la mañana   el mediodía

la tarde

la medianoche   la noche

In countries like Chile, Venezuela and Ecuador, *la tarde* begins at 12:01 p.m.

1. ☐ Se levanta a las seis en punto.

2. ☐ Estudia en la biblioteca hasta las dos.

3. ☐ Queda con amigos a las dos y media de la tarde.

4. ☐ Hace deporte a las cinco.

5. ☐ Mira la televisión a las ocho.

6. ☐ Se acuesta a las diez y diez.

Unas actividades:
– caminar a
– estudiar
– comer
– hablar con
– descansar
– pasear por
– escuchar
– ver la televisión

4.5 With a partner, take turns asking each other what you do at the following times.

Modelo: E1: ¿Qué haces a las 10 de la mañana?   E2: Estudio en la biblioteca.

a. 9 de la mañana   **b.** 12 de la tarde   **c.** 4 de la tarde   **d.** 9 de la noche

APUNTES: ¿Qué prefieren hacer algunos jóvenes argentinos en su tiempo libre?

✓ El 40% de las personas dedica entre 1 y 3 horas diarias al tiempo libre, según una encuesta realizada por la Universidad Argentina de la Empresa.

✓ El 40% prefiere pasar ese tiempo en familia. Solo el 10% dice mirar televisión.

✓ Las mujeres dedican más tiempo diario al ocio que los hombres.

✓ Los hombres muestran mayor preferencia que las mujeres a hacer deporte o mirar televisión.

✓ Los más jóvenes prefieren hacer salidas sociales o dedicar el tiempo libre a sus hobbies.

✓ Después de los 45 años y, en especial, de los 60 años, el tiempo dedicado al ocio aumenta.

Fuente: Observatorio de Opinión Pública del Instituto de Ciencias Sociales de la Universidad Argentina de la Empresa (UADE)

1.A VOCABULARIO: LOS DÍAS DE LA SEMANA

4.1 Listen to the days of the week. What differences do you find?

marzo						
lunes	martes	miércoles	jueves	viernes	sábado	domingo
1	2	3	4	5	6	7
8	9	10	11	12	13	14
15	16	17	18	19	20	21
22	23	24	25	26	27	28
29	30	31				

» Most calendars in Spanish begin with Monday, not Sunday.

» The days of the week, like the months, are written in lower-case.

» Use the definite article, **el**, before the days of the week to say *on Monday, on Tuesday…*
Mi cumpleaños es **el lunes**. *My birthday is on Monday.*

» In the plural, the days of the week express the idea of doing something regularly.
Tengo clase de música **los sábados**. *I have music lessons on Saturdays.*

» The definite article, **el**, is not used when stating what day of the week it is.
Hoy es **domingo**. *Today is Sunday.*

» Use el fin de semana to express weekend in Spanish.
Los fines de semana estudio en casa. *On weekends, I study at home.*

4.2 Using the calendar above, practice saying a date to your partner. He/She will respond with the day of the week.

Modelo: E1: ¿Qué día de la semana es el 4 de marzo?   E2: Es jueves.

4.3 Read the conversation between Olga and her friend, Iván. Then complete the chart below with Ivan's activities.

Iván, ¿cuándo estudias español?

Los martes y los jueves por la mañana.

¿Cuándo ves televisión?

Normalmente los sábados por la tarde.

¿Cuándo navegas por Internet?

Por la tarde, todos los días.

¿Cuándo tienes clase de baile?

Por la tarde, los lunes y miércoles.

navegar por Internet • estudiar español • tener clase de baile • ver televisión

	L	M	X	J	V	S	D
9:00 - 2:00							
3:00 - 11:00							

In some Spanish calendars, **X** replaces **M** as the abbreviation for **miércoles**. Why do you think this is?

4.4 With a partner, ask each other where you are on the following days and times during the week.

> Modelo: E1: ¿Dónde estás los lunes a las 8 de la mañana?
> E2: Estoy en casa.

a. los viernes a las 4 de la tarde
b. los sábados a las 10 de la mañana
c. los jueves a las 11 de la mañana
d. los domingos por la mañana
e. los sábados por la noche
f. los martes a las 12 de la tarde

4.5 Answer the following questions. Then tell your partner when you do these things.

> Modelo: Estudio español los martes antes de clase, ¿y tú?

a. ¿Cuándo estudias español?
b. ¿Cuándo navegas por Internet?
c. ¿Cuándo ves televisión?
d. ¿Cuándo tienes clase de baile / música / zumba / *spinning*…?

4.6 Read the following conversation that takes place during a campus visit. Then with a partner, complete the chart with the expressions in boldface according to their use.

Guía: Hola a todos, gracias por venir a conocer nuestra universidad. Comenzamos en el centro del campus. Aquí tenemos la mayoría de los servicios: la cafetería, las tiendas, el banco, la secretaría universitaria y la biblioteca.
Alberto: ¿Y qué más hay?
Guía: Bueno, también hay un banco que abre **de lunes a viernes de ocho y cuarto de la mañana a dos de la tarde** y **los jueves por la tarde** en horario **de cuatro y media a ocho menos cuarto**. Está la cafetería, que abre **de lunes a domingo, desde las siete de la mañana hasta las once de la noche**. Y también tenemos un cine.
Inés: ¿**Y qué días** hay películas?
Guía: Solo **los viernes por la noche**.
Alberto: ¿La biblioteca dónde está? **¿Qué horario tiene?**
Guía: Es ese edificio blanco; abre **de lunes a viernes de ocho y cuarto de la mañana a doce de la noche** y **los sábados por la mañana**. Bueno, vamos a visitar la residencia universitaria…

Preguntar sobre horarios	Partes del día	Espacio de tiempo

4.7 With a partner, complete the schedule for the following buildings on your campus. Then compare your schedule with another pair. Did you have similar times?

	Días de la semana	Horarios	Parte del día
la biblioteca	de ……… a ………	de ……… a ………	por la ………
la cafetería			
la clínica			
las oficinas del decano			

The 24-hour clock is used for schedules and official timekeeping in most Spanish-speaking countries.

Son las 22h.

Es

la una.

la una **y** cinco.

la una **menos** veinte.

Son

las tres (**en punto**).

After the hour

las dos **y** cinco.

las dos **y cuarto**.

las dos **y media**.

Before the next hour

las tres **menos** veinticinco.

las tres **menos** cuarto.

las tres **menos** cinco.

» To ask the time, use:
- ¿**Qué hora es**?
- **Es la** una y cuarto. / **Son las** cinco.

» To ask at what time an activity takes place, use:
- ¿A qué hora cenas?
- A las siete.

4.8   Indicate the times shown on the digital clocks below.

06:00   07:10   03:40   05:40

4.9   Listen to the conversations and fill in the missing words.

(36)

a. Sara: ¿A qué .... te levantas?
Javier: Me levanto a las siete ....
Sara: Es muy pronto, ¿no?

b. Jesús: ¿Quieres ir al cine Patio esta ....?
Marta: Sí, genial. ¿A qué hora quedamos?
Jorge: Quedamos a las ocho y .... en la puerta del cine.

c. Cristina: ¿A qué hora quedamos?
Begoña: A .... una .... veinte.
Cristina: Vale.

4.10   With a partner, make plans to do some sightseeing in Buenos Aires. Prepare a conversation similar to the ones above and present it to the class. *¡Atención!* You must agree on a day and time to meet using the information in the guide.

Modelo: E1: ¿Quieres ir al Planetario Galileo Galilei el martes?
E2: Chévere. ¿A qué hora quedamos?

Planetario Galileo Galilei
Proyecciones:
MARTES A VIERNES: 13 y 16 hs.
SÁBADOS Y DOMINGOS: 14; 17.30 Y 18.30 hs.

ATENCIÓN 7 y 8 de noviembre Planetario cerrado al público

Museo de Arte Latinoamericano de Buenos Aires (MALBA)
Horario:
Jueves a lunes y feriados: 12:00 a 20:00
Martes: cerrado
Miércoles: 12:00 a 21:00

Teatro Colón
Horario de funciones:
De miércoles a viernes a las 20:30.
Sábados a las 18:00 y 20:00.
Domingos a las 14:30.

4.11 Fill in the blanks under each image with the appropriate profession from the list. *¡Atención!* Remember to use the correct form of the noun to show agreement with the person in the image. Then listen to the audio to check your answers.

mesero/a • bombero/a • enfermero/a • profesor/a • médico/a • cocinero/a
mecánico/a • veterinario/a • programador/a

a. ....

b. ....

c. ....

d. ....

e. ....

f. ....

g. ....

h. ....

i. ....

4.12 With a partner, guess at the words for the following professions in Spanish. Use the Modelo as a guide. What conclusions can you draw about the forms of these professions?

Modelo: tenis ▶ el/la tenista

fútbol ▶ ....
diente ▶ ....
taxi ▶ ....

piano ▶ ....
flor ▶ ....
arte ▶ ....

4.13 Talk to your partner about the professions of people you know and the professions you are considering for the future.

Modelo: Mi hermano es bombero. Yo quiero ser…

4.14 Match the following professionals to their workplace. Then to check your answers, take turns with a partner asking each other where these people work.

¿Dónde trabajan...?

a. los bomberos   **c.** los meseros   **e.** los veterinarios   **g.** los recepcionistas
b. los médicos   **d.** los cocineros   **f.** los actores / las actrices   **h.** los programadores

Trabajan *(work)* en...

① ☐ el hotel   ② ☐ la cocina   ③ ☐ el hospital

④ ☐ la clínica veterinaria   ⑤ ☐ el departamento de bomberos   ⑥ ☐ el teatro, el cine

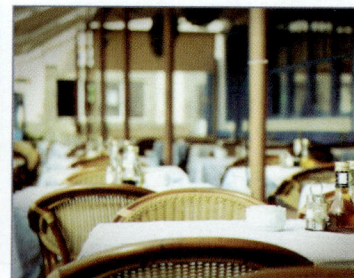

⑦ ☐ la oficina   ⑧ ☐ el restaurante

---

computadora = ordenador (España)
mesero/a = camarero/a (España)

4.15 Look at the following list of activities that people have to do as part of their jobs. Then take turns with a partner asking each other who has to do each activity.

a. apagar fuegos *(fires)*
b. contestar el teléfono
c. cuidar *(care for)* a los enfermos / a los animales
d. crear programas en la computadora

e. hacer películas *(movies)*
f. servir cafés, refrescos...
g. preparar comidas
h. dar clases

Modelo: E1: ¿Quién tiene que apagar fuegos?
E2: El bombero o la bombera.

» Use the expression ***tener*** + ***que*** + infinitive to talk about the things you and others have to do.

Tengo que hacer deporte. *I have to play sports.*
Tienes que trabajar. *You have to work.*
Tenemos que estudiar. *We have to study.*

> **!** Note that only the verb **tener** is conjugated.

4.16 Choose two of the following professions and role play with a partner. Take turns asking each other about your jobs. Use the following questions.

Modelo: E1: ¿A qué te dedicas?
E2: Soy médica.
E1: ¿Dónde trabajas?
E2: Trabajo en el hospital.
E1: ¿Qué tienes que hacer?
E2: Tengo que cuidar a los enfermos.

> **!** ¿A qué te dedicas? / ¿En qué trabajas? / ¿Qué haces? *(job-related)*

4.17 Create an identity for one of the people above and complete his/her information card below. Include any interesting information about the person's life. Be creative.

Nombre ▶ ....
Apellidos ▶ ....
Edad ▶ ....
Nacionalidad ▶ ....
Ciudad de residencia ▶ ....

Profesión ▶ ....
Lugar de trabajo ▶ ....
Idioma ▶ ....
Más información ▶ ....

Asking personal information:
- **¿Cómo** te llamas?
- **¿En qué** trabajas?
- **¿Cuántos** años tienes?
- **¿De dónde** eres?
- **¿Dónde** vives?
- **¿Qué** lenguas hablas?
- **¿A qué** te dedicas?

4.18 Take turns interviewing your partner to discover his/her new identity. What did you learn? Write a brief summary about the person.

Todos los días... *Everyday...*
...me levanto a las ocho. *...I get up at eight o'clock.*
...desayuno. *...I have breakfast.*
...almuerzo en casa. *...I have lunch at home.*
...ceno con mis padres. *...I have dinner with my parents.*

Por la mañana... *In the morning...*
...me ducho antes de desayunar. *...I shower before having breakfast.*
...hago la cama. *...I make my bed.*
...estudio en la universidad. *...I study at school.*

Por la tarde... *In the afternoon...*
...hago deporte. *...I play sports.*
...hago la tarea. *...I do my homework.*

Por la noche... *At night...*
...ceno. *...I have dinner.*
...me acuesto tarde. *...I go to bed late.*

Use **por** or **en** to give an approximate time.
- **Por** la mañana.
  (Sometime) In the morning.
- **En** la mañana.

4.19 Look at what Jorge does most days. Then, match the actions to the correct images.

1. ☐ Cena con sus padres.
2. ☐ Se levanta pronto.
3. ☐ Hace deporte.

4. ☐ Se acuesta a las 10:00 de la noche.
5. ☐ Se viste.
6. ☐ Estudia en la universidad.

4.20 Listen to Jordi Labanda, a well-known Spanish illustrator, talk about a typical day for him. Indicate during what part of the day he does the following things.

	Por la mañana	Por la tarde	Por la noche
a. Escucha música.	☐	☐	☐
b. Hace sus dibujos en su estudio.	☐	☐	☐
c. Tiene reunión de trabajo.	☐	☐	☐
d. Almuerza muy tarde.	☐	☐	☐
e. Se acuesta.	☐	☐	☐
f. Desayuna y empieza a trabajar.	☐	☐	☐
g. Lee un poco.	☐	☐	☐
h. Cena en casa.	☐	☐	☐

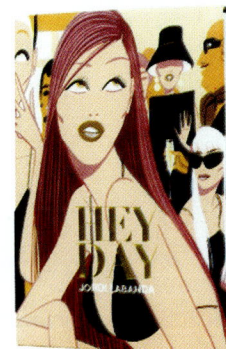

4.21 Take turns asking each other about Jordi's day and check your answers to Activity 4.20. Remember to use *cuándo* to ask when.

4.22 Answer the following questions about yourself. Then, tell your partner what is typical for you.

a. ¿Qué haces por la mañana?

b. ¿Haces deporte todos los días?

c. ¿Dónde estudias, en casa, en la biblioteca…?

d. ¿Dónde almuerzas, en casa, en la universidad…?

e. ¿Con quién cenas, con tus padres, con tus amigos…?

🗨 PRONUNCIACIÓN

THE SOUNDS OF *B* AND *V*

4.1 Listen to the following words and repeat after the speaker.

a. Barcelona, sa**be**r, **bi**blioteca, **bo**lígrafo, **bu**eno.

b. Valencia, **ve**inte, **vi**vir, **vo**sotros, **vu**estro.

In Spanish, the letters **b** and **v** have the same sound, as the **b** in **boy**.

4.2 Fill in the blanks with *b* or *v* to complete the spelling of these words you already know. Then practice saying them aloud with a partner.

a. be........er
b. vi........ir
c. e........aluación
d. escri........es
e. vol........emos
f. ....iblioteca
g. ha........lar
h. ....einte
i. ....ien
j. ....erde

4.3 Look at Daniel's after-school activities. Fill in the blanks with *b* or *v* to complete his schedule.

L
– Ir a clases de ....aile.
– ....er mi serie de tele........isión fa........orita.

M
– Lle........ar al perro al ....eterinario.
– Estudiar ....iología por la noche.

X
– Partido de ....aloncesto.
– Escri........ir un correo a Tomás.

J
– Tra........ajar unas horas en la ....i........lioteca.
– Ir al cine con Ja........ier.

V
– Jugar al fút........ol.
– Na........egar por Internet.

Problemas de horarios

4.1   In small groups, share and discuss your answers to the following questions.

a. ¿Cuáles son tus horarios de clase?

b. ¿A qué hora empiezas las clases todos los días?

c. ¿Crees que es muy pronto?

d. ¿Tienes las tardes libres o tienes alguna actividad o tarea?

e. ¿Cuántas tardes libres tienes a la semana?

f. ¿A qué hora se levanta tu familia?

g. ¿Practicas algún deporte? ¿Qué días de la semana y a qué hora?

4.2   Look at the images and select the best option according to what you think is going to occur.

a. La casa está bastante **ordenada / desordenada**.

b. Los muchachos están muy **contentos / un poco enfadados**.

c. Los muchachos tienen **unos papeles en las manos / sus celulares en las manos**.

d. Están **en su casa /en la cafetería de la universidad**.

e. Lo que leen es algo **muy agradable / muy aburrido**.

4.3   Watch the entire episode and indicate the correct option for each of the characters.

Actividades de Juanjo

1. Empieza las clases...
a. todos los días a las 10:00.
b. los lunes, martes y jueves a las 10:00.
c. los lunes, miércoles y viernes a las 10:00.

2. Los miércoles y viernes...
a. se levanta a las 7:00.
b. se levanta a las 10:00.
c. se levanta a las 8:00.

3. Los martes por la tarde...
a. estudia.
b. juega al futbol.
c. va al gimnasio.

4. Queda con los amigos...
a. los sábados.
b. los lunes por la tarde.
c. los miércoles por la noche.

Actividades de Alfonso

1. Tiene clases...
a. de lunes a viernes a las 9:00.
b. de lunes a viernes a las 8:30.
c. de lunes a viernes a las 8:00.

2. Todos los días se levanta...
a. a las 7:00 de la mañana.
b. a las 8:00 de la mañana.
c. a las 7:30 de la mañana.

3. Por las tardes...
a. trabaja para ayudar a sus padres.
b. va al gimnasio.
c. estudia y hace las tareas.

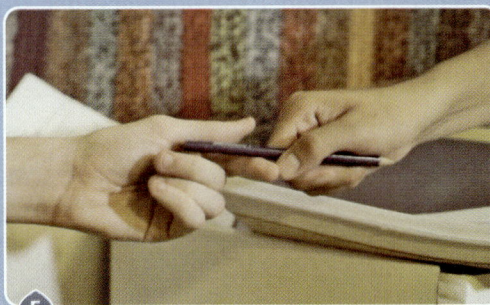

4.4 ____ Watch the episode again and fill in the missing words.

a. La madre de Juanjo es .... y trabaja en un hospital.

b. El padre de Alfonso es ....

c. El padre de Alfonso se despierta a las ....

d. La madre de Juanjo se levanta a las ....

4.5 ____ Take another look at the images and match the sentences below to the appropriate image.

⚙ **ESTRATEGIA**

Observing details
Improve comprehension by observing the surroundings and other accompanying details of a scene. Watch the episode with the volume off and focus on the details you might otherwise miss. The details you observe will help you to understand the situation and the context in which it unfolds.

a. Juanjo lee los horarios de clase.

b. Alfonso se ríe porque Juanjo juega al "Mario Kart".

c. Juanjo le da un lápiz a Alfonso.

d. Hay una maleta encima de la cama.

e. Se ve una mesilla blanca.

f. Los muchachos leen sus horarios de clase.

4.6 ____ Indicate what is true for you. Then share your responses with a partner. Which of you helps out more? Which one has the busier schedule?

a. Hago algunas tareas de la casa.

b. Algunas veces hago la compra.

c. Hago la cama todos los días.

d. Ayudo a mi familia en las tareas diarias.

e. Los horarios de clase son horribles.

f. Algunos días a la semana hago deporte.

4.7 ____ Answer the questions and exchange opinions with a partner.

a. ¿Crees que los muchachos tienen realmente unos horarios horribles?

b. ¿Crees que los jóvenes actualmente tienen demasiadas obligaciones?

c. ¿Qué es más importante, tu vida académica y/o profesional o tu vida personal y tus aficiones?

DESPUÉS
DEL VIDEO

GRAMÁTICA

1. STEM-CHANGING VERBS E ▶ IE, O ▶ UE, AND E ▶ I

» In Spanish, some verbs have an irregular stem in the present tense. The vowel in the last syllable of the stem changes from **e ▶ ie**, **o ▶ ue**, and **e ▶ i** in all forms except **nosotros/as** and **vosotros/as**. Look at the verb charts below to see examples of these types of verbs.

» **E ▶ IE**. The **–e–** in **empezar** changes to **–ie–** in all forms but **nosotros/as** and **vosotros/as**.

EMPEZAR *(to start, begin)*		
yo	emp**ie**zo	nosotros/as	empezamos
tú	emp**ie**zas	vosotros/as	empezáis
usted/él/ella	emp**ie**za	ustedes/ellos/ellas	emp**ie**zan

*Mis clases **empiezan** a las 8.*
My classes start at 8.

*¿A qué hora **empiezas** la tarea?*
What time do you begin your homework?

» Other verbs that stem change from **e ▶ ie**:

cerrar *to close* — La tienda **cierra** a las 10. *The store closes at 10.*
entender *to understand* — Ustedes **entienden** español. *You (all) understand Spanish.*
pensar *to think* — Yo **pienso** que es verdad. *I think it's true.*
preferir *to prefer* — Tú **prefieres** el color azul. *You prefer the color blue.*
querer *to want (to do something)* — Los estudiantes **quieren** descansar. *The students want to rest.*

» **O ▶ UE**. The **–o–** in **volver** changes to **–ue–** in all forms but **nosotros/as** and **vosotros/as**.

VOLVER *(to return)*		
yo	v**ue**lvo	nosotros/as	volvemos
tú	v**ue**lves	vosotros/as	volvéis
usted/él/ella	v**ue**lve	ustedes/ellos/ellas	v**ue**lven

*Yo **vuelvo** a casa a las 4.*
I return home at 4.

*Mi padre **vuelve** a casa a las 6.*
My father returns home at 6.

» Other verbs that stem change from **o ▶ ue**:

almorzar *to have lunch* — Yo **almuerzo** a las 12. *I have lunch at 12.*
dormir *to sleep* — Los estudiantes **duermen** mucho. *The students sleep a lot.*
encontrar *to find* — Ellos **encuentran** una excusa para dormir más. *They find an excuse to sleep more.*
poder *to be able to, can* — Nosotros **podemos** quedar a las 5. *We can meet up at 5.*

» **E ▶ I**. The **–e–** in **servir** changes to **–i–** in all forms but **nosotros/as** and **vosotros/as**.

SERVIR *(to serve)*		
yo	s**i**rvo	nosotros/as	servimos
tú	s**i**rves	vosotros/as	servís
usted/él/ella	s**i**rve	ustedes/ellos/ellas	s**i**rven

● *¿Qué **sirven** en la cafetería?*
What do they serve in the cafeteria?
● ***Sirven** pizza.*
They serve pizza.

» Other verbs that stem change from **e ▶ i**:

pedir *to ask for, to order* — **Pido** pizza por teléfono. *I order pizza on the phone.*
repetir *to repeat* — La profesora **repite** la tarea. *The teacher repeats the homework.*

4.1 Ask your partner about his/her preferences.

Modelo: E1: ¿Qué prefieres, un café o un refresco?

E2: Prefiero un refresco.

a. Matemáticas o Historia
b. el fútbol o el fútbol americano
c. un sofá o una silla
d. una casa o un apartamento
e. estudiar en casa o estudiar en la biblioteca
f. comer en McDonald's o comer en Taco Bell

4.2 Describe what the following people do using each of the verbs in parenthesis. Then take turns reading your sentences aloud to your partner.

Modelo: Mi padre (volver a casa a las 3, almorzar en casa)

Mi padre vuelve a casa a las 3. Almuerza en casa.

a. tú (empezar temprano, dormir poco por la mañana, pedir agua para beber)
b. nosotros (entender la tarea, almorzar en la cafetería, volver a casa a las 3)
c. Maribel (querer vivir en la ciudad, poder tener un perro en casa, preferir viajar en carro)
d. los estudiantes (poder bailar en clase, repetir después de la profesora, cerrar los libros)

4.3 Using the sentences in Activity 4.2, tell your partner whether you do the same things. If you don't do the activity, use *no* before the verb.

Modelo: Yo vuelvo a casa a las 3. No almuerzo en casa.

2. VERBS *HACER* AND *SALIR*

» Some verbs in Spanish are irregular only in the **yo** form.

	HACER (to do, to make)	SALIR (to go out, to leave)
yo	**hago**	**salgo**
tú	haces	sales
usted/él/ella	hace	sale
nosotros/as	hacemos	salimos
vosotros/as	hacéis	salís
ustedes/ellos/ellas	hacen	salen

Yo **salgo** *con mis amigos los sábados.*
I go out with my friends on Saturdays.

¿Cuándo **sales** *con tus amigos?*
When do you go out with your friends?

Yo **hago** *la cama todos los días.*
I make my bed every day.

Siempre salgo tarde del trabajo.

4.4 Fill in the blanks with the correct form of *hacer* or *salir* to describe what the following people do.

a. Patricia .... con sus amigos.

b. Nosotros .... la cena todas las noches.

c. Los domingos yo .... a correr por el parque.

d. Yo .... con mi perro a pasear.

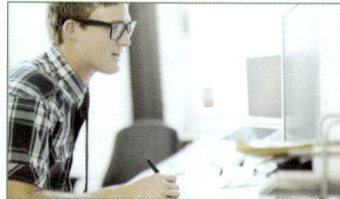

e. Roberto .... la tarea en su computadora.

f. El padre y el hijo .... la cama.

4.5 Take turns asking your partner if he/she does some things as the people above. Use the correct form of *hacer* or *salir* in the questions below.

a. ¿.............. con tus amigos?

b. ¿.............. la cama?

c. ¿..............con tu perro a pasear?

d. ¿.............. la tarea en tu computadora?

e. ¿.............. a correr los domingos?

f. ¿.............. la cena todas las noches?

3. REFLEXIVE VERBS

» A reflexive verb requires a reflexive pronoun (**me**, **te**, **se**, **nos**, **os**, **se**) that refers the action of the verb back to the person doing the action, the subject. In Spanish, reflexive verbs are often verbs used to describe actions related to personal care and daily routines. That is, actions that you do for yourself.

Yo **me levanto**. *I get up (physically, by myself).*   Yo **me ducho**. *I shower (myself).*

» Reflexive verbs in Spanish have regular –**ar**, –**er** or –**ir** endings. Some verbs will have a stem change. Look at the forms of the following reflexive verbs.

	LEVANTARSE *(to get up)*	DESPERTARSE *(to wake up)*	ACOSTARSE *(to go to bed)*	VESTIRSE *(to get dressed)*
yo	me levanto	me despierto	me acuesto	me visto
tú	te levantas	te despiertas	te acuestas	te vistes
usted/él/ella	se levanta	se despierta	se acuesta	se viste
nosotros/as	nos levantamos	nos despertamos	nos acostamos	nos vestimos
vosotros/as	os levantáis	os despertáis	os acostáis	os vestís
ustedes/ellos/ellas	se levantan	se despiertan	se acuestan	se visten

Mi madre **se acuesta** a las 12. *My mother goes to bed at 12.*

Me visto antes de desayunar. *I get dressed before having breakfast.*

Nos despertamos tarde. *We wake up late.*

» Other reflexive verbs:

ducharse *to shower*   **bañarse** *to take a bath*   **quejarse** *to complain*

4.6 Fill in the blank with the correct reflexive pronoun. *¡Atención!* Remember that the reflexive pronoun and the form of the verb refer to the same subject (or person).

a. ¿A qué hora .... despiertan?

b. ¿A qué hora .... levantas?

c. ¿A qué hora .... acostamos?

d. ¿A qué hora .... ducha tu hermana?

4.7 Write out the answers to the questions above. *¡Atención!* Remember to conjugate the infinitives and use the correct reflexive pronouns.

a. Yo / levantarse / a las 8:00. ....

b. Mi hermana / ducharse / a las 7:30. ....

c. María y tú / despertarse / a las 8:30. ....

d. Nosotros / acostarse / a las 10:30. ....

4.8 Look at Rosa's schedule for the day. With a partner, take turns saying what she does and when.

Modelo: Rosa se levanta a las siete y cuarto.

♻ ....
Use **de... a...** to talk about a period of time.
- Tiene clase **de dos a tres** de la tarde.

Martes, 4 de abril
7:15 Levantarme.
7:15 - 7:25 Ducharme en diez minutos, ¡no más tiempo!
7:30 Vestirme rápido.
7:45 Desayunar con mamá
8:10 Tomar el autobús.
8:30 - 14:00 Trabajo, ¡no puedo llegar tarde!
14:30 Almorzar con las muchachas en la cafetería de la universidad.
Important

Martes, 4 de abril
15:30 - 17:00 Clase de Marketing, ¡qué aburrido!
17:30 - 19:00 Clase de Inglés II
20:00 Clase de Zumba en el gimnasio. Si no estoy muy cansada.
21:30 Cena con Jenny y Marta.
22:30 En casa, serie *Escándalo*, ¡tengo que ver el último episodio!
24:00 Acostarme.
Important

4.9 Prepare a similar description about your day. Then take turns with a partner asking each other about what you do and when.

¿A qué hora te levantas?

Me levanto a las siete.

¿Qué haces después?

**VIDEOCLASES
7 Y 8**

1. COMPRENSIÓN DE LECTURA

4.1 Look at the title of the article you will be reading. What do you think it's about?

4.2 Read the article. What type of information is presented and in what format?

⚙️ **ESTRATEGIA**

Focusing on specific information
Familiarize yourself with the text by first reading the title and subtitle. Then glance at the text to see if there is a specific type of information presented. This will help you concentrate on the information you need to complete the task.

Los hispanos y su día a día

Según una encuesta del Centro Superior de Sociología, el 56% de los españoles se levanta pronto por la mañana. Solo un 32% sale de noche todos los días. Muy pocos españoles van a los toros *(bullfights)*, el 14%. El 62% ve la televisión por la noche.

Un 34% de los españoles va todas las semanas al cine. La siesta se practica en España, pero pocos españoles duermen todos los días la siesta, solo un 22%. Los españoles viajan bastante todos los fines de semana, un 58%, y un porcentaje similar practica algún deporte. Eso sí, nadie cena muy pronto, nunca antes de las 8 de la tarde, en eso no han cambiado las costumbres.

Por otra parte, los mexicanos destacan *(stand out)* entre los ciudadanos más felices, según otro estudio. De él se deduce que una de las claves *(keys)* de la felicidad es el contacto entre las personas. El 77% de las personas entrevistadas coincide en que el contacto diario con padres y familiares es una fuente *(source)* de felicidad. El 39% considera que una de las cosas más placenteras del día es salir en la tarde con algún ser querido *(loved one)*. El 22% come con la familia los domingos. El 17% habla con amigos y compañeros. El 14% de los participantes señala que ver la televisión en la noche es una fuente de felicidad. El mundo virtual es importante, pero pocos mexicanos chatean con otra persona, 5%. Y muy pocos mexicanos indican que recibir un mensaje en el celular les alegra, el 2%.

4.3 Read the first part of the article again and record the percentages gathered from the survey conducted in Spain for each of the following activities.

	%	La mayoría	Muchos	Pocos	Muy pocos	(Casi) nadie
a. Se levanta temprano.	☐	☐	☐	☐	☐	☐
b. Sale de noche todos los días.	☐	☐	☐	☐	☐	☐
c. Va a los toros.	☐	☐	☐	☐	☐	☐
d. Ve la televisión por la noche.	☐	☐	☐	☐	☐	☐
e. Va todas las semanas al cine.	☐	☐	☐	☐	☐	☐
f. Duerme todos los días la siesta.	☐	☐	☐	☐	☐	☐
g. Viaja todos los fines de semana.	☐	☐	☐	☐	☐	☐
h. Practica a menudo deporte.	☐	☐	☐	☐	☐	☐
i. Cena antes de las 8 de la tarde.	☐	☐	☐	☐	☐	☐

4.4 Look at the percentages you recorded in Activity 4.3 and decide what category (*la mayoría, muchos, pocos*, etc.) best describes the number of people who do the activity. Compare your answers with a partner.

4.5 Arrange the following activities in order of importance according to the information from the survey conducted in Mexico. Include the percentages. Then arrange the activities in order of importance for you. Discuss your answers in small groups.

%	Para los mexicanos	Para mí
	comer con la familia los domingos	
	tener contacto todos los días con padres y familiares	
	ver la televisión en la noche	
	recibir un mensaje en el celular	
	salir en la tarde con gente querida	
	hablar con amigos y compañeros	
	chatear con otra persona	

2. EXPRESIÓN ESCRITA

4.6 Think about where you live and the things people in your community do on average. You can focus on certain sectors such as families, students, workers, etc.

⚙ ESTRATEGIA

Collaborating with others

Collaborating and cooperating with others allows you to jump start the writing process. Share ideas with classmates in Spanish to practice the language and target the content you would like to develop in your writing.

4.7 Write an e-mail to a friend in Mexico and tell him/her what a normal day is like for most people in your city or state. Be sure to include the following.

– saludo
– explica qué hace la gente un día normal
– habla de las rutinas diarias y las actividades de tiempo libre

– pregúntale algo sobre su vida
– despedida

Use de following expressions when writing an e-mail:

De: *From*
Para: *To*
Asunto: *Subject*
Querido/a: *Dear*
Chao / Adiós / Hasta luego: *Farewell (closing)*

3. INTERACCIÓN ORAL

4.8 Prepare a talk to present to the class about your own day. Choose three of the four topics to address in your presentation. Use the questions as a guide.

⚙ ESTRATEGIA

Creating an activity chart

Preparing a list of information ahead of time about the things people do helps you organize your description and sequence activities effectively. Creating a chart provides the order you need to make the presentation flow more smoothly.

Mi vida diaria

– trabajos y estudios
– hábitos y costumbres
– tiempo libre
– comidas y horarios

– ¿Qué haces?
– ¿A qué hora?
– ¿Qué día?
– obligaciones

VIVIR EN
Argentina

Este país latinoamericano es famoso por el fútbol, el tango y sus hermosos paisajes*. Pero, ¿cómo son los muchachos que viven allí? Vamos a conocerlos...

Turistas en el glaciar Perito Moreno, en la Patagonia

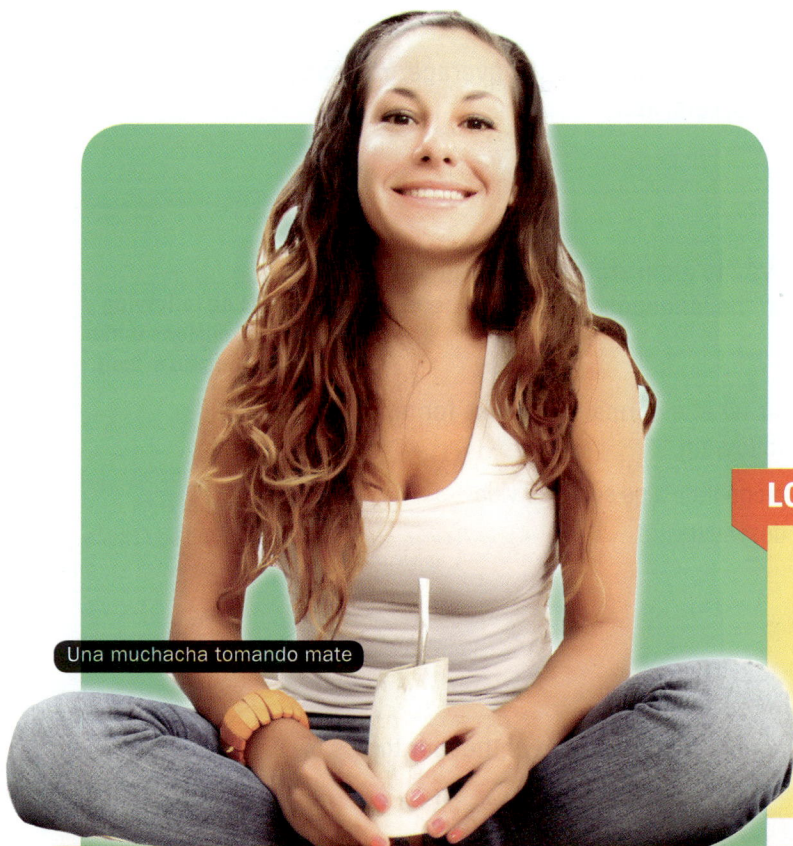

Una muchacha tomando mate

LOS PORTEÑOS

Buenos Aires es la capital de Argentina. Está situada en la región centro-este del país. Tiene casi 3 millones de habitantes, y alrededor de* 12 si se tiene en cuenta el conurbano*. Como está junto al Río de la Plata y es un puerto importante, los habitantes de esta ciudad se llaman porteños. Debido a su arquitectura, se la conoce en el mundo como "La París de América".

UNA CIUDAD INTENSA

Buenos Aires ofrece una vida cultural intensa: es la ciudad con más teatros del mundo (más de 150), incluyendo el famoso teatro Colón, dedicado al ballet y a la música clásica. Pero también, como todas las grandes ciudades, impone* un ritmo rápido y a veces peligroso. Es la cuarta ciudad más ruidosa del mundo, en gran parte debido al* tráfico en sus calles. Y es, según la Organización de los Estados Americanos (OEA), una de las ciudades con más robos del continente. «Los muchachos porteños somos curiosos, creo que

extrovertidos, pero también un poco desconfiados*», dice Tomás, un estudiante de informática de 18 años. «Tenemos cuidado al ir por la calle y estamos acostumbrados* a vivir con un poco de estrés», explica.

¿Cómo es la vida en tu ciudad? ¿Crees que hay mucho estrés en la ciudad donde vives? ¿Es similar o muy diferente al estrés en Buenos Aires?

La avenida 9 de Julio, en la capital del país

LOS «NINI»

Al igual que en otros países como España o México, un porcentaje cercano al 17% de los jóvenes argentinos no estudia ni trabaja. Son la generación «nini». En parte debido a la crisis económica, en parte debido a que todavía tienen mucho por aprender, la vida de los muchachos de entre 13 y 19 años no es fácil.

«Es uno de los grupos más vulnerable y frágil, al que le cuesta bastante conseguir empleo, a veces debido a que algunos tienen escasa* experiencia laboral, calificación y nivel de instrucción», dice Victoria Mazzeo, de la Dirección General de Censos y Estadísticas del Gobierno de Buenos Aires. Sin embargo, uno de cada diez jóvenes estudia y trabaja a la vez. «Antes de empezar a trabajar, yo era un desastre en el colegio. Ahora me volví más responsable», dice Tomás Arana, un joven argentino de 19 años. Tomás está estudiando periodismo y tiene dos trabajos: niñero* y mesero. «Así, me pago mis gastos* y ayudo un poco en casa», explica.

LA VIDA DIARIA

La tecnología es un aspecto importante en la vida de los jóvenes argentinos. Más de la mitad pasa cuatro horas diarias conectado a Internet. «Ni bien llego a casa, enciendo la computadora», dice Raúl, de 20 años. «Primero escribo correos, y actualizo* mis páginas en las redes sociales».

9 de cada 10 argentinos afirma que la amistad es un aspecto esencial en sus vidas. El 49% de los jóvenes celebra el Día del Amigo el 20 de julio. «Mis amigos y yo nos vemos dos veces por semana, normalmente nos reunimos a tomar mate[1]», dice Julia, una joven de la provincia de Mendoza.

> **¿Te parece difícil estudiar y trabajar al mismo tiempo? ¿Cuál es tu situación? ¿También estudias y trabajas?**

> **¿Usas Internet de forma similar a los jóvenes argentinos? ¿Qué haces cuando te conectas?**
>
> **¿Qué haces cuando te reúnes con tus amigos?**

[1] El mate es una infusión de hierbas típica de Argentina, Uruguay, Paraguay y Brasil. Se bebe en un recipiente hecho con una calabaza*, llamado mate, a través de una caña de metal, llamada bombilla.

ANSWER THE FOLLOWING QUESTIONS

a Después de leer este artículo, ¿te gustaría vivir en Buenos Aires? ¿Por qué?

b ¿Qué cosas tienes en común con los muchachos porteños que hablan en este artículo? ¿Y qué diferencias notas?

c ¿Estás acostumbrado a vivir con un poco de estrés? ¿Piensas que esto es algo positivo o negativo? ¿Por qué?

d Compara algunos aspectos de tu vida diaria con la de los argentinos.

VOCES LATINAS

Vivir en Buenos Aires

GLOSARIO		
acostumbrados – used to	**el conurbano** – metro area	**impone** – imposes
actualizo – I update	**debido a** – due to	**los gastos** – expenses
alrededor de – around	**desconfiados** – distrustful	**el paisaje** – landscape
la calabaza – gourd	**escasa** – limited	**el niñero** – nanny

Fuentes: *Clarín*, *La Nación*, TNS, Organización de los Estados Americanos (OEA), Unicef y entrevistas.

EN RESUMEN

Situación

Crea un horario y administra el tiempo

You have some free time in your schedule
and have decided to look for a part-time job.

LEARNING OUTCOMES	ACTION
Talk about professions	**4.1** ____ You would like to apply for a job as a veterinarian's assistant (or a mechanic's, a chef's, a teacher's, or a nurse's assistant). Write a brief cover letter explaining why you would be a good candidate for the job. Describe the things you want to do, can do, and prefer to do as they relate to the job. Be sure to include when you can start.
Ask and give the day and time	**4.2** ____ Your prospective employer wants to meet with you to set up a work schedule, where you will work for a total of 15 hours a week. Map out your weekly schedule of classes and other activities. Then discuss what times and days you are available to work. Your partner will play the part of the employer. Then switch roles.
Describe daily routines and everyday activities	**4.3** ____ Your mother (or father or any other family member) is worried about you and wants to know how you are doing. Write her an e-mail explaining what your day is like and what you do at work, school, and with friends. Asunto: _____ De: _____ Para: _____
Make plans	**4.4** ____ You and your friend have each been working at your new jobs for two weeks. Use the schedule each of you prepared in Activity 4.2 to make plans to get together. Agree on what you want to do and the day, time, and place to meet. Make a note on your calendar about your plans.

LISTA DE VOCABULARIO

Las profesiones *Professions*

¿En qué trabajas? *What is your profession?*
bombero/a *firefighter*
cocinero/a *cook*
mecánico/a *mechanic*
médico/a *doctor*
mesero/a *waiter/waitress*
programador/a *computer programmer*
recepcionista *receptionist*
veterinario/a *veterinarian*

Decir la hora *Telling time*

¿A qué hora…? *At what time…?*
de la mañana *a.m.*
del mediodía *noon*
de la noche *p.m.*
de la medianoche *midnight*
de la tarde *p.m.*
en punto *sharp*
Es la una. *It's one o'clock.*
menos cuarto *quarter to*
¿Qué hora es? *What time is it?*

Expresiones de tiempo
Time expressions

fin de semana *weekend*
por la mañana *in the morning*
por la noche *at night*
por la tarde *in the afternoon*
todos los días *everyday*
temprano *early*

Los días de la semana
Days of the week

lunes *Monday*
martes *Tuesday*
miércoles *Wednesday*
jueves *Thursday*
viernes *Friday*
sábado *Saturday*
domingo *Sunday*
horario *schedule*
cine *movies*

Verbos *Verbs*

acostarse (o>ue) *to go to bed*
almorzar (o>ue) *to have lunch*
cenar *to have dinner*

cerrar (e>ie) *to close*
desayunar *to have breakfast*
despertarse (e>ie) *to wake up*
dormir (o>ue) *to sleep*
ducharse *to shower*
empezar (e>ie) *to start, begin*
entender (e>ie) *to understand*
hacer *to do, to make*
hacer deporte *to play sports*
hacer la tarea *to do homework*
levantarse *to get up*
navegar por Internet *to go on the Internet*
pedir (e>i) *to ask for, to order*
pensar (e>ie) *to think*
poder (o>ue) *to be able, can*
preferir (e>ie) *to prefer*
quedar *to meet up with someone*
quejarse *to complain*
querer (e>ie) *to want (to do something)*
repetir (e>i) *to repeat*
salir *to go out, to leave*
servir (e>i) *to serve*
tener que *to have to (do something)*
vestirse (e>i) *to get dressed*
volver (o>ue) *to return*
cuidar *to take care of*

5

¿TE GUSTA?

- ¿Comes en restaurantes con tus amigos?
- ¿Prefieres la comida de restaurantes o la comida de casa?
- ¿Qué pides en tu restaurante favorito?

Los amigos quieren explorar caminos nuevos

LEARNING OUTCOMES

By the end of this unit you will be able to:

- Talk about what you do in your free time
- Describe likes and dislikes
- Express agreement and disagreement
- Order in a restaurant
- Explain what part of the body hurts
- Describe how you are feeling

El tiempo libre

5.1 Look at the image of students studying before going to class. Then complete the sentences according to the image.

a. La imagen representa a unos ....
....

b. Ellos están en ....
....

c. Los amigos estudian antes de ....
....

d. Según la imagen, la escena tiene lugar por la ....

5.2 Listen to the conversation. Then decide whether the following statements are true (T) or false (F).

Quique: ¿Qué tal, muchachos? ¿Qué tal llevan el examen?
Germán: Yo no muy bien, estoy un poco preocupado.
Carmen: Pero si tú estudias mucho, ¡seguro que te sale bien! ¿A que sí, Noelia?
Noelia: Pues claro. Yo creo que va a ser bastante fácil. Además, esta tarde ya no tenemos que estudiar.
Quique: Es verdad. ¿Qué quieren hacer? ¡Ah!, podemos jugar a videojuegos. ¡Me encantan los videojuegos!
Germán: Es que estoy cansado de jugar siempre con los videojuegos.
Carmen: Vale, ¿y qué tal si hacemos deporte?
Germán: No sé, es que me duele *(hurts)* la

pierna por el partido de fútbol del domingo.
Noelia: Podemos ir a comer algo. Germán, tú siempre tienes hambre, ¿no?
Germán: Vale, pero no quiero ir a un restaurante con mucha gente, que seguro que tenemos que esperar *(wait)* mucho para sentarnos *(to sit)* y estoy de mal humor por lo del examen.
Quique: ¿Qué? ¡Pero si siempre estás contento!
Carmen: Chévere, pues más tarde decidimos. Después del examen seguro que estás más contento.
Germán: Es verdad, muchachos. ¿Vemos una película? Me gusta la nueva de ciencia ficción.
Quique: A mí también.
Carmen: Sí, de acuerdo.

	T	F
a. Germán cree que el examen le va a salir mal.	☐	☐
b. Tienen clase por la tarde.	☐	☐
c. Quique está de mal humor.	☐	☐
d. Noelia piensa que el examen va a ser bastante fácil.	☐	☐
e. Carmen y Quique están de acuerdo con Germán.	☐	☐

5.3 Answer the following questions about the conversation.

a. ¿Cuántos planes proponen *(suggest)* los amigos para hacer esta tarde?

b. ¿Qué plan deciden hacer finalmente?

c. ¿A quién le duele la pierna?

d. ¿Por qué Germán no quiere ir a comer?

e. ¿Por qué no quiere jugar a videojuegos?

5.4 Match the caption to the image.

1. ☐ A Mario y a Graciela les gusta la montaña y montar en bici. Ahora están cansados.

2. ☐ A Ana le encanta chatear con sus amigos de Argentina. Es muy abierta.

3. ☐ A Andrea le gusta hacer fotos, también le gustan los perros. Es muy simpática.

4. ☐ A Pablo le encanta ir de compras y comprar zapatos. Está muy contento.

5.5 With a partner, take turns saying which of the following activities you like to do in your free time.

Modelo: Me gusta ir de compras y comprar bolsos.

– chatear con amigos
– ir de compras y comprar…
– escuchar música en mi mp4
– jugar a videojuegos

– hacer deporte
– montar en bici
– hacer fotos
– ver una película

5.6 Compare sentences with *encantar* and *gustar* used in Activity 5.4. What do you think is the difference between the two expressions? Discuss with a partner. Then write your own sentences using *me encanta* and *me gusta* to share with the class.

¡A Quique le encanta jugar a videojuegos!

📋 APUNTES: Colombia, un país lleno de gente alegre

✓ Según una reciente encuesta, 7 de cada 10 colombianos declaran estar alegres la mayor parte del tiempo. Muy pocos, solo un 3%, dicen que están tristes.

✓ Igualmente, 7 de cada 10 colombianos se ríen para expresar que están contentos.

✓ Los colombianos reaccionan de maneras diferentes cuando están alegres. En Barranquilla se expresa a través del baile y del canto.

✓ También varía por edad. A los jóvenes entre los 18 y 24 años estar con los amigos les genera alegría mientras que para los adultos entre los 25 y 34 años la alegría está relacionada con el bienestar económico.

✓ Al 24% de los encuestados estar con la familia les produce alegría.

Fuente: Centro Nacional del Consultoría (CNC)

VOCABULARIO Y COMUNICACIÓN

1.A VOCABULARIO: ACTIVIDADES DE OCIO Y TIEMPO LIBRE

5.1 Look at the images below. What type of activities do they all represent?

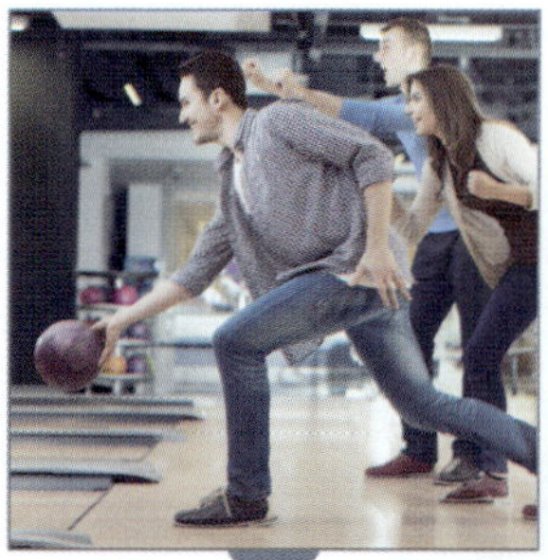

a. .... los bolos

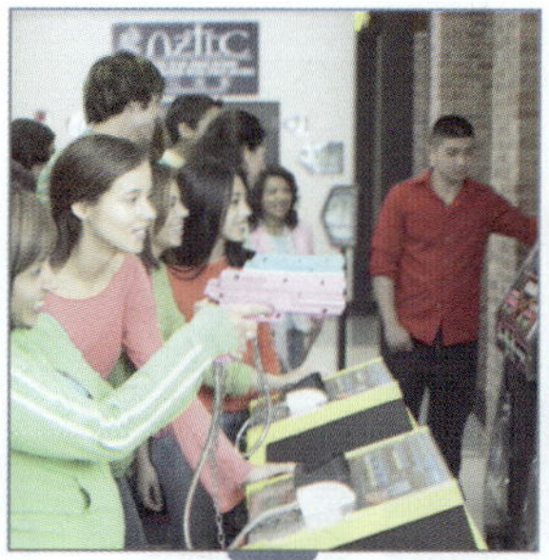

b. .... los videojuegos

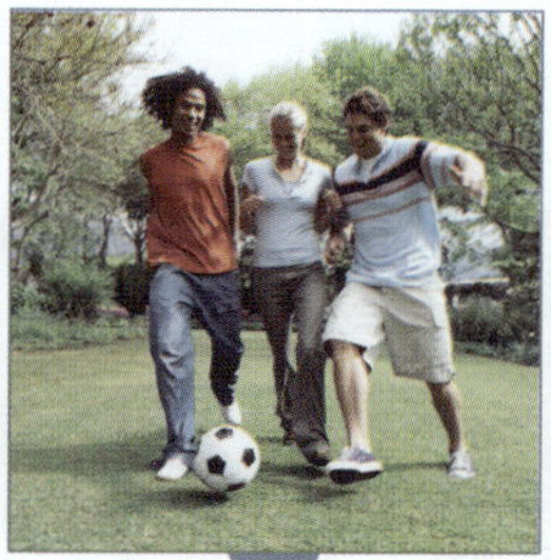

c. .... al fútbol

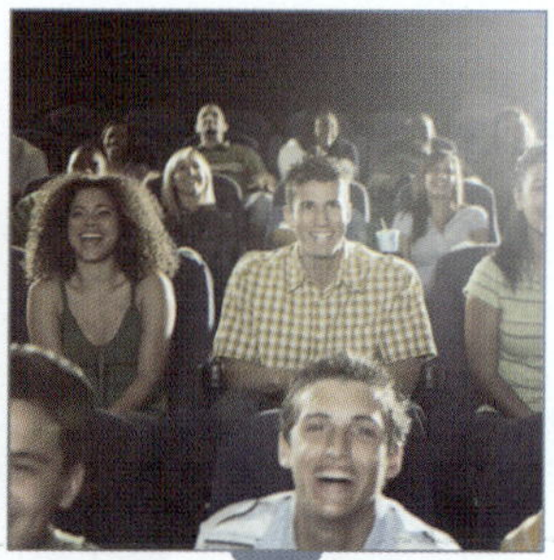

d. .... una película

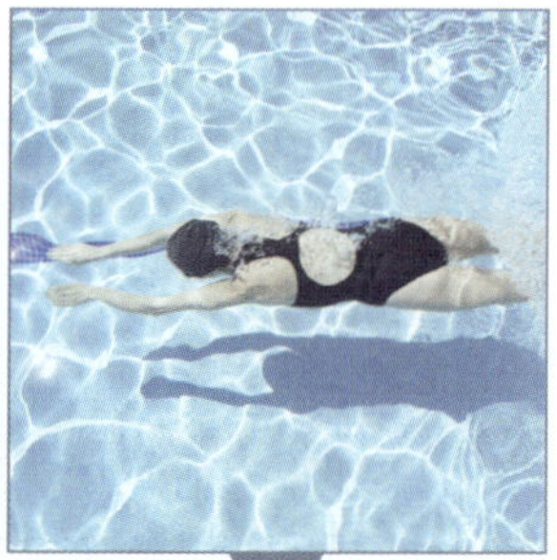

e. .... natación

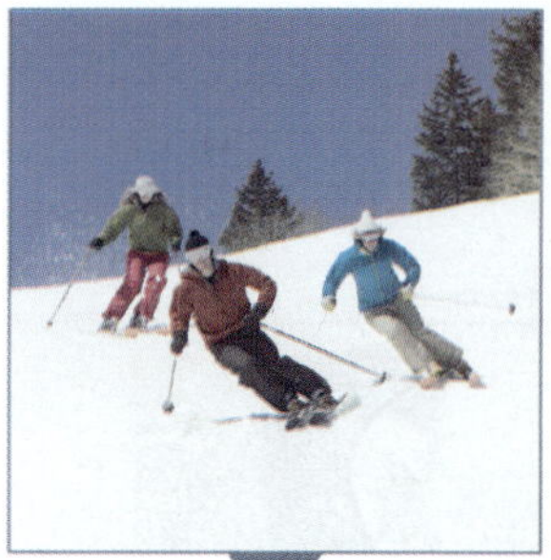

f. .... esquí

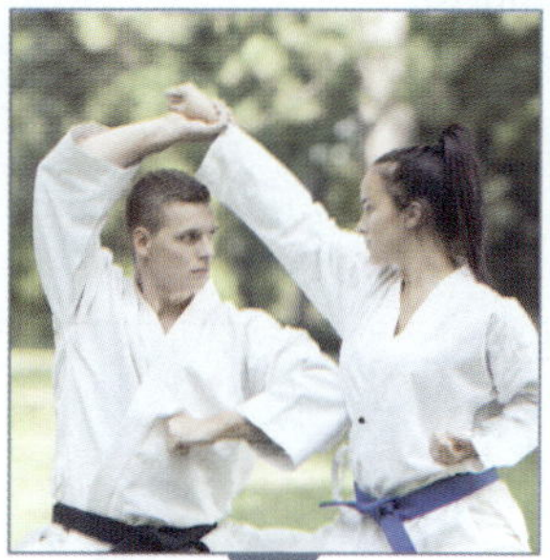

g. .... judo

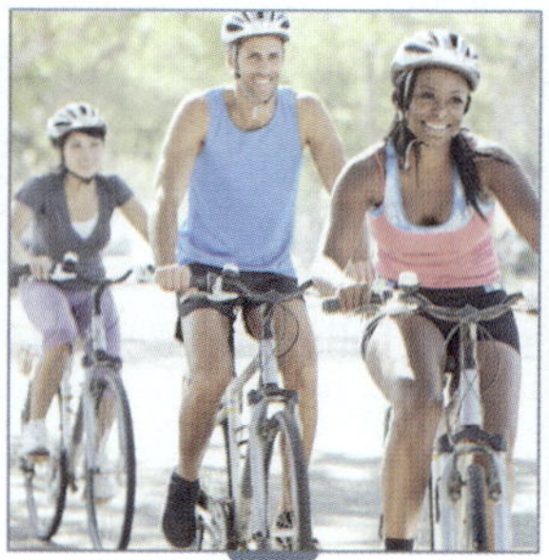

h. .... ciclismo

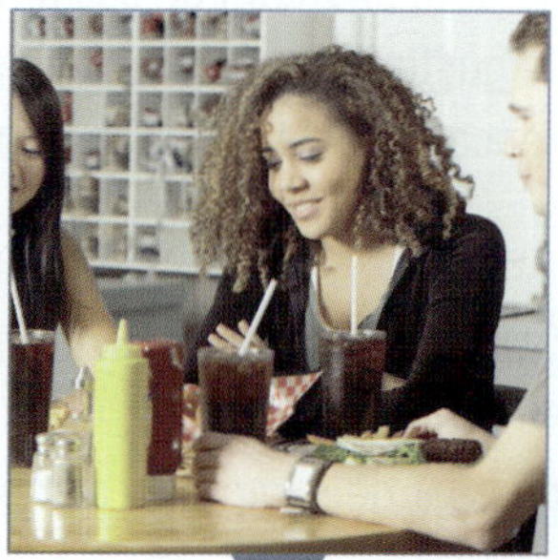

i. .... un refresco

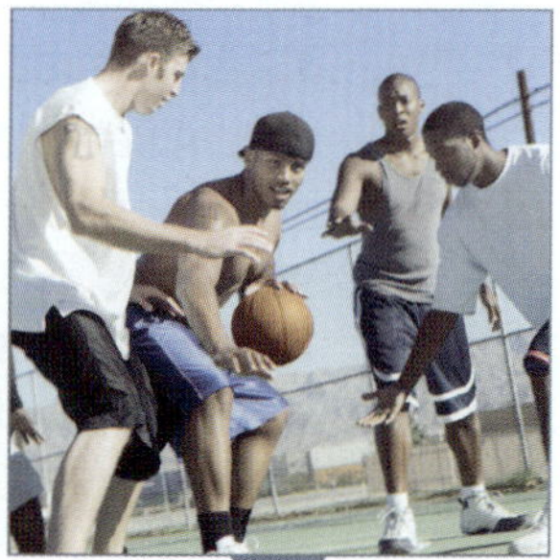

j. .... deporte

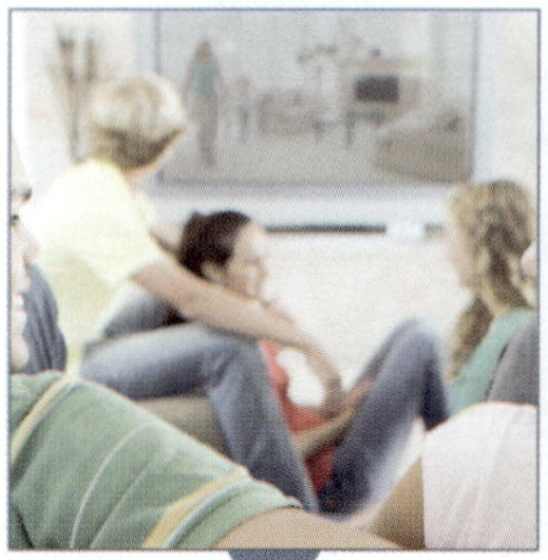

k. .... la televisión

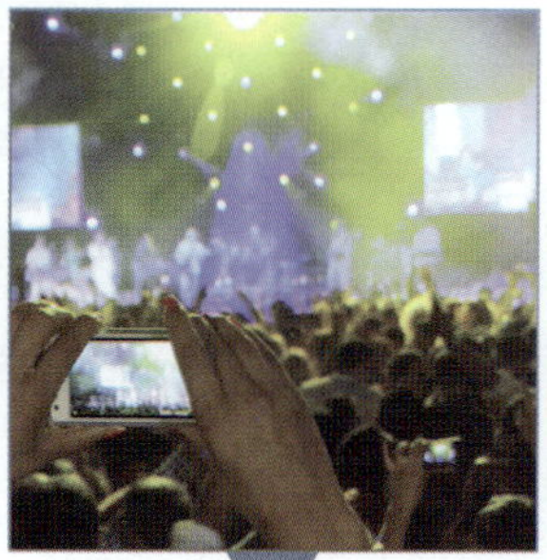

l. .... un concierto

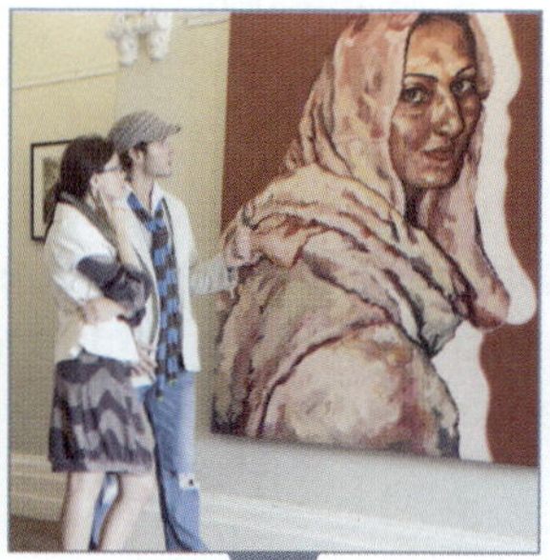

m. .... una exposición

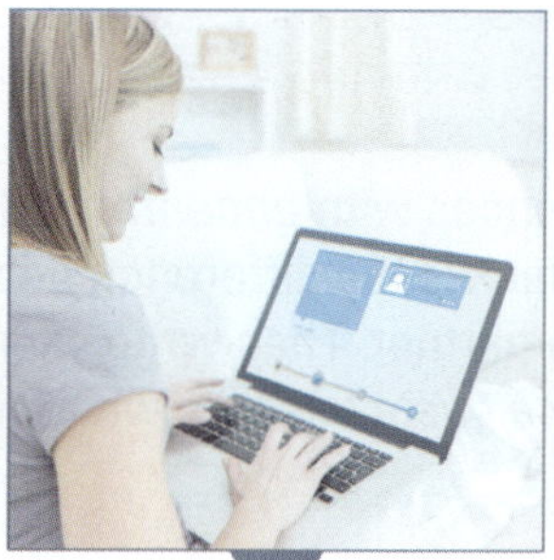

n. .... Internet

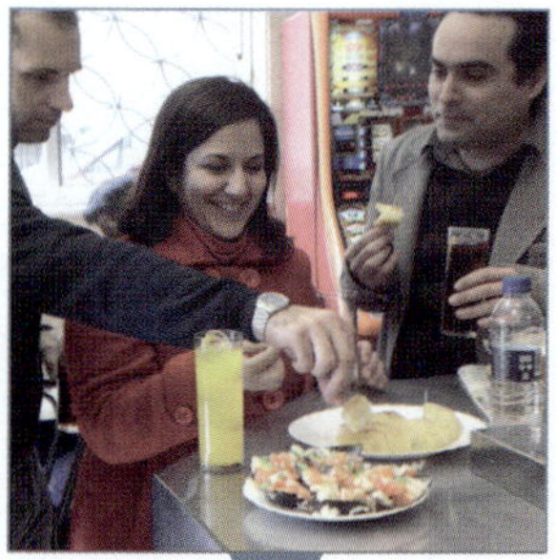

ñ. .... unas tapas o botanas

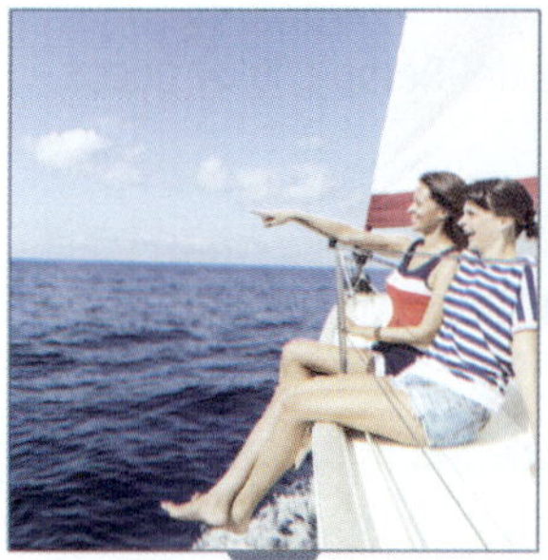

o. .... el mar

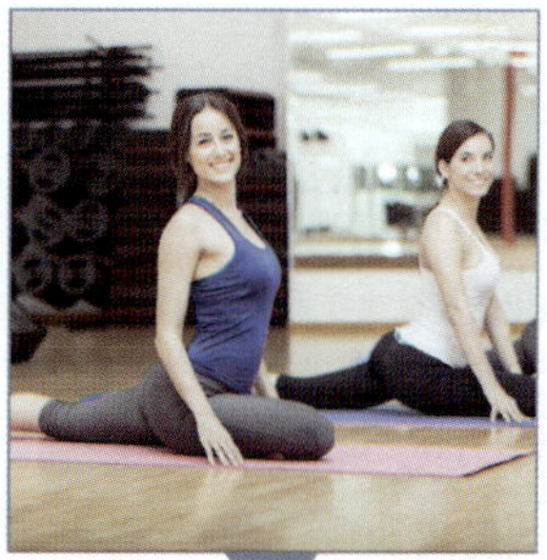

p. .... yoga

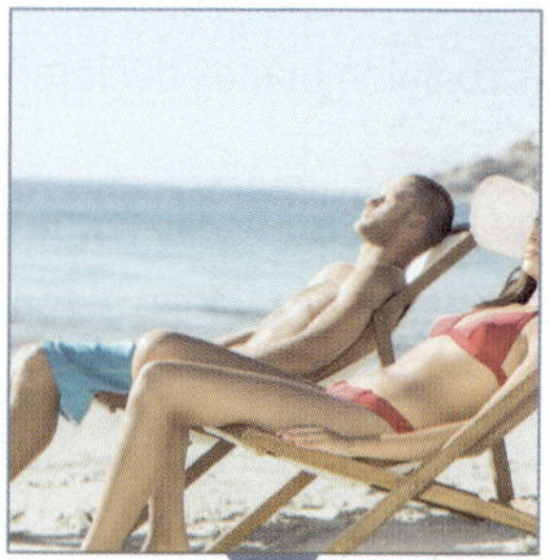

q. .... el sol

5.2 (41) Complete the captions above with one of the following verbs. Then listen to the audio to check your answers.

ver • tomar • hacer
jugar a • navegar por

5.3 With a partner, place the activities in the appropriate category and add two more examples to each category.

TOMAR	VER	JUGAR A	HACER	NAVEGAR POR
a. *unas tapas o botanas*	a.	a.	a.	a. ....
b. *el sol*	b.	b.	b.	b. ....
c.	c.	c.	c.	....
....	d.	....	d.	
....	....	....	e.	
	....		f.	
			....	
			....	

5.4 Think about the activities you would like to do this weekend. Then in groups of three, take turns offering suggestions for what to do together until you have completed the agenda below.

Modelo: E1: El viernes por la tarde, ¿quieren ver una película?

E2: Sí, buena idea. / Realmente no. ¿Qué tal si vamos a tomar unas tapas?

E3: Chévere. / Sí, perfecto.

	Mañana	Tarde	Noche
Viernes			
Sábado			
Domingo			

5.5 Make one or two recommendations for each of the following people based on their moods, personalities, and circumstances as described below. Then take turns with a partner exchanging your suggestions. Record all the suggestions provided.

Modelo: E1: ¿Qué puede hacer Isabel?

E2: Isabel puede ver la televisión.

¿Qué puede(n) hacer?	Puede(n)...
a. Isabel es muy tranquila. A ella no le gusta salir. Prefiere estar en casa. ▶	
b. Violeta vive cerca de la playa *(beach)*. La temperatura hoy es de 95 grados y ella tiene ▶ calor.	
c. Paco y sus amigos tienen mucha energía y son muy activos. A ellos les gusta competir. ▶	
d. Iván está aburrido. Le gusta mucho el arte y la música. A sus amigos también. ▶	

5.6 Select from the options you and your partner prepared in Activity 5.3 and say which one you would prefer to do in each case.

a. Cuando estoy en casa, me gusta…

b. Cuando tengo calor,…

c. Si tengo que competir con mis amigos,…

d. Si paso tiempo con mis amigos,…

5.7 🔊 42 Look at the image of Miguel and try to guess what four activities he likes to do in his free time. Then listen to the audio to check your answers.

- ☐ viajar con amigos
- ☐ escuchar música
- ☐ tomar tapas con los amigos
- ☐ ver conciertos en directo
- ☐ ver la televisión
- ☐ hacer deporte
- ☐ navegar por Internet
- ☐ viajar solo

5.8 👥 What can you guess about Inés and the things she likes to do in her free time based on the image of her below? Discuss with a partner.

5.9 Write a short description about Inés. Include the following:

– two personality traits
– how she is feeling today
– three activities she likes to do in her free time
– one activity she doesn't like to do

Inés es…
....
....
Hoy está…
....
....
A ella le gusta…
....
....
A ella no le gusta…
....
....
....

5.10 👥 Prepare a similar description about yourself. Then share the information you wrote about yourself and Inés with the class. *¡Atención!* To say what you like (and don't like) use *A mí me gusta… / A mí no me gusta…*

1.B COMUNICACION: TALKING ABOUT FREE TIME AND DESCRIBING MOODS AND FEELINGS

ESTAR

» Use **estar** to describe a person's mood or feelings at a particular moment.
*Germán **está** preocupado por el examen.* *Germán is (feeling) worried about the test.*

» Adjectives commonly used with **estar:**

tranquilo/a *(feeling) relaxed*	alegre, contento/a *(feeling) happy*
de buen/mal humor *in a good/bad mood*	cansado/a *(feeling) tired*
preocupado/a *(feeling) worried*	triste *(feeling) sad*
bien, perfecto *(feeling) fine*	enfadado/a *(feeling) angry*

Use **ser** to describe personality traits and characteristics with:
- aburrido/a *boring*
- alegre, divertido/a *fun, lively*
- antipático/a *disagreeable*
- inteligente *intelligent*
- simpático/a *likeable*
- tranquilo/a *quiet*

5.11 Look at the following people and describe their mood using *estar* and the expressions above. Check your answers with a partner. More than one answer is possible.

5.12 Take turns with a partner saying whether you are feeling the same as the people above.

5.13 Listen to the conversation and fill in the blanks with the missing words.

Carlos: ¿Qué te pasa, Rafael? Hoy no .... muy ....
Rafael: Bueno, es que .... un poco ....
Carlos: ¡Pero qué dices! Si tú .... muy .... Venga, vamos a dar un paseo.
Rafael: Bueno, vale.

5.14 Complete the questions with *ser* or *estar*.

a. ¿Cómo .... tu mejor amigo/a? ¿Cómo .... ustedes cuando están juntos?

b. Cuando .... enfadado, ¿qué haces?

c. Normalmente, ¿ .... una persona tranquila o nerviosa? ¿Cómo .... ahora? ¿Por qué?

d. ¿Cómo.............. tus padres? ¿Estrictos? ¿Generosos? ¿Cuándo .... preocupados?

e. ¿Tienes hermanos? ¿ .... mayores o menores que tú? Cuando estás en la universidad, ¿ .... tristes cuando no estás con ellos? ¿Por qué?

5.15 Now use the questions you prepared to interview a partner. What do you have in common?

5.16 Using the list of foods below, complete the words under each image to identify the food in Spanish. Then listen to the audio to check your answers.

(44)

carne • huevos • naranjas • queso • cebollas • leche
pimientos • tomates • frijoles • marisco • pollo • zanahorias

a

□r□j□□□s

b

□u□s□

c

□a□□h□□□□□

d

l□□□e

e

c□b□□□□□

f

□□m□te□

g

h□□v□□

h

□a□n□

i

m□r□□□□

j

□a□□□j□□

k

□i□□□nt□□

l

□□l□o

5.17 Read the descriptions about two famous celebrities and their lifestyles. Cross out the foods each one dislikes.

A Gael le gusta mucho estar con sus amigos e ir a fiestas y estrenos de películas. Con su horario de trabajo, no pasa mucho tiempo en casa y come casi siempre en restaurantes. Gael es amante de la comida rápida, sobre todo las hamburguesas con papas fritas. También le gustan los postres como el helado y la tarta de chocolate. No le gusta nada la verdura ni la fruta.

a b c d

A Liliana le gusta cuidarse. Va al gimnasio tres veces por semana y los fines de semana practica la natación, pilates y también le gusta el *spinning*. Para comer, a Liliana le gustan las ensaladas y todo tipo de pescado y fruta. No le gusta la comida grasosa *(greasy)* y toma mucha agua. Su estómago no tolera los productos lácteos como el yogur.

5.18 Choose from the list below the snack foods you think Gael and Liliana most likely eat. Exchange opinions with your partner.

palomitas de maíz

papitas fritas

manzanas

> **Showing agreement and disagreement with someone's opinion:**
> - Creo que / Pienso que…
> - Creo / Pienso que sí.
> - Creo / Pienso que no.

dulces

tarta o pastel de chocolate

pescado a la plancha

5.19 You and your partner have been hired to plan a dinner party for Gael and Liliana. Create a menu that will appeal to both of the celebrities and their guests.

> To combine foods, use **con**.
> - Arroz con pollo. *Rice with chicken.*

Primer plato:

Segundo plato:

Postre:

5.20 Take turns asking your partner what foods he/she prefers.
  a. ¿Qué comida no te gusta?
  b. Cuando tienes mucha hambre, ¿qué prefieres comer?
  c. ¿Qué te gusta comer por la tarde después de clase?
  d. ¿Cuál es tu postre favorito?

5.21 Read the following conversation in a restaurant between the waiter and his customers. Then match the items ordered to the correct images.

Mesero: Hola, buenas tardes. ¿Qué desean ordenar?
Cliente 1: Yo, una **sopa de verdura** (a) y una **limonada** (b).
Cliente 2: Para mí, un **refresco de naranja** (c).
Mesero: ¿Quiere algo de comer?
Cliente 2: Sí, ¿me puede traer un **sándwich de jamón y queso** (d), por favor?
Mesero: ¿Algo más?
Cliente 2: No, nada más, gracias.
Cliente 1: ¿Nos trae agua, por favor?
Mesero: Tomen, aquí tienen.
Cliente 1: La cuenta, por favor.
Mesero: Sí, son 17 dólares.

5.22 Look at the different questions and answers commonly used when ordering in a restaurant. Fill in the blanks with the missing words used in the conversation above.

Mesero	Cliente
– ¿Qué desea/desean ....?	– ...., una sopa de verdura.
– ¿Qué quiere/n beber?	– ...., un refresco de naranja.
– ¿Quiere/n algo de ....?	– ¿............... un sándwich de jamón y queso, por favor?
– ¿Quieren algo más?	– No, ..., gracias.
– ¿...............?	– ¿............... agua, por favor?
	– ...., por favor.

5.23 Listen to the following conversation that takes place at a Mexican restaurant. Then answer the questions.

(45)

a. ¿Desean ordenar los clientes?

b. ¿Qué comen?

c. ¿Qué parte del día es?

d. ¿Quién paga?

5.24 Listen again and answer the questions.

(45)

a. ¿Qué se pide primero en México, la bebida, la comida o todo junto?

b. ¿Qué verbo utilizan los meseros para hablar de forma general de la bebida y la comida?

c. ¿Qué forma de tratamiento utilizan los meseros y clientes?

d. ¿Estos diálogos son parecidos a los que hay en un bar o restaurante de tu país? ¿Por qué?

e. Fíjate en la imagen. ¿Qué hace el joven? ¿Es normal en tu país este gesto? ¿Cómo se llama la atención del mesero/a?

5.25 Listen to another conversation in the same restaurant and complete the chart with their order.

(46)

	Ella	Él
Entrada ▶		
Plato fuerte ▶		
Para beber ▶		
¿Necesita algo? ▶		
De postre ▶		

5.26 With a partner, take turns playing the roles of waiter / waitress and customer. Use the expressions in activity 5.24 and the menu as a guide. Then present your conversation to the class.

LOS DOS PANZONES

◈ Menú del día ◈

Entrada
Ensalada de nopales
Arroz a la mexicana
Frijoles charros
Sopa azteca
Consomé de pollo

Plato fuerte
Bistec a la mexicana
Pollo en salsa verde
Enchiladas rellenas
Chiles rellenos
Pescado a la diabla

Postres
Arroz con leche
Pastel
Flan

💬 PRONUNCIACIÓN

THE SOUNDS OF *R* AND *RR*

In Spanish, the letter **r** has two sounds.

» **Sound /r/** ▶ Sound is equivalent to the English pronunciation of *tt* in *butter* or *dd* in *ladder*.
naranja, mariscos, ahora

» **Sound /rr/** ▶ Sound is equivalent to someone imitating a motor sound (*brrrrrrrr*). This is known as a trill and occurs in words:
-beginning with the letter **r** ▶ *repetir*
-with an **r** after the letters **n, s, l** ▶ *Enrique; Israel; alrededor*
-written with **rr** ▶ *arroz, aburrido*

5.1 You will hear ten words in Spanish with either the /r/ or /rr/ sounds. Listen carefully and write the number of the word in the appropriate column based on the sound of /r/ you hear in each.

(47)

Sound /r/	Sound /rr/

5.2 Fill in the blanks with *r* o *rr* to spell out these words. Then practice saying them aloud to a partner focusing on the correct pronunciation of /r/ and /rr/.

a. favo........ito   c. bo........ador   e. papele........a   g. go........a   i. enfe........mera

b. mo........eno   d. abu........ido   f. a........oz   h. ma........ón   j. prefe........imos

Un pelo en mi cena

5.1 Answer the questions and share your responses with a partner.

a. ¿Conoces algún restaurante español?

b. ¿Conoces el nombre de algún plato típico español?

c. ¿Te gusta la comida española?

ANTES
DEL VIDEO

5.2 Base your answers to the following questions on what you know and what you think is going to happen in the episode. Use the images and your imagination.

a. ¿Sabes qué es el gazpacho? ¿De dónde es típico?

b. Para hacer una tortilla de patatas, ¿qué ingredientes necesitas?

c. ¿Cómo es la decoración del restaurante? Mira las imágenes 1 y 5.

d. ¿Por qué se ríe Eli (imagen 2)?

e. Mira la imagen 4. ¿Qué problema tiene Lorena con el cuchillo en ese momento?

f. ¿Qué crees que piensa el hombre que aparece en la imagen 3?

g. ¿Qué encuentra Eli en su sopa? Mira la imagen 6.

ESTRATEGIA

Using images to predict content
Before you watch the video, focus on the images and the questions in the pre-viewing activities to help you anticipate what the episode will be about. Knowing what to expect will prepare you for the types of reactions the characters in the video might display.

5.3 Watch the entire episode and check your answers to Activity 5.2.

5.4 Answer the following questions.

a. ¿Lorena y Eli van al restaurante de día o de noche? ¿Por qué lo sabes?

b. ¿Es caro el restaurante?

c. ¿Tiene Juanjo experiencia como mesero?

d. ¿Qué piensan las muchachas sobre el comportamiento de Juanjo como mesero?

DURANTE
DEL VIDEO

5.5 Juanjo makes mistakes when repeating back the girls' orders. Correct the errors below. Watch the espisode again if necessary.

	Lorena	Eli
De primero	gazpacho ▶	sopa de jamón ▶
De segundo	arroz con verdura ▶	arroz con verdura ▶
Para beber	un refresco de naranja ▶	una limonada ▶

5.6 Indicate whether the following statements refer to Lorena (L), Eli (E) or Juanjo (J).

a. ☐ Es la primera vez que cena en ese restaurante.

b. ☐ Piensa que Juanjo está muy guapo vestido de mesero.

c. ☐ Piensa que Juanjo habla muy alto porque es español.

d. ☐ Explica qué es el gazpacho y la tortilla española.

e. ☐ Dice que el restaurante es bonito.

f. ☐ Le encanta la comida española.

g. ☐ A veces ayuda a su tío en su trabajo.

h. ☐ Le gusta mucho el pollo.

5.7 Answer the questions.

a. Después de ver el episodio, ¿crees que Juanjo es un buen mesero? ¿Por qué?

....

b. Mira la imagen 6. ¿Crees que las muchachas van a volver a ese restaurante otra vez? ¿Por qué?

....

c. Si vas a un restaurante y el mesero actúa como Juanjo, ¿qué haces?

....

5.8 In small groups, list five qualities you think a good waiter or waitress should have.

Las cualidades del buen mesero
....
....

5.9 Take turns sharing your list with the rest of the class and decide which five you all agree are the most important.

5.10 With a partner, prepare a brief conversation between a waiter/waitress and a customer and present it to the class. Afterwards your classmates will guess the type of restaurant you are in.

DESPUÉS DEL VIDEO

1. *GUSTAR* AND SIMILAR VERBS

» To express likes and dislikes, the verb **gustar** is used in Spanish. The verb endings for **gustar** always agree with what is liked. The indirect object pronouns always precede the verb forms.

Optional (Used to show emphasis)	Indirect object pronoun	Verb forms	What is liked
A mí	me		
A ti	te	gusta	la leche, cantar (singular)
A usted/él/ella	le		
A nosotros/as	nos		
A vosotros/as	os	gustan	los videojuegos (plural)
A ustedes/ellos/ellas	les		

Nos gusta salir a cenar. *We like to go out for dinner.*
No **me gusta** la carne. *I don't like meat.*
¿**Te gustan** las palomitas? *Do you like popcorn?*

» The verb **encantar** is used to talk about things you really like or love.
Me encantan los conciertos en directo. *I love live concerts.*

» The expressions **a mí, a ti, a él**... are optional. They are used to show emphasis.
¿Te gusta el helado? **A mí** me encanta. *Do you like ice cream? I love it (I really do).*

5.1 Describe one thing in each of the categories below that you and your friends like and one thing you don't like. Share your preferences with a partner.

Modelo: clases ▶ A nosotros nos gusta la clase de español. / No nos gusta la clase de física.

a. deportes   **c.** programas de televisión
b. música   **d.** clases

5.2 List three activities you like to do. Then ask your partner if he likes to do the things you listed. Take turns asking and answering to see how many things you have in common.

Modelo: E1: ¿Te gusta la natación?

		Actividades
		a. Me gusta(n)... ....
		b. ....
		c. ....

Sí, me gusta mucho.   No, no me gusta

5.3 Conduct a class survey to find out which foods your classmates like most *(más)* and which ones they like least *(menos)*. Interview at least five students. Complete the chart with the information you gathered and report back to the class.

Modelo: ¿Qué alimentos te gustan más/menos?

Tabla de contenidos	
Alimentos que gustan más:	*A mis compañeros les gustan más/menos...*
Alimentos que gustan menos:	

2. USING *TAMBIÉN* AND *TAMPOCO* TO AGREE AND DISAGREE

AGREEMENT (Same tastes/preferences)	DISAGREEMENT (Different tastes/preferences)

Me gustan los gatos. — **A mí, también.**

No me gusta el café. — **A mí, tampoco.**

Sí   Sí   No   No

Me gusta el fútbol. — **A mí, no.**

No me gustan las verduras. — **A mí, sí.**

Sí   No   No   Sí

» Use **también** when agreeing with an affirmative statement.
» Use **tampoco** when agreeing with a negative statement.
» To show that you don't agree with a statement, use **a mí, no.**
» To show that you don't agree with a negative statement, use **a mí, sí.**

5.4 Complete the conversations with *también* or *tampoco*. Use the icons to help you choose. Then practice the conversations aloud with a partner.

a. ● ¿Te gusta hacer deporte?
   ● Me encanta. ¿Y a ti?
   ● A mí, ...

b. ● ¿Te gustan los videojuegos?
   ● No. ¿Y a ti?
   ● A mí, ...

c. ● ¿Te gusta la música?
   ● Sí. ¿Y a ti?
   ● A mí, ...

5.5 Listen to a radio broadcast reporting on the latest survey about university students and the free time activities they like to do most and least. Complete the chart with the activities you hear.

	Porcentaje
a. Ir a conciertos de música moderna.	74%
b.	
c.	
d.	
e.	
f.	
g.	
h.	
i. Escuchar la radio para informarse.	

5.6 Listen again and indicate the percentages for each activity in 5.5.

5.7 Arrange the results in order of preference from the most to the least. Share your statistics with a partner and take turns saying whether you have similar or different preferences. What conclusions can you draw?

Modelo: 1. A los jóvenes les encanta ir a conciertos de música moderna. ¿Y a ti?
...
9. No les gusta nada escuchar la radio para informarse. ¿Y a ti?

Use the following to express degrees of intensity:
- mucho
- bastante *(well enough)*
- no...demasiado *(not much)*
- no...nada *(not at all)*

3. VERB *DOLER* AND PARTS OF THE BODY

» The verb **doler** is an **o>ue** stem-changing verb that is used to describe aches and pains. It follows the same patterns as **gustar**.

Me duele el estómago. *My stomach hurts.*   A María **le duelen** los pies. *Maria's feet hurt.*

DOLER (o>ue) *to hurt, ache*		
A mí	me	
A ti	te	
A usted/él/ella	le	**duele** el estómago
A nosotros/as	nos	
A vosotros/as	os	**duelen** los pies
A ustedes/ellos/ellas	les	

» Another way to describe what hurts you is with the expression **tener dolor de** + body part.
Tengo dolor de cabeza. *I have a headache.*

5.8 ___ Look at the image to learn the words in Spanish for parts of the body. Then complete the sentences with *doler* and the corresponding body part.

d. los pies

f. la pierna

la espalda

a. la rodilla

el dedo

b. el estómago

el pecho

c. el brazo

e. la cabeza

el cuello

la mano

a. (A mí) ..... Me duele la rodilla
b. (A nosotros) ....
c. (A ti) ....
d. (A él) ....
e. (A ellos) ....
f. (A ustedes) ....

5.9 ___ With a partner, say what body parts you would use to do the following activities. Each of you should mention a different body part.

(Modelo:) E1: Para esquiar, uso las piernas.

E2: Y los brazos.

E1: Y…

a. para bailar   **c.** para hacer yoga
b. para montar en bici   **d.** para jugar al basquetbol

5.10 Look at the patients waiting to see the doctor. Match their symptoms to what ails them.

a. Tiene fiebre. **b.** Está estresada. **c.** Está cansado. **d.** Tiene tos. **e.** Tiene gripe.

1. ☐ Le duelen el cuello y la espalda y no duerme bien.

2. ☐ Le duele el pecho cuando tose mucho.

3. ☐ Le duele la cabeza y tiene 102 ºF.

4. ☐ Le duele todo el cuerpo y necesita tomar muchos líquidos.

5. ☐ Tiene dolor de cabeza y está muy nerviosa.

5.11 Match the doctor's questions and comments to the patient's responses. Then arrange the conversation in the appropriate order and practice taking parts with a partner. Remember to conjugate the verbs as needed.

> (Modelo:) Doctor: Buenos días, señor López.
> Paciente: Buenos días, doctor.
> . . .

1. Buenos días, señor López.

2. Dígame, ¿qué le ocurre?

3. Necesito ponerle el termómetro para ver si (tener) .... fiebre. ¿(Doler, a usted) .... la cabeza?

4. ¿(Tomar) .... medicamentos habitualmente?

5. Bueno... (Tener) .... un poco de fiebre y algo de congestión en el pecho. Creo que (tener) .... gripe.

6. Sí, (tener) .... que tomar un antibiótico cada ocho horas para la tos y la congestión.

a. ¿(Tener) .... que tomar algún medicamento?

b. Buenos días, doctor.

c. Muchas gracias, doctor.

d. (Tomar) .... una aspirina algunas veces.

e. (Estar) .... muy cansado y (tener) .... tos.

f. Sí, y también (doler) .... el pecho.

5.12 With a partner, describe how the following people are feeling. Use the verbs *estar* and *doler*, parts of the body, and expressions with *tener* to complete your description. Then present your versions to the class.

> (Modelo:) A Estela le duele todo el cuerpo. Está cansada y tiene sueño. No puede trabajar. Tiene que tomar té.

Expressions with **tener**:
- tener hambre
- tener sed
- tener calor
- tener sueño
- tener frío
- tener que + infinitive

   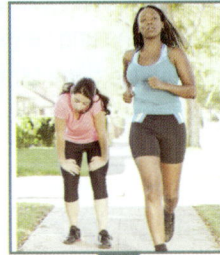

Estela   Anita   Esteban   Rosa

**VIDEOCLASES
9 y 10**

1. COMPRENSIÓN DE LECTURA

5.1 Read the introduction to the e-mail and list five activities you might suggest if you were writing to Marta.

1. .... 2. .... 3. .... 4. .... 5. ....

5.2 Read the text, and answer the questions below with *sí* o *no* according to the reading.

⚙️ **ESTRATEGIA**

Making inferences about personality and attitude
When reading a personal message between friends, use the introduction for context and useful clues about the writer and his/her views. What does the introduction convey to you about the main characters? How would you describe each of them based on the introduction alone? And after reading the entire passage?

Las recomendaciones de Mónica

Todos los fines de semana Marta le manda un correo a su amiga Mónica para hablar sobre el fin de semana. Marta nunca sabe *(never knows)* qué quiere hacer y Mónica siempre tiene buenas ideas. Este es un resumen de las últimas recomendaciones de Mónica a su amiga.

● ● ●	Asunto: Recomendaciones
De: Mónica	**Para:** Marta

Hola, Marta, pienso que estás contenta porque es viernes y este fin de semana hay muchísimas cosas que puedes hacer. Por ejemplo, si quieres ver una película en el cine, hay tres opciones interesantes: una comedia española con Penélope Cruz, un drama argentino y una película de animación. Por cierto, tengo una novela de un escritor venezolano. Si tienes tiempo, puedes leer la novela este fin de semana, está muy bien. Otra opción es comer en un restaurante. Yo te recomiendo un restaurante mexicano que tiene una comida muy buena y es bastante barato *(inexpensive)*. Lo mejor son los tamales y los tacos al pastor, ¡me encantan los tacos! Además, puedes escuchar rancheras, que son las canciones típicas de México. Si quieres hacer deporte, podemos montar juntas en bici el domingo. Yo tengo una bici nueva. Es el regalo *(gift)* de mis padres por mi cumpleaños. Por último, ¿te gusta cantar? Es que tengo un karaoke en casa y el domingo puedes venir a cantar con mi hermana y conmigo. ¿Te imaginas? Puede ser muy divertido. Además, mi padre todos los domingos hace asado, entonces puedes almorzar con nosotros también.

	Sí	No
a. ¿El padre de Mónica hace asado los sábados?	☐	☐
b. ¿A Mónica le gustan los tacos?	☐	☐
c. ¿La bici de Mónica es nueva?	☐	☐
d. ¿Mónica tiene una hermana?	☐	☐
e La novela que tiene Mónica, ¿es de un escritor mexicano?	☐	☐
f. ¿Las rancheras son mexicanas?	☐	☐

5.3 With a partner, compare the activities you each suggested in Activity 5.1 with the ones Mónica recommended. Which of you had the most in common with Mónica? What adjectives would you use to describe Mónica? Exchange impressions with your partner. Do you both agree?

5.4 Read Marta's response to Monica's suggestions and check the ones Marta likes.

Asunto: Re: Recomendadiones
De: Marta **Para:** Mónica
Muchas gracias por tus recomendaciones, Mónica. Me encanta el cine argentino, entonces la película argentina que me recomiendas es una buena opción. Para la novela, no tengo tiempo este fin de semana, pero gracias. Y otra cosa, no me gusta nada la comida mexicana. No puedo montar en bici porque me duele mucho la pierna; pero lo del karaoke sí, me gusta muchísimo cantar. Además, el asado es mi comida favorita.

a. ☐ ver la película argentina   **c.** ☐ leer la novela   **e.** ☐ comer comida mexicana

b. ☐ montar en bici   **d.** ☐ cantar con el karaoke   **f.** ☐ comer asado

2. EXPRESIÓN ESCRITA

5.5 Make some recommendations to your classmates about what to do this weekend. Then exchange papers with another classmate.

ESTRATEGIA

Using supporting examples

When preparing a persuasive argument, you should provide examples to state your position. Making a list of your arguments either in support of or in opposition to a suggestion will help you make a strong case.

Hola, compañeros. Estas son mis recomendaciones para el fin de semana...

5.6 Which suggestions do you like best? Why? Respond to the recommendations you received.

Muchas gracias por tus recomendaciones...

3. INTERACCIÓN ORAL

5.7 Prepare a talk to present to the class about your tastes and preferences relating to different foods. Talk about the following topics.

ESTRATEGIA

Using models

It helps to go back and review models that prepare you for a task like this one. Prepare and practice examples with *gustar* and verbs like *gustar*. Reread the section about meals and parts of the day.

Hábitos alimenticios en tu familia		
Gustos y preferencias	Tú y la comida	Las costumbres horarias

Café de Nicaragua y Guatemala

TRADICIONES GASTRONÓMICAS

Una cocinera prepara pupusas en El Salvador.

¿QUÉ COMEMOS?

'Barriga llena, corazón contento', dice un conocido refrán en español. En Latinoamérica, la comida no solamente es sustento*: es tradición, comunicación e identidad. Te invitamos a la mesa de México, El Salvador, Guatemala, Nicaragua y Costa Rica.

DENOMINACIÓN DE ORIGEN

La denominación de origen es una forma de relacionar un producto con la región donde se crea. Es una indicación de calidad y una garantía* de que el producto es único.

Estos son algunos de los productos latinoamericanos con denominación de origen:

· Vainilla de Papantla, quesos de Oaxaca y tequila de Jalisco (México).

· Café Antigua (Guatemala).

· Quinua Real (Bolivia).

· Cacao de Chuao (Venezuela).

COCINA Y EMOCIONES

«En mi familia hay una gran tradición culinaria. Y, para mí, la cocina es un lugar donde pasan muchísimas cosas» dice la escritora mexicana Laura Esquivel.

Cacao y otros ingredientes de la cocina mexicana

Las recetas* y la cocina son protagonistas en *Como agua para chocolate*, la novela más famosa de la autora. Allí, Tita, una joven enamorada pero tímida, expresa sus sentimientos exclusivamente a través de los platos que prepara. La novela, y la película que se hizo en base a ella, son un ejemplo de la conexión entre comida y emociones en Latinoamérica.

¿Hay conexión entre la comida y las emociones en tu país o región? Por ejemplo, ¿qué tipo de plato se prepara para celebrar fiestas en familia, como el Día de Acción de Gracias, los cumpleaños o la Navidad?

RESTAURANTES INFORMALES Y PLATOS TÍPICOS

Comer en la calle es una costumbre* muy extendida en Latinoamérica. Hay varios tipos de negocios donde venden comida en la calle, como mercados, puestos* informales o carritos de comida*.

Según un estudio reciente de la consultora McCann, al menos la mitad de los habitantes de Argentina, Puerto Rico, México, Guatemala y Chile come en la calle más de una vez a la semana.

Muchos platos típicos latinoamericanos son ideales para comer de paso*, por ejemplo, las tortillas rellenas con queso o carne. En Honduras se llaman «baleadas», «pupusas» en El Salvador y «gorditas» en México, y hay una versión similar llamada «empanada» en Argentina, Chile y otros países.

Otros, en cambio, se saborean* mejor en la mesa y con más tiempo. Por ejemplo, el gallo pinto, un plato a base de arroz y frijoles típico de Costa Rica y Nicaragua, o el *Kak'ik*, un tradicional guiso* guatemalteco de pavo.

Carrito de comida mexicana

> **Y en tu país o región, ¿es habitual comer en la calle? ¿Qué tipo de negocios venden comida en la calle y qué platos ofrecen?**

¿YA HAS PROBADO...

...la banana roja? Es una variedad de la fruta tropical muy apreciada en Centroamérica. La piel de estas bananas es roja o marrón, y su interior es rosado. Se come en pasteles, frita o tostada.

...los chapulines? Es una especialidad mexicana que consiste en saltamontes* tostados. Se comen con ajo*, lima y sal.

...la horchata? Es una bebida fresca que se prepara en muchos países latinoamericanos, a base de arroz, agua, canela y vainilla.

> **¿Cuál de estas especialidades te gustaría probar y por qué?**

ANSWER THE FOLLOWING QUESTIONS

a ¿Qué aspectos de la cocina o la comida están relacionados con la identidad de tu país?

b Investiga: ¿qué productos gastronómicos de tu país tienen denominación de origen? ¿Qué productos no la tienen pero deberían tenerla, en tu opinión?

c ¿Qué plato de tu país es delicioso para ti, pero piensas que es un poco raro para los extranjeros?

d Investiga alguno de los platos mencionados, busca una receta fácil y prepárala para la clase.

Bananas rojas de Costa Rica

GLOSARIO

el ajo – garlic

de paso – in passing

el carrito de comida – food truck

la costumbre – habit

la garantía – guarantee

el guiso – stew

el puesto – stall, stand

el saltamonte – grasshopper

la receta – recipe

se saborean – are tasted

el sustento – sustenance

Fuentes: UNESCO, BBC Mundo, McCann, *El País*.

VOCES LATINAS

Mi comida preferida

EN RESUMEN

¿QUÉ HAS APRENDIDO?

Situación

Visita a una familia venezolana

You have accepted your roommate's invitation to spend a long weekend with his/her family. The family is from Venezuela and only speaks Spanish.

LEARNING OUTCOMES

	ACTION
Talk about what you do in your free time	**5.1** Your host family wants to get to know you better. Explain to them what you do usually in your free time. Describe your hobbies, your favorite activities and sports and ask them about theirs. Take turns playing both roles with a partner.
Describe likes and dislikes Express agreement and disagreement	**5.2** Your host mother is preparing dinner and wants to know about the foods you like and don't like much. First tell her about your preferences and then respond to her questions about specific foods. Take turns playing both roles with a partner. Be sure to agree and disagree with each other's preferences.
Describe how you are feeling	**5.3** You just received an e-mail from your parents; they ask you about your stay. Write an e-mail to your parents and explain to them how you are feeling and why.

Asunto:
De:
Para:

5.4 On the last night you decide to invite the family to eat at a local Venezuelan restaurant. You want to show them how much you have learned about their culture. You insist on speaking only Spanish to the waiter and ordering in Spanish. With a partner, take turns playing the role of the waiter. Order from the following menu.

Restaurante Santa Ana de Coro

Entradas		Platos fuertes	
Tequeños	11,20 $	Pabellón Criollo	14,50 $
Chupe de Gallina	8,60 $	Patacón relleno con carne	11,60 $
Ensalada de palmitos	9,50 $	Asado negro	12,60 $
Empanadas fritas	10,80 $		
Arepitas	12,30 $	**Postres**	
Cachapas	8,50 $	Tapioca con Coco y Maracuyá	6, 40 $
		Quesillo	5,90 $

Order in a restaurant

Explain what part of the body hurts

5.5 Your visit is over and you are home. Unfortunately you are not feeling well. Tell the doctor what hurts and why you think that it does. With a partner, take turns playing the role of the doctor.

LISTA DE VOCABULARIO

Actividades de ocio y tiempo libre
Free time activities

chatear con amigos to chat (online) with friends
hacer ciclismo to bike
hacer esquí to ski
hacer fotos to take pictures
hacer judo to practice judo
hacer natación to practice swimming
hacer yoga to practice yoga
ir de compras to go shopping
jugar a los bolos to bowl, go bowling
jugar a videojuegos to play videogames
montar en bici to ride a bike
navegar por el mar to sail
navegar por Internet to go on the Internet
tomar el sol to sunbathe
tomar tapas to eat tapas (small dishes of food)
ver un concierto to go to a concert
ver una exposición to go to an exhibit
ver una película to see a movie

Estados de ánimo
Moods and feelings

alegre happy
contento/a cheerful
de buen humor in a good mood
de mal humor in a bad mood
nervioso/a nervous
preocupado/a worried
tranquilo/a quiet, calm
triste sad

Alimentos Foods

el arroz rice
la carne meat
las cebollas onions
los frijoles beans
la hamburguesa hamburger
el helado ice cream
los huevos eggs
la leche milk
la limonada lemonade
las manzanas apples
el marisco shellfish, seafood
las naranjas oranges
las palomitas popcorn
las papas fritas french fries
las papitas fritas potato chips
la sopa de verdura vegetable soup
el pescado fish
los pimientos peppers
el pollo chicken
el postre dessert
los dulces candies, sweets
el queso cheese
la tarta de chocolate chocolate cake
los tomates tomatoes
las verduras vegetables
el yogur yogurt
las zanahorias carrots

Verbos Verbs

doler (o>ue) to hurt
encantar to love
gustar to like

Partes del cuerpo Parts of the body

el brazo arm
la cabeza head
el cuello neck
el dedo finger
la espalda back
el estómago stomach
la mano hand
el pecho chest
el pie foot
la pierna leg
la rodilla knee

Palabras y expresiones útiles
Useful words and expressions

A mí, también. Me too.
A mí, tampoco. Me neither.
bastante well enough
muchísimo very much, a lot
no…demasiado not much
no…nada not at all

6

VAMOS DE VIAJE

- Fíjate en los muchachos de la imagen principal. ¿Qué llevan en la espalda? ¿Qué hacen? ¿Por qué?
- ¿Te gusta viajar a otros países?
- ¿Te gusta explorar las ciudades?
- ¿Qué ciudades quieres visitar?

¿A qué hora sale el autobús?

LEARNING OUTCOMES

By the end of this unit you will be able to:

- Get around in a city
- Ask and give directions
- Describe where things are located
- Talk about means of transportation

El transporte en la ciudad

6.1 Observa las imágenes y elige la opción correcta.

1. Las imágenes muestran una conversación entre...

a. un turista y un policía.
b. un médico y su paciente.
c. dos amigos.

2. En la primera imagen, el muchacho de la derecha tiene en las manos...

a. una guía.
b. un diario.
c. un mapa.

3. Parece que él está...

a. de buen humor.
b. triste.
c. preocupado.

4. En la segunda imagen, uno de los muchachos...

a. tiene que viajar.
b. tiene que hacer deporte.
c. tiene que ir de compras.

5. ¿Dónde crees que va?

a. De vacaciones.
b. Al gimnasio.
c. A casa.

6. ¿Como crees que es el muchacho de la izquierda?

a. Es antipático porque no quiere ayudar al muchacho.
b. Es vago y no escucha al muchacho.
c. Es amable porque ayuda a su amigo.

6.2 🎧 49 Escucha la siguiente conversación e indica si la frase se refiere a Óscar, a Paco o a la estación de autobuses.

Paco: ¿Qué buscas, Óscar?
Óscar: Ah, necesito tu ayuda. Voy a la estación de autobuses. ¿Está **cerca de** la universidad?
Paco: Bueno, depende. A estas horas es mejor ir en metro para evitar todo el tráfico en la ciudad.
Óscar: ¿Cómo voy desde aquí?
Paco: Mira, estamos en Ciudad Universitaria, **delante de** la universidad hay una estación de metro. Toma la línea 3 hasta Balderas. En Balderas haces transbordo a la línea 1 hasta Observatorio. Son unas siete paradas.

La estación de autobuses está justo **al lado de** la estación de metro.
Óscar: ¡Ándale! Está **lejos de** aquí. Bueno, ¿y sabes cuánto cuesta el boleto?
Paco: Tres pesos, pero es mejor comprar una tarjeta electrónica. Cuesta 10 pesos y luego la puedes recargar muchas veces.
Óscar: Está bien. ¿Y dónde la puedo comprar?
Paco: En las taquillas del metro.
Óscar: Ah, ya... Muchas gracias. Hasta luego.
Paco: No hay de qué, Óscar. Buen viaje... Un momentito, ¿dónde vas, muchacho?

	Óscar	Paco	Estación de metro
a. Conoce muy bien la ciudad.			
b. Piensa que hay mucho tráfico ahora.			
c. Quiere comprar una tarjeta electrónica.			
d. Está al lado de la estación de autobuses.			
e. Sale de viaje.			
f. Piensa que está lejos de la universidad.			
g. Está cerca de la universidad.			
h. Sabe el precio del boleto.			

6.3 ¿Dónde está Óscar? Fíjate en la situación de Óscar con respecto al edificio de la universidad y relaciona las frases y las imágenes.

1. ☐ cerca de la universidad
2. ☐ delante de la universidad
3. ☐ lejos de la universidad
4. ☐ al lado de la universidad

6.4 Contesta las preguntas. Después, habla con tu compañero/a sobre el campus de tu universidad. ¿Quién conoce mejor el campus?

a. ¿Vives cerca o lejos de la universidad?

b. ¿Qué edificio está al lado de la biblioteca?

c. ¿Qué edificio está más lejos para ti? ¿Qué estudias o haces allí?

d. ¿Qué hay delante de la universidad?

e. ¿Necesitas un mapa para encontrar los edificios y las clases?

f. ¿Tomas el autobús para moverte por el campus?

APUNTES: El transporte público en México

✓ La mayoría de los mexicanos usa el transporte público.

✓ El transporte colectivo en la Ciudad de México es bastante económico. Los menores de 5 años y los mayores de 60 viajan gratis.

✓ Desde el año 2010 existe el Eco Bus, un transporte menos contaminante.

✓ Algunos autobuses y vagones de metro son exclusivos para mujeres.

✓ Para transportarse dentro de las ciudades o entre los diferentes lugares de México, se usa más el servicio de autobuses.

✓ Solo hay trenes para pasajeros en tres rutas turísticas.

1.A VOCABULARIO: LOS MEDIOS DE TRANSPORTE

autobús = el camión (México), el colectivo (Argentina), la guagua (Caribe), la chivita (Colombia)

metro = el subterráneo (el subte) (Argentina)

6.1 Relaciona los medios de transporte con su palabra en español. Después, escucha el audio para comprobar tus respuestas.

50

a. el tren   **d.** el autobús   **g.** el avión

b. el taxi   **e.** la moto   **h.** el metro

c. el barco   **f.** a pie   **i.** la bicicleta (la bici)

Fíjate:

Estación de metro / tren

Parada de autobús

6.2 Indica qué tipo de transporte prefieres tomar en las siguientes situaciones. Después, comparte las respuestas con tu compañero/a.

Modelo: para ir de tu casa a casa de un amigo ▶ Prefiero ir a pie.

a. para ir a la universidad

b. para viajar por el Caribe

c. para ir de vacaciones

d. para visitar a la familia

e. para viajar por la ciudad

f. para ir de una ciudad a otra

Use **ir en** with transportation to express *to go by*.

6.3 Lee el siguiente blog de una web de viajes de Puerto Rico y completa los espacios en blanco con el medio de transporte adecuado de la lista.

un barco • un carro • a pie • avión • metro • un taxi • el autobús

www.puertoricodelencanto.com

✈ *Puerto Rico*

¡Hola y bienvenidos a mi blog de Puerto Rico, la isla del encanto! Está más cerca de lo que piensas. Mira, sales de tu ciudad en (a) .... y llegas al aeropuerto de San Juan en poco tiempo. Después tomas (b) .... para ir al Hotel Paraíso. El hotel está cerca de la playa, puedes ir (c) .... todos los días, no necesitas carro. Para conocer el Viejo San Juan, tomas (d) .... que sale del hotel. En el Viejo San Juan no hay (e) ...., pero no es necesario porque el centro no es muy grande. Recomiendo

Calle en el viejo San Juan

visitar las cavernas de Camuy. Es muy popular alquilar *(rent)* (f) .... para ir hasta allí. Si quieres conocer la isla de Culebra, toma (g) .... pequeño desde Fajardo. El viaje es de solo 45 minutos y el mar es muy bonito. ¡Que pasen buenas vacaciones!

6.4 Estos son algunos adjetivos para describir los medios de transporte. Relaciona cada adjetivo con su definición. Después, compara con tu compañero/a.

1. rápido/a
2. caro/a
3. lento/a
4. barato/a
5. seguro/a
6. práctico/a
7. peligroso/a
8. cómodo/a
9. contaminante
10. ecológico/a

a. que es limpio y no contamina
b. que tarda *(takes)* poco tiempo
c. que produce polución
d. que tarda mucho tiempo
e. que tiene riesgo *(risk)*
f. que es confortable
g. que no tiene riesgo
h. que es útil
i. que cuesta poco dinero
j. que cuesta mucho dinero

6.5 Clasifica cada uno de los adjetivos de la actividad anterior como positivo o negativo en relación al transporte.

Positivos	Negativos

6.6 Describe los siguientes medios de transporte según tu clasificación de la actividad 6.5. Después, intercambia tus opiniones con un/a compañero/a. ¿Están de acuerdo?

a. Para mí, el carro es… ....
b. Para mí, el avión es… ....
c. Para mí, el tren es… ....

d. Para mí, el metro es… ....
e. Para mí, el barco es… ....
f. Para mí, la moto es… ....

♻ ....
To compare and contrast opinions, use:
- ¿Y para ti?
- Para mí, también.
- Para mí, no.

6.7 Piensa en el futuro del planeta y nuestras responsabilidades. ¿Qué tenemos que hacer, con respecto al transporte, para ser más responsables? Discútelo con tus compañeros y prepara una lista de ideas para presentar a la clase.

Hay

» Use **hay** to talk and ask about the existence of people or things.

*En mi clase **hay** un pizarrón.* In my class, there is a blackboard.

*También **hay** muchos libros.* There are many books too.

Está/Están

» Use **está / están** to talk or ask about where someone or something is located.

*El pizarrón **está** detrás de la mesa.* The blackboard is behind the desk.

*Los libros **están** en la estantería.* The books are in the bookshelf.

Formal	Informal

Para pedir información

Perdone / Oiga (usted), ¿dónde hay un parque?

¿**Sabe** (usted) **dónde está** la biblioteca?

Perdona / Oye, ¿dónde hay un parque?

¿**Sabes** dónde está la biblioteca?

Para responder

Sí, claro / Pues, mire…

Sí, claro / Pues, **mira**…

(No), **No lo sé**, lo siento.

6.8 Lee el siguiente artículo sobre Santiago de Chile y subraya todos los *hay / está* que aparecen en el texto.

Santiago de Chile

La capital de Chile está en el centro del país, entre la cordillera de los Andes y el océano Pacífico; es una de las ciudades más recomendadas para hacer turismo. Santiago tiene más de cinco millones de habitantes.

El lugar turístico más visitado es la Plaza de Armas; está en el centro de la ciudad y en ella hay muchos edificios conocidos, como la Catedral Metropolitana. Otro monumento nacional muy famoso es el Palacio de la Moneda, residencia del presidente de la República de Chile.

Los museos más visitados son el Museo Histórico Nacional y el Museo de Bellas Artes. Santiago no tiene mar, pero sí un río que se llama Mapocho y que cruza toda la ciudad. En el centro hay un parque natural, el Cerro Santa Lucía, una pequeña montaña en el medio de la ciudad.

Plaza de Armas

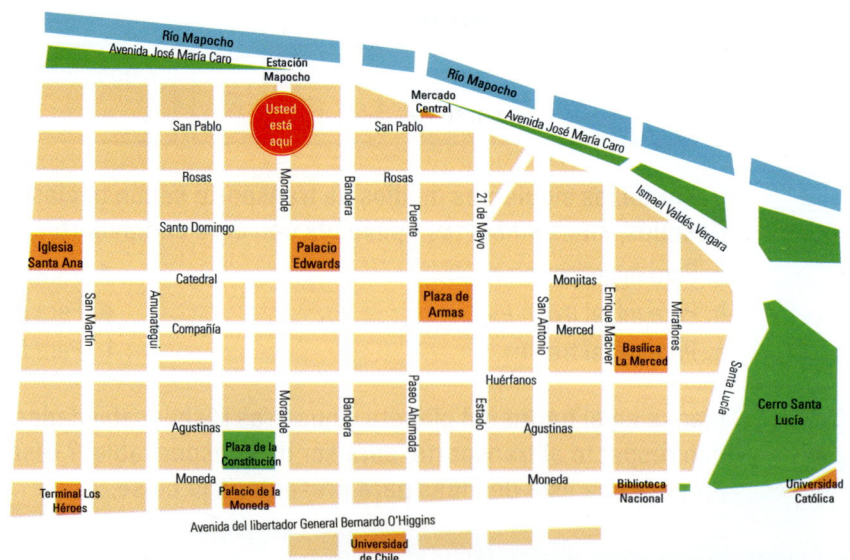

To give directions, use:

(⬆) Sigue/Siga todo recto.

(➡) Gira/Gire a la derecha.

(⬅) Gira/Gire a la izquierda.

6.9 〈51〉 Escucha la conversación y señala en el mapa el trayecto que necesita hacer Antonio para llegar al Cerro Santa Lucía.

2.A VOCABULARIO: ESTABLECIMIENTOS DE LA CIUDAD

6.10 Estos son algunos de los lugares que normalmente encuentras en una ciudad. Escucha y
escribe los que faltan. Son cognados.

(52)

el ....

el ....

la farmacia

el ....

Fíjate
Note that many of the words for places in Spanish are cognates, except for one. Which word from the list is a false cognate?

la zapatería

la librería

el ....

el ....

Fíjate
What ending or suffix is common to many of the names for stores in Spanish?
Combine the suffix with the noun to form the name of the store.

A store can also be identified by what it sells:
-la tienda de ropa
-la tienda de muebles

la ....

el centro comercial

el gimnasio

el ....

el ....

la cafetería / el ....

el ....

la panadería / la pastelería

6.11 Por turnos, pregunta a tu compañero/a dónde tienes que ir:

a. para ver una exposición

b. para comprar medicamentos

c. para comprar diferentes cosas

d. para hacer deporte

e. si estoy enfermo/a

f. para comprar zapatos

g. Otros: ....

Modelo: E1: ¿Dónde hay que ir para ver una exposición?
E2: A un museo.

Para expresar ubicación...

» To describe where people or objects are located, use:

delante de *in front of*	encima de *on top of*	lejos de *far from*
cerca de *close to, near*	a la izquierda de *to the left of*	dentro de *inside*
detrás de *behind*	debajo de *under, below*	entre… y… *between… and…*
al lado de *next to*	a la derecha de *to the right of*	

6.12 Escucha y ordena las imágenes.

53

¿Dónde está el perro?

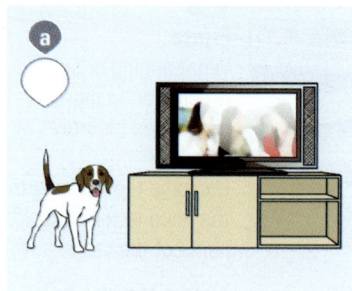

In Spanish the article **el** contracts with **de** to form **del** and with **a** to form **al**.

- La tienda de ropa está **al** lado **del** supermercado.

6.13 Ahora, mira otra vez las imágenes y completa. Sigue el modelo.

Imagen a: El perro está a la izquierda del televisor.

Imagen b: ....

Imagen c: ....

Imagen d: ....

Imagen e: ....

Imagen f: ....

Imagen g: ....

Imagen h: ....

Imagen i: ....

Imagen j: ....

Imagen k: ....

6.14

(54)

Umberto, un muchacho venezolano que vive en Caracas, explica cómo es su barrio *(neighborhood)*. Mira el plano y completa los espacios en blanco con expresiones de ubicación y establecimientos. Después, escucha y comprueba tus respuestas.

¡Tengo un barrio genial! Vivo en el centro de Caracas. Mi casa está (a) .... de la cafetería, en el tercer piso. En mi barrio hay de todo. Enfrente de mi casa hay un (b) .... de arte abstracto, una (c) .... y una tienda de ropa. La tienda de ropa está (d) .... el centro comercial (e) .... el museo. (f) .... mi casa hay un (g) .... al que voy cuando estoy enfermo. Cerca de mi casa hay una panadería y al otro lado de la calle está el (h) .... en el que hago ejercicio tres veces por semana. (i) .... gimnasio hay una farmacia. Cuando mis amigos vienen a visitarme, se alojan en un (j) .... que está al final de la calle. (k) .... hotel está uno de los bancos más grandes de Caracas. Lo único malo es que no hay ningún parque cerca, pero, como digo, es un barrio fantástico. Todo lo que necesito está muy cerca.

6.15 Almudena vive en una pequeña ciudad española. Escucha y ordena las imágenes, según se mencionan en el audio.

6.16 Imagina que este es tu barrio. Elige dónde vives y coloca estos establecimientos en el plano.

a. una cafetería

b. un hospital

c. un gimnasio

d. una farmacia

e. un centro comercial

f. un hotel

g. un banco

h. otro establecimiento de tu interés ....

6.17 Por turnos, dile a tu compañero/a dónde están situados los establecimientos de tu barrio de la actividad anterior. Él/ella debe señalarlos. ¿Tiene el plano correcto?

6.18 Vuelve a leer y escuchar los textos de Umberto y Almudena y anota las ventajas
(55) *(advantages)* y desventajas *(disadvantages)* que tiene vivir en dos ciudades tan diferentes.

Vivir en una gran ciudad		Vivir en una ciudad pequeña	
Ventajas	Inconvenientes	Ventajas	Inconvenientes

6.19 En grupos de cuatro, comparen sus anotaciones anteriores y digan dónde prefieren vivir.
¿Están de acuerdo?

6.20 ¿Qué características tiene su barrio ideal? ¿Dónde debe estar situado? ¿Qué
establecimientos y lugares debe tener? Sigan las instrucciones para hacer el cartel del
barrio ideal.

a. En grupos de cuatro, elaboren una lista con siete características. Tomen nota.

b. Compartan sus ideas con la clase y elaboren una única lista en la pizarra.

c. Formen siete pequeños grupos. Cada uno se encarga de una característica anotada en la pizarra.
Tienen que buscar imágenes para el cartel.

d. Pongan en común sus imágenes y elaboren el cartel.

🗨 PRONUNCIACIÓN

THE SOUNDS OF *G*, *GU* AND *J*

6.1 Escucha y repite.
(56)

ge ▶ **ge**nte	ja ▶ **ja**món	ga ▶ **ga**to	gui ▶ **gui**tarra
gi ▶ **gi**rar	jo ▶ **jo**ven	go ▶ **go**rdo	gue ▶ Mi**gue**l
	ju ▶ **ju**eves	gu ▶ **gu**apo	

6.2 Por turnos, pronuncien las siguientes palabras. Después, escuchen para comprobar su
(57) pronunciación.

gamba	agosto
jubilarse	guisante
ajo	guerra
girar	general
jabalí	girasol
agua	página

6.3 Completa los espacios en blanco con *g* o *j*. Después, repite las palabras en voz alta para
practicar tu pronunciación.

a. ca..........ón

b. o..........o

c. má..........ico

d. ....untos

e. traba..........o

f. ima..........en

6.4 Completa los espacios en blanco con *g* o *gu*. Después, repite las palabras en voz alta para
practicar su pronunciación.

a. ....ato

b. ....orra

c. hambur..........esa

d. ....afas

e. ....azpacho

f. se..........ir

Un barrio interesante

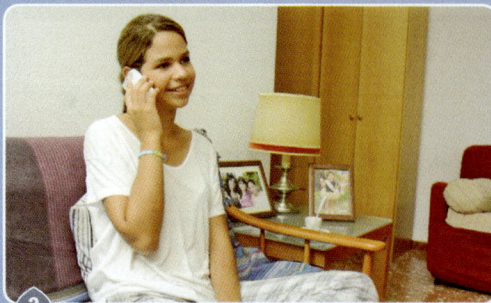

ANTES DEL VIDEO

6.1 Observa las imágenes. Habla con tu compañero/a sobre el tipo de ciudad donde viven Lorena y Eli. ¿Cómo es? Basa tus respuestas en lo que crees que puede ocurrir. Usa tu imaginación.

6.2 Vuelve a mirar la imagen 1 y escribe al menos siete objetos o lugares que aparecen.

6.3 Mira una vez el episodio y marca los elementos que aparecen en la conversación entre Lorena y Eli. Compara con tu compañero/a. ¿Coinciden?

☐ estación de tren	☐ fuente	☐ tienda de ropa	☐ supermercado
☐ banco	☐ librería	☐ parada de bus	☐ estación de metro
☐ cine	☐ farmacia	☐ estatua	☐ centro comercial
☐ iglesia	☐ papelería	☐ museo	☐ parque
☐ gimnasio	☐ zapatería	☐ restaurante	☐ biblioteca

⚙ ESTRATEGIA

Retaining information
When you listen to a video or conversation in Spanish, it is normal not to understand every word, but you should listen and watch for overall understanding. Pay special attention to the important words that provide context to the scene.

DURANTE DEL VIDEO

6.4 Para ir de una parte a otra en una ciudad puedes usar diferentes medios de transporte. Completa los siguientes con la preposición que corresponde. ¿Qué medios de transporte aparecen en este segmento?

02:25 - 04:18

a. andar/montar .... bicicleta

b. ir .... pie

c. viajar .... autobús

d. montar .... metro

e. viajar .... tren

f. montar .... caballo

g. ir .... avión

h. viajar .... barco

i. ir .... tranvía

6.5 Vuelve a mirar el segmento anterior y elige la opción correcta.

a. Para ir al gimnasio Lorena puede ir **a pie** / **en metro** / **en bici**.

b. Para ir a la biblioteca es mejor ir **a pie** / **en metro** / **en bici**.

c. Para llegar al centro comercial es más rápido ir **a pie** / **en metro** / **en bici**.

6.6 Indica las frases que corresponden a lo que Eli y Lorena comentan en el segmento anterior.

a. ☐ Eli lleva poco tiempo en la ciudad.

b. ☐ Lorena quiere encontrar un gimnasio bueno pero no muy caro.

c. ☐ La biblioteca está un poco lejos de la casa de Lorena.

d. ☐ No es posible ir en bici en la ciudad donde viven Lorena y Eli.

e. ☐ El centro comercial está al sur de la ciudad.

f. ☐ Es posible ir a pie al centro comercial desde la casa de Lorena.

6.7
04:28 - 04:41
En este segmento Lorena está un poco perdida y pregunta a un hombre cómo ir al centro comercial (imagen 5). Mira el segmento y ordena las palabras para formar la frase que dice.

todo / Sigue / izquierda, / segunda / recto / calle / tu / y / vas / lo / gira / la / a / y / encontrar / frente./ de / a

Sigue…

....

6.8 Mira la imagen 6. Escribe cinco frases sobre la ubicación *(location)* de los siguientes elementos. Sigue el modelo.

Modelo: El bazar está al lado de la farmacia.

Los elementos	La ubicación
la estatua • Lorena • la muchacha desconocida • el restaurante la farmacia • Eli • ~~el bazar~~	delante de • a la derecha de a la izquierda de • ~~al lado de~~ enfrente de • encima de…

a. ....   d. ....

b. ....   e. ....

c. ....

6.9 Trabaja con tu compañero/a para encontrar los elementos de la lista de la Actividad 6.3 que están en el barrio de tu universidad. ¿Es un barrio interesante? ¿Por qué?
En mi barrio hay…

6.10 Comenta con tu compañero/a qué medios de transporte usas tú habitualmente para moverte en tu ciudad. ¿Cuál no usas nunca? ¿Por qué?

DESPUÉS DEL VIDEO

1. IRREGULAR VERBS *IR*, *SEGUIR*, *JUGAR*, AND *CONOCER*

» You have already learned some irregular verbs in Spanish. Verbs such as **hacer** and **salir** that have irregular **yo** forms, verbs that stem change such as **pedir** and **poder**, and verbs that are completely irregular like **ser**. In this next group, we have examples of each of these types. Look at the forms carefully and see if you recognize the pattern.

	IR *(to go)*	SEGUIR *(to follow, continue)*	JUGAR *(to play)*	CONOCER *(to know, be familiar with)*
yo	**voy**	si**e**go	j**ue**go	cono**zc**o
tú	**vas**	si**g**ues	j**ue**gas	conoces
usted/él/ella	**va**	si**g**ue	j**ue**ga	conoce
nosotros/as	**vamos**	seguimos	jugamos	conocemos
vosotros/as	**vais**	seguís	jugáis	conocéis
ustedes/ellos/ellas	**van**	si**g**uen	j**ue**gan	conocen

» The verb **ir** is irregular because it does not follow any pattern. It is usually followed by **a**.
> ***Voy*** *al trabajo en autobús.* I go to work by bus.
> *Nosotros* ***vamos*** *al parque para jugar al básquetbol.* We go to the park to play basketball.

» The verb **seguir** has both an irregular yo form and a stem change, e ▶ i.
> ***Sigo*** *las direcciones del mapa.* I follow the directions on the map.
> *Si* ***sigues*** *todo recto, llegas a la estación.* If you continue straight, you'll get to the station.

» The verb **jugar** is the only verb in Spanish that stem changes u ▶ ue. It is usually followed by **a**.
> ***Jugamos*** *a los videojuegos en casa de Rafa.* We play videogames at Rafa's house.
> *Alejandro* ***juega*** *al tenis.* Alejandro plays tennis.

» The verb **conocer** is irregular only in the **yo** form. Use **a** after **conocer** when saying you know or are acquainted with a person.
> *¿****Conoces*** *bien la ciudad?* Do you know the city well?
> ***Conozco*** *a muchas personas de Cuba.* I know (am acquainted with) many people from Cuba.

6.1 Completa la conversación entre Graciela y Ángel con la forma correcta de *seguir*. Comprueba las respuestas con tu compañero/a.

Graciela: No conozco muy bien este centro comercial. ¿Dónde está la zapatería que me gusta?

Ángel: Mira, está ahí. (Nosotros) (a) .... todo recto y está a la derecha.

Graciela: ¿Hay una tienda de ropa cerca también?

Ángel: Creo que sí. Pero yo tengo que ir a la librería. Entonces tú (b) .... por aquí para ir a la tienda y yo (c) .... por la izquierda para ir a la librería.

Graciela: Está bien. Cada uno (d) .... su camino y después quedamos en la parada de autobús delante del centro.

6.2 Relaciona de manera lógica los verbos con las frases que están debajo. Después, forma preguntas para entrevistar a tu compañero/a.

1. seguir ▶ ....
3. conocer ▶ ....
2. ir ▶ ....
4. jugar ▶ ....

a. tu familia a tus amigos de la universidad
b. a alguien en twitter
c. tus amigos y tú a fútbol normalmente
d. en autobús, en metro o en carro a la universidad
e. a tus vecinos

f. o paras cuando el semáforo está en amarillo
g. bien la ciudad más cerca de la universidad o necesitas un mapa
h. una dieta con muchas frutas y verduras
i. más al boliche o a las cartas

2. PREPOSITIONS *EN, A, DE*

» As you have seen, certain verbs of motion are often followed by prepositions **a**, **en**, or **de**.
  – Use **en** with modes of transportation.
    *Viajamos **en** coche.* *We travel by car.*
  – Use **a** to express destination.
    *Mis padres van **al** supermercado.* *My parents are going to the supermarket.*
  – Use **de** to express origin or point of departure.
    *Salgo **de** mi casa a las 9.* *I leave my house at 9.*

When **a** is followed by **el** it contracts to form **al**.

a + **el** = **al**

Remember:

Use **a** with people after the verb **conocer**.

Use **a** with sports after the verb **jugar**.

To go on vacation ▶ ir **de** vacaciones

To take a trip ▶ ir **de** viaje

6.3 Completa las oraciones con *a, al, en, de* o *del*. ¡Atención!, no todas las oraciones necesitan una preposición. Después, usa las preguntas para entrevistar a tu compañero/a.

a. ¿Conoces .... muchos estudiantes en tu clase de español?
b. ¿Te gusta jugar .... videojuegos en tu tiempo libre o prefieres montar .... bici?
c. ¿Vives cerca .... centro comercial más grande de tu pueblo o ciudad?
d. ¿Te gusta ir .... los partidos de fútbol americano?
e. ¿Vas .... gimnasio?
f. ¿Conoces .... la ciudad de Nueva York?
g. ¿Vas .... la universidad .... carro o............ pie?

6.4 Completa las siguientes conversaciones con los verbos y las preposiciones de la lista. Después practica las conversaciones con tu compañero/a y prepara una similar para presentar en clase.

jugamos • en • ir • a • conoces • de • voy • sigues • en • vas • vamos

a. ● ¿Cómo puedo (a) .... a la casa de tu hermano?
   ● Para ir (b) .... su casa (c) .... todo recto por la calle Real, giras *(turn)* a la derecha y caminas diez minutos aproximadamente. La casa está (d) .... la calle Paz. Si *(if)* vas (e) .... autobús, es mejor.

b. ● ¿(f) .... dónde es Juan?
   ● ¿(g) .... a Juan?
   ● Claro, todos los domingos (h) .... con él a jugar al tenis y en verano (i) .... de vacaciones juntos.

c. ● ¿Dónde (j) ....?
   ● Al campo de fútbol. Mis amigos y yo (k) .... al fútbol por la tarde.

» Just as we use subject pronouns to avoid repetition of names, we use direct object pronouns to refer to someone or something already mentioned.

¿Dónde compras **los boletos**?
*Where do you buy **the tickets**?*

Direct object of the sentence.

Los compro en la taquilla del metro.
*I buy **them** at the subway ticket booth.*

Direct object pronoun replaces the noun.

¿Conoces **a Pedro**?
*Do you know **Pedro**?*

Direct objects can be people or things. Remember to use **a** before direct objects that are people.

Sí, **lo** conozco de la universidad.
*Yes, I know **him** from school.*

Direct object pronouns must agree with the noun they replace.

» Here are the direct object pronouns in Spanish:

me	nos
te	os
lo / la	los / las

» In Spanish, direct object pronouns are placed before the conjugated verbs.

Uso **la computadora** todos los días. ▶ **La** uso todos los días.
Pongo **el mapa** en la mochila. ▶ **Lo** pongo en la mochila.
Llamo **a mis amigas** por teléfono. ▶ **Las** llamo por teléfono.

6.5 Relaciona cada descripción con el medio de transporte que le corresponde. Después, prepara descripciones para los medios que no las tienen y compártelas con tu compañero/a.

Modelo: E1: Lo necesitamos cuando el autobús no llega. ¿Qué es?
E2: El taxi.

1. Lo usamos para viajar por el Mediterráneo.
2. Muchos jóvenes la usan para no gastar gasolina.
3. Los estudiantes los toman para ir a la escuela.
4. Mi hermano la usa porque es más rápida que la bici.
5. Los usan las personas que viven en las ciudades.
6. Lo usa la gente que tiene que viajar largas distancias en poco tiempo.
7. ¿…?
8. ¿…?
9. ¿…?

a. el tren
b. la moto
c. el barco
d. la bicicleta
e. los autobuses
f. el carro
g. el metro y el taxi
h. el avión
i. el taxi

6.6 Escucha las siguientes conversaciones y señala de qué hablan.

58

Conversación a
☐ unos zapatos
☐ unas botas

Conversación b
☐ una colonia
☐ un perfume

Conversación c
☐ unas revistas
☐ unos periódicos
☐ unos libros

Conversación d
☐ unas papas
☐ unas plantas
☐ unos tomates

6.7 Identifica los siguientes establecimientos y personas según tus preferencias. Después, pregúntale a tu compañero/a si los conoce también. Añade más información para continuar la conversación.

> Modelo: tu restaurante favorito
> E1: Mi restaurante favorito es El Quijote. ¿Lo conoces?
> E2: Sí, lo conozco. / No, no lo conozco.
> E1: ¿Y te gusta?
> E2: …

a. tu museo favorito

b. tu actriz favorita

c. tu ciudad favorita

d. tu supermercado favorito

e. tu tienda de ropa favorita

f. tu parque favorito

g. tu deportista favorito

h. tu profesor/a favorito/a

i. tu película favorita

4. ADVERBS OF QUANTITY

» Adverbs of quantity tell how much something is done.

demasiado *too much*	Luis trabaja **demasiado**.
mucho *very much, a lot*	Ana viaja **mucho**.
bastante *enough*	Pedro estudia **bastante**.
poco *very little, not much*	Rosa estudia **poco**.

» **Muy** can be used to intensify how an action is done (adverb) and a description (adjective).
Olivia habla **muy** bien. *Olivia speaks very well.*
Es **muy** inteligente. *She is very intelligent.*

» **Mucho**, when used after a verb, means *very much* or *a lot*. Before a noun, **mucho** expresses quantity and functions as an adjective. Note that, as an adjective, **mucho** must agree with the noun in number and gender.

Adverb: Juana come **mucho**. *Juana eats a lot.*
Adjective: Juana come **muchas palomitas**. *Juana eats a lot of popcorn.*
Creo que compras **muchos zapatos**. *I think you buy a lot of (many) shoes.*

6.8 Elige la opción correcta.

a. Mi hermano nunca *(never)* va al gimnasio. No le gusta **poco** / **mucho** hacer deporte.

b. Jaime come **demasiado** / **poco**. Solo una ensalada para comer y fruta para cenar.

c. Todos los días leo el periódico y una revista. Leo **poco** / **bastante**.

d. Mi padre trabaja doce horas al día. Trabaja **demasiado** / **bastante**.

6.9 Clasifica las palabras según se usen con *muy* o *mucho/a* y escribe un ejemplo para cada una. Compara tus frases con un compañero/a. ¿Están de acuerdo?

	Muy	Mucho/a
a. guapa		
b. sueño		
c. frío		
d. trabajador		
e. divertido		
f. paciencia		
g. simpática		
h. alegría		

VIDEOCLASES
11 y **12**

1. COMPRENSIÓN DE LECTURA

6.1 Juan Carlos es de Santiago de Chile y Ana de Madrid, pero viven en Barcelona y México D.F., respectivamente. Observa las fotos y lee los correos que se escriben. Después, elige las dos imágenes de los transportes que se mencionan y la ciudad a la que pertenecen.

6.2 Lee los correos otra vez y elige las palabras clave (conocidas o no) de los textos.

⚙ ESTRATEGIA

Identifying keywords

A keyword is a word that serves as the key to the meaning of a sentence or passage. Skim the text to determine the focus of the reading. Then skim the text again by sections and identify the targeted information or keywords. Try to guess the meaning of unfamiliar keywords. Is it a cognate? Is it similar to another word you know in Spanish? Is it part of a word family you recognize?

Asunto: ¡Ya estoy en México D. F.!

De: Ana   **Para:** Juan Carlos

Hola, Juan Carlos. ¿Cómo estás?
Yo estoy muy contenta en México D.F. Es una ciudad muy bonita y muy grande. Vivo muy lejos de mi trabajo y todos los días tomo varios autobuses.
Aquí hay muchos medios de transporte: el metro, el tren ligero, el metrobús, el trolebús, el microbús, los camiones y el ecobús, un transporte menos contaminante.
Pero lo más extraño para mí son unos autobuses rosas, solo para mujeres. Pertenecen al "Programa Atenea", y son gratis para las mujeres embarazadas y las de la tercera edad. ¡Qué curioso!, ¿verdad?
¿Y tú? ¿Qué tal en Barcelona?, ¿y en el hospital?
Un abrazo, Ana

Asunto: RE: ¡Ya estoy en México D.F.!

De: Juan Carlos   **Para:** Ana

¡Hola, Ana!
¡Qué curioso el Programa Atenea! Aquí en Barcelona no hay nada similar...
Yo voy al hospital en bicicleta. En Barcelona no tenemos ecobús, pero sí tenemos Bicing, es un medio de transporte público que permite ir por la ciudad en bicicleta. ¡Es genial! No contamina y además es bastante económico. Hay muchas estaciones Bicing por toda la ciudad, la mayoría está muy cerca de las estaciones del metro, de tren y de los aparcamientos públicos.
Increíble, ¿no? ¡Yo practicando deporte!
Bueno, Ana, me despido ya, que me voy al hospital.
Un beso, Juan Carlos

6.3 Lee las siguientes afirmaciones y di a qué ciudad pertenecen, según la información de los correos.

	Ciudad
a. El ecobús es uno de los transportes menos contaminantes de la ciudad.	
b. No existe el Programa Atenea ni nada similar.	
c. Hay muchas estaciones de Bicing por toda la ciudad.	
d. Hay autobuses solo para mujeres.	

6.4 ¿Hay alguna palabra clave que todavía no entiendes?

2. EXPRESIÓN ESCRITA

6.5 Lee la información sobre las siguientes personas. Piensa en los lugares de tu ciudad o región que les pueden interesar. Prepara una lista.

Elena y Diego
"Nos encanta la aventura y la naturaleza. Siempre vamos de vacaciones a lugares con muchos árboles, flores, ríos y lagos".

Daniela
" A mí me encanta tomar el sol y descansar".

Macarena
"Prefiero visitar ciudades y lugares donde puedo aprender sobre la historia y la cultura de esa región".

Enrique y Marta
"Estamos muy enamorados y queremos un lugar especial y romántico".

6.6 Escribe un correo a una de las personas anteriores explicándole qué hay en tu ciudad o pueblo que le va a gustar.

ESTRATEGIA

Persuasion

Give specific information and concrete examples to persuade your readers. Think about the necessary information beforehand and organize it in a way that is easy for you to reference as you write. Creating a chart with categories such as **lugar**, **descripción (qué hay)**, **actividades** , and **opiniones**, will help you create a stronger argument.

3. INTERACCIÓN ORAL

6.7 Cuéntale a tu compañero/a qué lugar es el mejor para ti y explícale por qué.

Para las vacaciones... ¡elige tu destino favorito!

a. Teotihuacán, es una zona arqueológica a 40 kilómetros de la capital. Tiene muchos restos arqueológicos y puedes aprender mucho sobre la antigua historia de México. Hay edificios estupendos como las pirámides del Sol y la Luna.

b. Guanajuato es un lugar romántico, donde las leyendas y la tradición son los ingredientes principales. Tiene calles tranquilas para caminar durante horas y restaurantes muy íntimos.

c. En Playa del Carmen hay hermosas playas, con aguas de color turquesa del mar Caribe. Puedes descansar y tomar el sol mientras escuchas el relajante sonido del mar.

d. En Chihuahua, las Barrancas del Cobre son un gran espectáculo. Hay grandes montañas y puedes admirar paisajes fantásticos además de observar la naturaleza. Es posible viajar en tren, a caballo, en bicicleta, a pie o en kayak. En la ciudad, la catedral es una de las más importantes del norte de México.

ESTRATEGIA

Seeking feedback

As you practice with a partner, seek his or her feedback to correct errors you have made and to improve your overall performance. Remember to use correct intonation and to pronounce words clearly.

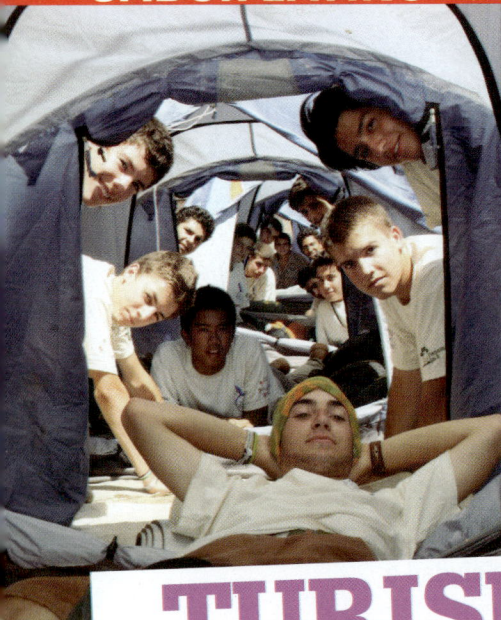

Muchachos en el campamento

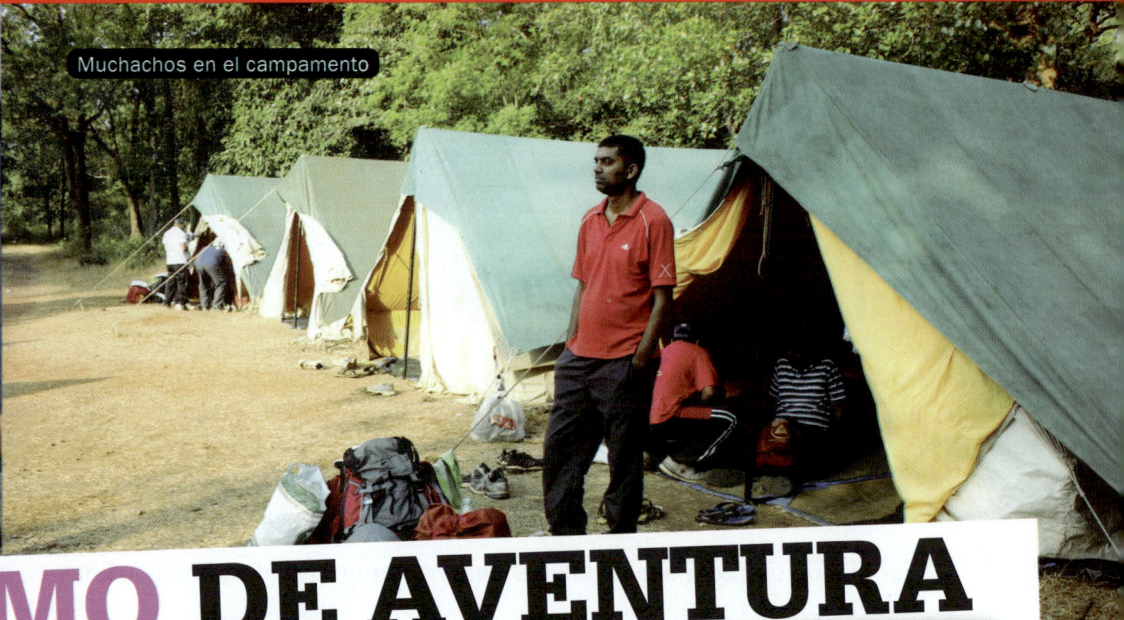

TURISMO DE AVENTURA

La Ruta Quetzal es un viaje de España a América Latina. En la ruta participan 350 jóvenes de 50 países. En América Latina estudian historia y cultura, ¿te interesa? Descubre cómo ser monitor y vive la aventura de tu vida.

LA RUTA QUETZAL, ¿QUÉ ES?

La Ruta Quetzal es una expedición de España a América Latina en la que participan más de 300 muchachos y muchachas de 16 y 17 años de todo el mundo. El viaje se hace en barco desde España y, al llegar al país de destino, se estudian aspectos de su naturaleza, historia o geografía.

Este viaje combina el intercambio* cultural y la aventura. Desde su creación, más de 9.000 jóvenes de todo el mundo han viajado y descubierto la geografía, cultura, historia y sociedad de más de 29 países o zonas geográficas de toda América Latina.

¿Has participado* alguna vez en una expedición, aventura o intercambio cultural? ¿En qué tipo de expedición te gustaría participar?

HISTORIA DE LA RUTA

En 1979, el entonces Rey* de España Juan Carlos I, pidió al reportero y aventurero Miguel de la Quadra-Salcedo la creación de un programa de intercambio cultural entre los países de habla hispana.

«El mensaje* estaba claro», dice De la Quadra-Salcedo, «los jóvenes participantes debían aprender y reflexionar sobre el pasado, sobre la historia de los países de América Latina, y también sobre el futuro desde un punto de vista antropológico y medioambiental*».

La expedición es, desde 1990, un programa cultural declarado de Interés Universal por la Unesco.

¿Qué crees que aportan* los intercambios culturales de este tipo? ¿Por qué?

CUBA

«Yo trabajé de monitor en la ruta que siguió los pasos de Cristóbal Colón en su segundo viaje, en 1493», dice Federico Pérez.

«Viajamos desde las islas Canarias, España, hacia Puerto Rico y República Dominicana. Después visitamos Cuba. En La Habana comimos el congrí, un plato típico de arroz con frijoles, visitamos edificios de estilo colonial, y aprendimos sobre la cultura de los taínos, los primeros habitantes de la isla».

¿Qué aspectos definen la identidad de un país? (Por ejemplo, la historia, la gastronomía, las costumbres sociales, etc.). ¿Por qué?

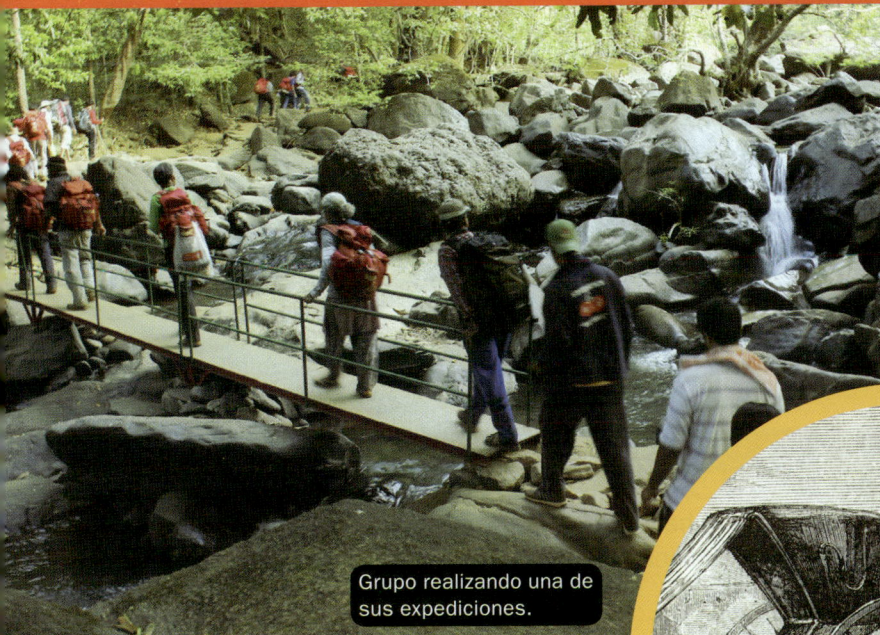

Grupo realizando una de sus expediciones.

CÓMO SER MONITOR

Cada año, la Ruta Quetzal busca gente entre 24 y 28 años para acompañar a los jóvenes aventureros durante su expedición. «Los monitores deben tener título universitario, licenciado, máster o doctor, y una titulación específica de socorrista* acuático y terrestre. Además, es importante tener conocimientos* sobre la cultura, historia y geografía de América Latina», dice un organizador de la ruta.

«Si te interesa la aventura, las expediciones y otras culturas, esta experiencia es para ti», dice José Pablo García Báez, exmonitor de la ruta y autor del libro *Mentores de la Aventura: diario de un monitor de la Ruta Quetzal*».

¿Qué habilidades piensas que se necesitan para ser monitor de una expedición internacional?

REALIZA UNA INVESTIGACIÓN RÁPIDA PARA ENCONTRAR LOS DATOS SIGUIENTES:

a ¿Qué países visitó la expedición de la Ruta Quetzal el pasado año?

b ¿Cuántos días dura la expedición?

c ¿Qué es un quetzal?

Fuentes: Ruta Quetzal, BBVA, José Pablo García Báez, Universidad Complutense de Madrid y entrevistas.

REPÚBLICA DOMINICANA Y PUERTO RICO

Marta Velázquez, monitora de la ruta, dice: «Yo participé en la ruta cuando tenía 16 años. Fue una gran experiencia. Durante mi primera expedición visitamos las montañas de República Dominicana para conmemorar el quinto centenario* de la Carta de Jamaica, un documento que escribió Cristóbal Colón en 1503, durante su cuarto viaje al Caribe.

Colón buscaba el 'paraíso' y pensaba* que este estaba en las montañas próximas a Santo Domingo, capital de República Dominicana. En aquella época, la isla se llamaba La Española.

Después fuimos en barco hasta el puerto de Mayagüez, en la isla de Puerto Rico. Allí visitamos el observatorio astronómico de Arecibo, recorrimos* la montaña del Yunque dentro del Parque Nacional de Estados Unidos… en fin, la experiencia me gustó mucho y me convertí* en monitora de la expedición. He visitado varios países latinoamericanos desde entonces».

Ilustración de los españoles colonizadores en Cuba

¿Has visitado algún país latinoamericano? ¿Te gustaría visitar América Latina? ¿Qué países te gustaría visitar? ¿Por qué?

GLOSARIO

aportan – (they) bring

me convertí – (I) became

el entonces Rey – the then king

el intercambio – exchange

medioambiental – environmental

el mensaje – message

has participado – have you ever taken part

pensaba – (he) thought

el quinto centenario –500 year anniversary

recorrimos – (we) went all over

el socorrista – first responder

tener conocimientos
– to have some knowledge

VOCES LATINAS

Turismo de aventura

¿QUÉ HAS APRENDIDO?

Situación

Recados y conversaciones
You are out and about the city running errands, doing some window shopping, and stopping to talk to people.

LEARNING OUTCOMES

	ACTION
Get around in a city	**6.1** Tienes una lista de cosas para hacer hoy por la ciudad, pero solo puedes leer el nombre de las tiendas y no qué tienes que hacer o comprar allí. Completa la lista de manera lógica.

	la librería	estación de metro	tienda de ropa	la pastelería
buscar ▶				
comprar ▶				

Ask and give directions

6.2 Hay muchos turistas hoy en el centro y necesitan tu ayuda. Haz turnos con tu compañero/a para hacer el papel de turista y usa el mapa para indicarle cómo puede ir a los diferentes lugares. Practiquen con las expresiones para pedir y dar información.

Estudiante A:
a. centro comercial
b. hospital
c. museo

Estudiante B:
a. cine
b. supermercado
c. parque

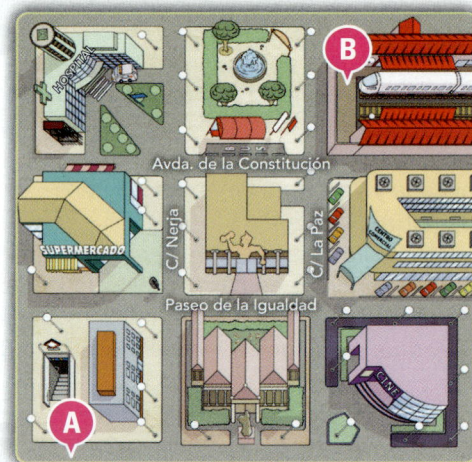

Describe where things are located

6.3 Al pasar por unos escaparates *(shop windows)* ves algunas cosas que te gustan y decides entrar a comprarlas. Explica al dependiente dónde están situadas esas cosas. Después, comparte tus descripciones con tu compañero/a. ¿Son similares?

Talk about means of transportation

6.4 Ahora estás en la parada de autobús para volver a casa, pero el autobús no llega. Mientras esperas, hablas con una de las personas en la parada sobre los medios de transporte en la ciudad: cómo son, cuáles prefieres, por qué, etc.

LISTA DE VOCABULARIO

Expresiones de lugar
Adverbs of place
a la derecha de to the right of
a la izquierda de to the left of
al lado de next to
cerca de close to, near
debajo de under, below
delante de in front of
dentro de inside
detrás de behind
encima de on top of
entre between
lejos de far from

Verbos Verbs
conocer to know, to be familiar with
girar to turn
hay there is, there are
ir to go
ir a pie to go on foot
ir de vacaciones to go on vacation
ir de viaje to go on a trip
jugar to play
seguir to follow, to continue

Medios de transporte
Means of transportation
el autobús bus
el avión airplane
el barco ship
el metro subway
la moto motorcycle
el taxi taxi
el tren train

Descripciones Descriptions
barato/a inexpensive
caro/a expensive
cómodo/a comfortable
contaminante contaminant, pollutant
ecológico/a ecological
incómodo/a uncomfortable
lento/a slow
peligroso/a dangerous
rápido/a fast
seguro/a safe, certain
el centro comercial shopping center, mall
el banco bank
el cine movie theater
la estación de metro subway station
la estación de tren train station

la farmacia pharmacy
el gimnasio gym
el hospital hospital
el hotel hotel
la librería bookstore
el museo museum
la panadería bread shop
la parada de autobús bus stop
la pastelería bakery
el supermercado supermarket
el teatro theater
la tienda de ropa clothing store
la zapatería shoe store

Preposiciones Prepositions
a, al to, to the (masculine)
de, del from, from the (masculine)
en on

Adverbios de cantidad
Adverbs of quantity
bastante enough
demasiado too much
mucho very much, a lot
muy very
poco very little, not much

7

¿QUÉ TIEMPO VA A HACER?

¿Dónde están los muchachos? ¿Conoces ese lugar?

¿Te gusta más la lluvia o la nieve?

¿Qué te gusta hacer cuando hay nieve? ¿Y lluvia?

Descanso frente a un glaciar, Chile

LEARNING OUTCOMES

By the end of this unit you will be able to:

- Express obligation, needs, and give advice
- Make plans about what you are going to do and when
- Talk about the weather and the seasons

Las excursiones

7.1 Observa la imagen de estas personas que están de excursión en la Patagonia, Chile. Después, responde las preguntas basándote en lo que ves o puedes deducir de la imagen. Compara tus respuestas con tu compañero/a.

a. ¿Cuántas personas hay en la foto?

b. ¿Crees que son amigos, familia…?

c. ¿Qué hacen?

d. ¿Qué ropa llevan?

e. ¿Qué crees que llevan en las mochilas?

f. ¿Por qué están allí?

7.2 Lee la conversación entre Pedro y su compañero de cuarto en la residencia y completa con las palabras del cuadro. Después, escucha y comprueba.

frío • cien dólares • celular • pronto • gorro
comida • visitar • viaje • siete • panfleto

Pedro: ¡Hola, Luis!
Luis: Hola, Pedro, ¿qué tal las clases en la universidad?
Pedro: Pues, bien, como siempre.
Luis: Y ese papel, ¿qué es?
Pedro: Ah, es para el (a) .... de fin de curso. Vamos todos los compañeros de clase, ¿quieres venir?
Luis: ¡Sí! ¿Y adónde van, Pedro?
Pedro: Pues, vamos a (b) .... la Patagonia chilena.
Luis: Muy bien. Y, ¿qué necesitamos?
Pedro: El (c) .... dice que tenemos que llevar (d) .... y bebidas para una semana.
Luis: Y en la montaña normalmente hace

(e) .... Yo creo que debemos llevar ropa para el frío, como un parka, los guantes y el (f) ....
Pedro: Tienes razón, Luis. También quiero hacer fotos para mi blog.
Luis: Bueno, podemos usar mi (g) ...., que hace buenas fotos.
Pedro: ¡Fenomenal! Muchas gracias.
Luis: ¿Cuánto hay que pagar por la excursión?
Pedro: Pues (h) .... más el vuelo. ¡Ah! El vuelo es el 24 de junio a las (i) .... de la mañana.
Luis: Entonces, esa noche tenemos que acostarnos (j) ....

7.3 Relaciona las frases de las dos columnas para completar las oraciones. Compara tus respuestas con un/a compañero/a.

1. Para hacer el viaje...
2. Luis dice que en la montaña hace frío y que
3. El panfleto dice que todos los estudiantes
4. El vuelo es a las siete de la mañana, por eso

a. tienen que llevar comida y bebidas.
b. tienen que ir a dormir pronto el viernes.
c. deben llevar parka, guantes y gorro.
d. hay que pagar cien dólares.

7.4 Con la información que ya sabes después de leer la conversación, contesta otra vez las preguntas de la actividad 7.1.

7.5 Con tu compañero/a, contesta las siguientes preguntas.

a. ¿Hacen viajes con sus compañeros de clase o con sus amigos?
b. ¿Qué lugares visitan habitualmente?
c. ¿Son lugares de costa o de montaña?
d. ¿Dónde van a ir la próxima vez?

7.6 En grupos de tres, preparen una excursión al Parque Provincial Aconcagua. Usen las imágenes y completen cada uno su lista de las cosas que necesitan. Después, intercambien sus listas según el modelo.

Modelo: E1: ¿Qué ropa vas a llevar?
E2: Voy a llevar… ¿Y tú?
E3: …

- ¿Qué ropa vas a llevar?
- ¿Y qué comida?
- ¿Cuál es el equipo necesario?
- ¿Algo más?

El verbo **llevar** significa *to wear or to carry, take along*.

APUNTES: Excursiones en el Aconcagua (Argentina)

✓ El Aconcagua es la montaña más alta de América del Sur y uno de los mayores atractivos de los Andes para los escaladores *(climbers)*. En la zona de Mendoza existen múltiples compañías que organizan caminatas de uno o más días por la zona.

✓ Estas caminatas incluyen porteadores *(porters)* para el equipo, todas las comidas, guía de montaña, etc.

✓ Una de las más populares es la caminata de 3 días y 2 noches hasta Plaza Francia.

✓ En verano las temperaturas en el campamento base son de 30 °C durante el día y de 10 °C en invierno. Hace más frío por la noche. A veces baja hasta -20 °C en verano.

1.A VOCABULARIO: EL TIEMPO ATMOSFÉRICO

7.1 Con tu compañero/a, relaciona estas palabras con su imagen correspondiente. Hay dos palabras para cada imagen.

calor • frío • sol • viento • lluvia • nieve

7.2 Mira el cuadro y comprueba tus respuestas anteriores.

Hace…

calor / frío	sol	buen tiempo	mal tiempo
It's hot. / It's cold.	*It's sunny.*	*The weather is good.*	*The weather is bad.*

Hay…

nieve	niebla	tormenta
There's snow. (It's snowy)	*There's fog. (It's foggy)*	*There's a storm. (It's stormy)*

Está nublado.	**Llueve** mucho.	**Nieva** mucho.	**Hace** / **hay** mucho viento.
It's cloudy.	*It rains a lot.*	*It snows a lot.*	*It's windy. / There'a a lot of wind.*

7.3 Relaciona las palabras con su definición. Después, comprueba las respuestas con tu compañero/a.

1. inestable   **a.** Nubes, sin sol.

2. bajo cero   **b.** El ruido que se escucha durante una tormenta.

3. el rayo   **c.** Mucho calor.

4. el trueno   **d.** Tiempo con lluvia, viento, nubes…

5. caluroso/a   **e.** Agua helada *(frozen)*.

6. el hielo   **f.** El rayo de luz *(light)* que sale durante una tormenta.

7. nublado   **g.** Temperatura menos de cero grados.

8. templado   **h.** Temperatura agradable, ni frío ni mucho calor.

7.4 Completa los espacios en blanco con una palabra de la actividad 7.3.

a. En verano el tiempo es ……………

b. En Tierra del Fuego están ………… porque está cerca de Antártica.

c. ¿Los ves? Hay muchos ………… con esta tormenta.

d. No puedo dormir con todos estos ……………

e. En esta época el tiempo es muy ………… Hoy llueve y mañana hace sol.

f. Debes llevar un paraguas *(umbrella)* porque el cielo *(sky)* está ……………

g. El clima de esta región es ………… No hace ni frío ni calor.

7.5 Formen grupos de cuatro. Elige una imagen y descríbela. Tus compañeros tienen que adivinar de qué imagen se trata.

Use **muy** before adjectives and adverbs:
- Hace **muy** buen tiempo.

Use **mucho**, **mucha**, **muchos**, **muchas** before nouns:
- Hace **mucho** calor.

Use **mucho** after the verb:
- Llueve **mucho**.

To convert degrees Celsius to Fahrenheit:
1. Multiply Celsius temperature by 1.8.
2. Add 32.

20 ºC x 1.8 = 36 + 32 = 68 ºF

» **Para describir el tiempo atmosférico se usa:**
Hace calor, sol, frío, viento / aire, buen tiempo, mal tiempo…
Llueve / Está lloviendo.
Nieva / Está nevando.
Hay tormenta, truenos, relámpagos, niebla, nubes…
Está nublado, despejado *(clear)*…
La temperatura es alta, baja, de 32 grados…
El clima/tiempo es frío, templado, seco, húmedo, estable, inestable…

» **Los verbos *llover* y *nevar* solo se usan con el verbo en tercera persona de singular.**

» **Para hablar del tiempo atmosférico puedes usar estas expresiones:**
¡Qué frío / calor (hace)! *It's so cold / hot!*
¡Qué frío / calor **tengo**! *I'm so cold / hot!*
¿Tienes frío / calor? *Are you cold / hot?*
Hace mucho (muchísimo) frío / calor. *It's (really) very cold / hot.*
¡Cuánto llueve! *It's really raining!*
¿Qué día / tiempo **hace**? *What's the day / weather like?*
Hace un día muy bueno / malo. *It's a nice / bad day.*
Estamos a 20 grados. *It's 20 degrees.*
No hace nada de frío / calor. *It's not cold / hot at all.*

7.6 Completa los espacios en blanco con el verbo correcto.

a. Mañana voy a la playa porque .... calor.
b. En esta época .... nieve en la montaña.
c. Cerca de la costa .... nublado.
d. Hoy necesito el paraguas porque ....
e. Es difícil jugar al tenis cuando .... viento.

7.7 Completa las siguientes oraciones para explicar qué haces en estas situaciones. Después, haz turnos para intercambiar la información con un/a compañero/a.

a. Cuando llueve, yo…
b. Cuando hace mal tiempo, yo…
c. Cuando está nevando,…
d. Cuando hace mucho calor, prefiero…
e. Cuando hay niebla, no puedo…
f. Cuando hace mucho sol, me gusta…

7.8 Con tu compañero/a, describe el tiempo que hace en tu región en estas fechas. ¿Qué ropa llevas normalmente cuando hace ese tiempo?

a. hoy   **c.** noviembre   **e.** febrero

b. julio   **d.** abril   **f.** mayo

> **Modelo:** E1: En agosto hace mucho calor.
> E2: Hay que llevar pantalones cortos y una camiseta.

♲ La ropa Unidad 3

Otras palabras útiles:
gorro *knitted hat*
parka / anorak *down/ski jacket*
guantes *gloves*
chanclas *flip-flops*
impermeable *raincoat*
lentes de sol *sunglasses*
paraguas *umbrella*

7.9 ◉ 60 Escucha el informe del tiempo en Argentina. Después, escribe la letra del símbolo correcto que falta en el mapa, de acuerdo con el informe. ¡Atención! No tienen que usarse ni todas las casillas *(boxes)*, ni todos los símbolos.

a. lluvia   **e.** calor

b. nieve   **f.** nublado

c. viento   **g.** sol

d. tormenta   **h.** frío

7.10 ¿Qué tiempo hace? Pregúntale a tu compañero/a qué tiempo hace en las ciudades de tu tarjeta y completa la información.

> **Modelo:** ¿Qué tiempo hace en…?

Estudiante A:

Sevilla 42°C | Buenos Aires 31°C
Londres | Roma
Caracas 29°C | Oslo 2°C
México D.F. | Barcelona

Estudiante B:

Sevilla | Buenos Aires
Londres 13°C | Roma 15°C
Caracas | Oslo
México D.F. 12°C | Barcelona 16°C

Salta · Formosa · Tucumán · Catamarca · Corrientes · Posadas · San Juan · Córdoba · Santa Fe · Paraná · Mendoza · Buenos Aires · Santa Rosa · Neuquén · Viedma · Rawson · Puerto Santa Cruz · Puerto Argentino · Río Gallegos · Ushuaia

7.11 Relaciona las estaciones del año con su imagen correspondiente. Escoge la mejor opción según tus conocimientos hasta el momento.

la primavera • el verano • el otoño • el invierno

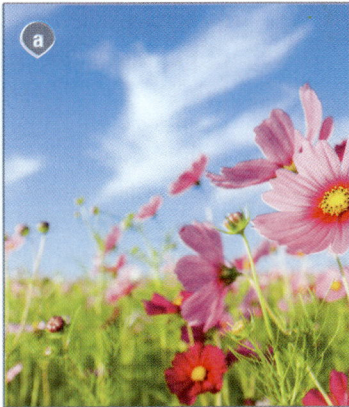

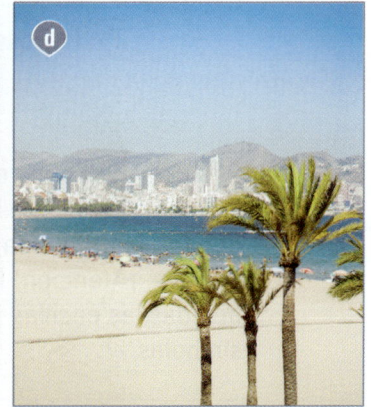

....

7.12 Clasifica los meses del año en su estación correspondiente según el clima de tu país.

| enero | marzo | mayo | julio | septiembre | noviembre |
| febrero | abril | junio | agosto | octubre | diciembre |

Primavera	Verano	Otoño	Invierno

7.13 Escucha y completa con las palabras que faltan. ¿A qué estación del año se refiere cada descripción?

a. Es especialmente duro en la zona .... e interior, con temperaturas bajo cero y………….. frecuente. También son habituales otros fenómenos como el ...., la.............. o el hielo. En el sur es más suave.

b. Es bastante inestable. Hace ...., frío, viento, pero también .... mucho y a veces .... Es una época perfecta para ver el campo verde y lleno de flores. Las temperaturas varían entre los 15 y los 25 ....

c. Es un periodo muy caluroso, especialmente en el sur y el interior. Hace muy .... tiempo con temperaturas entre los 35 y los 40 grados. También son frecuentes las ...., con rayos y truenos.

d. Normalmente hace ...., pero no demasiado. .... bastante y también nieva, especialmente en el .... Además, son frecuentes las nieblas. Las temperaturas están entre los 5 y los 20 grados.

7.14 Vas a escuchar a un uruguayo explicar el clima de su país. Antes de escuchar y completar las oraciones, habla con tu compañero/a sobre estas cuestiones:

Antes de escuchar:
¿Cómo creen ustedes que es el clima en Uruguay?
¿Cuántas estaciones del año creen que hay?

Después de escuchar:
a. El clima de Uruguay es ....
b. En verano la temperatura es de ....
c. Los meses de verano son ....
d. En invierno la temperatura es de ....
e. Los meses de invierno son ....
f. La primavera es ....

7.15 Asocia las estaciones del año con palabras significativas para ti y explica el porqué. Comparte tus sensaciones con tus compañeros en grupos de tres. ¿Qué tienen en común?

Modelo: Mi estación preferida es el invierno, yo asocio el invierno con una taza de chocolate caliente, porque, en mi casa, mi abuela siempre prepara un chocolate caliente cuando nieva.

Primavera	Verano	Otoño	Invierno
			chocolate caliente

7.16 En muchos países hispanohablantes la gente habla mucho del tiempo. Con un/a compañero/a, lee la conversación que transcurre en un elevador y elige la opción correcta. Después, preparen una conversación típica que transcurre en un elevador de su país o región. ¿Cómo varían?

● Buenas tardes, ¿a qué piso va?
● Al quinto.
● ¡Qué calor hace hoy!, ¿verdad?
● ¡Uf! Sí, es verdad, yo vengo de viaje y no puedo más…

● Es que aquí en verano ya se sabe... 35, 40 grados como poco...
● Sí, sí... insoportable.
● Bueno, pues nada, buenas tardes.
● Adiós, hasta luego.

a. Una de las personas necesita información sobre el tiempo para salir de viaje.

b. Las personas hablan del tiempo para mantener una conversación durante el trayecto en el elevador.

c. Las personas se saludan e intercambian sus experiencias sobre el tiempo atmosférico.

» **Para comparar objetos o personas o acciones, puedes usar:**

– **más** + nombre / adjetivo / adverbio + **que** *more than*
En México hace **más** sol **que** en Chile.

– **menos** + nombre / adjetivo / adverbio + **que** *less than*
El campo es **menos** caluroso **que** la ciudad.

– **tanto/a/os/as** + nombre + **como** *equal to*
En Ushuaia (Argentina) hay tanto viento como en Punta Arenas (Chile).

– **tan** + nombre / adjetivo / adverbio + **como** *equal to*
En Bogotá llueve tan frecuentemente como en Buenos Aires.

– verbo + **más que** / **menos que** / **tanto como**…
En Quito llueve **más que** en Lima.   En Portillo, Chile nieva **tanto como** en Aspen, Colorado.

7.17   Haz comparaciones entre los elementos siguiendo las indicaciones entre paréntesis.

Modelo: norte / llover / sur (+)
En el norte llueve más que en el sur.

a. mi ciudad / calor / tu ciudad (=) ....
b. verano / mucho sol / invierno (+) ....
c. interior del país / hacer viento / costa (-) ....
d. clima / mi país / cálido / tu país (=) ....
e otoño / lluvioso / invierno (+) ....

7.18   Escucha esta conversación telefónica entre dos mexicanos que hablan de sus ciudades, Puerto Vallarta y Guanajuato. Después, relaciona la ciudad (o ciudades) con la descripción.

🎧 ⑥³

	En Guanajuato	En Puerto Vallarta	En las dos
a. Llueve allí más en verano.	☐	☐	☐
b. Hace mucho calor ahora.	☐	☐	☐
c. Hay más contrastes entre las estaciones.	☐	☐	☐
d. Allí el calor es más seco.	☐	☐	☐
e. La temperatura es menos agradable en el centro de la ciudad.	☐	☐	☐

Guanajuato, México

Puerto Vallarta, México

7.19 Con tu compañero/a compara el clima y las estaciones de una de estas ciudades con las de tu país o región. ¿En qué se parecen? ¿En qué se diferencian?

> Modelo: Pues en mi país / región en verano, hace más / menos calor que / tanto calor como en Guanajuato.

7.20 Con tu compañero/a, busca información en Internet sobre el clima de un país de América Latina y sus estaciones. Tomen notas sobre los siguientes aspectos:

a. país y capital ....
b. ubicación *(location)* ....
c. montañas y ríos.....................................
d. estaciones ....

e. clima ....
f. contrastes y comparaciones entre ciudades, norte / sur, este / oeste..............
g. actividades al aire libre............................

7.21 Expongan el clima del país que han elegido en la actividad anterior y respondan a las posibles preguntas de sus compañeros. Usen ayudas visuales como mapas y fotos para hacer la presentación más interesante.

PRONUNCIACIÓN

WORD STRESS AND THE WRITTEN ACCENT

» All words in Spanish have a syllable that is pronounced with more stress than the other syllables in the word. For most words, the stressed syllable is the second to the last syllable.

» In some cases, a written accent is needed to identify the stressed syllable. You will learn more about these later. For now, you should know to pronounce the syllable marked with an accent more strongly.

pe-rro	**ca**-sa	ar-**ma**-rio	as-pi-ra-**do**-ra
ár-bol	ja-**rrón**	bo-**lí**-gra-fo	fe-rro-ca-**rril**

7.1 Por turnos, lean en voz alta las siguientes palabras marcando en la pronunciación la sílaba acentuada.

jarrón

cuaderno

estantería

español

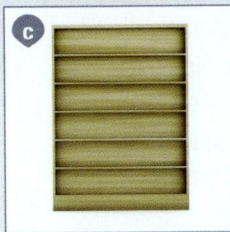

planta

silla

hermano

maleta

ratón

números

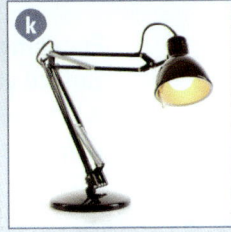

lámpara

portátil

7.2 ¿Qué otras palabras has aprendido con acentos escritos? Enuméralas y compara tu lista con tu compañero/a.

30 Grados

ANTES
DEL VIDEO

7.1 Relaciona las siguientes frases con las imágenes 1 a 4.

a. ☐ ¡Hombres! Siempre igual… Voy a darles una pequeña lección.

b. ☐ ¡Qué calor! ¡No es normal este calor en esta época del año!

c. ☐ ¡Me encanta el básquetbol! ¿Puedo jugar?

d. ☐ ¡Bah! ¡Eso no es calor! En mi país, durante el verano, la gente no puede salir a la calle. ¡Si sales a la calle, te mueres!

7.2 Ordena las 6 imágenes cronológicamente. Basa el orden en lo que crees que puede ocurrir. Usa tu imaginación. Después, compara las respuesta con tu compañero/a.

☐ imagen 1   ☐ imagen 2   ☐ imagen 3   ☐ imagen 4   ☐ imagen 5   ☐ imagen 6

7.3 Mira el segmento y ordena estas frases en el orden en que las dicen los personajes. Después, compara las respuestas con tu compañero/a.

00:45 - 03:25

☐ ¿Imposible? Pues es verdad. ¡El clima de mi país es muy extremo! ¡En verano hace mucho calor y, en invierno, siempre hay viento y nieve!

☐ En mi país hace mucho más calor. No podemos comparar este calor con el que hay en mi país.

☐ En tu país no hace más calor que aquí en verano, seguro. A veces llegamos a los 40 grados…

☐ Estamos a 30 grados centígrados.

☐ ¡Que sí! ¡Que sí! Durante el invierno cae mucha nieve, hay terribles tormentas, hace mucho viento y el cielo siempre está nublado.

☐ No te creo.

☐ Hoy parece que estamos en verano.

☐ Pues a nosotros en verano nos sale humo por las orejas.

☐ Sí, y es otoño… ¿Qué temperatura tenemos?

⚙ ESTRATEGIA

Focusing attention on the task
Before you watch the episode, look through the questions and types of activities you will be asked to complete. Knowing what to focus your attention on will improve your comprehension and ability to complete the task.

DURANTE
DEL VIDEO

7.4 Mira el segmento otra vez y contesta las preguntas.

a. ¿Qué ropa lleva Felipe todo el día en su país en invierno?......................................

b. ¿Qué piensa Sebas de lo que dice Felipe? ....

c. ¿Cómo reacciona Sebas? ....

7.5 Relaciona cada personaje con sus frases. Compara con tu compañero/a.

`03:25 - 05:45`

1. Lorena
2. Sebas
3. Eli
4. Felipe

a. Papá dice que tienes que ir luego a casa para ayudar a organizar el garaje.
b. ¿Yo? ¡Yo ya le ayudo a lavar el carro! ¿También debo ir a organizar el garaje?
c. ¿Por qué no vas tú a ayudarle?
d. Chicos, ¿están ustedes jugando al básquetbol?
e. Yo no juego al básquetbol con chicas. Mejor se quedan acá sentadas y nos ven jugar a nosotros.
f. ¡A ver cómo juegan ustedes!
g. ¡Hombres! Siempre igual… Voy a darles una pequeña lección…
h. Y no te olvides de ir luego a casa a ayudar a papá.

7.6 Elige la opción correcta.

a. Sebas está **enfadado** / **contento** / **tranquilo** porque tiene que organizar el garaje.
b. Lorena está **indiferente** / **entusiasmada** / **aburrida** porque quiere jugar al básquetbol con los muchachos.
c. Felipe piensa **que las muchachas juegan mejor con las muchachas al básquetbol** / **que juegan mejor con los muchachos** / **que no juegan bien**.
d. Eli está **molesta** / **enfadada** / **divertida** con lo que dicen los muchachos.

7.7 Completa las frases. Habla con tu compañero/a.

a. Tus responsabilidades en casa
Tengo que…
Debo…

b. Responsabilidades de tu familia
Mi padre/madre tiene que…
Mi padre/madre debe…

7.8 Contesta las preguntas. Habla con tu compañero/a.

Estudiante 1:
a. ¿Cómo es el tiempo en julio en tu ciudad?
b. ¿Qué planes tienes para el próximo verano?
c. ¿Qué deporte se te da bien?

Estudiante 2:
a. ¿Cómo es el tiempo en enero en tu ciudad?
b. ¿Qué planes tienes para las próximas vacaciones?
c. ¿Qué deporte se te da mal?

DESPUÉS DEL VIDEO

1. *IR A* + INFINITIVE

» **Ir a** + infinitive is used to talk about future plans and what you are going to do.

*Hace mucho frío. Creo que **va a nevar**.* *It's very cold. I think it's going to snow.*
*Esta tarde **voy a ver** la película Frozen.* *This afternoon, I am going to watch the movie Frozen.*

yo	**voy**	+ a + infinitive
tú	**vas**	
usted/él/ella	**va**	
nosotros/as	**vamos**	
vosotros/as	**vais**	
ustedes/ellos/ellas	**van**	

Use the following time expressions to talk about the future:

hoy, **mañana**, **ahora**
esta mañana / tarde / noche / semana...
este lunes / mes / año...
la semana / el año **que viene** *(upcoming)*
la próxima *(next)* semana
el próximo jueves / invierno / año

***El mes que viene** voy a correr en un maratón.* *This month coming up, I'm going to run in a marathon.*
***Esta tarde** voy a jugar al tenis.* *This afternoon, I'm going to play tennis.*
***El próximo año** voy a estudiar francés.* *Next year, I'm going to study French.*
***Son las doce**, ahora voy a comer.* *It's twelve o'clock. I'm going to eat now.*

7.1 **Relaciona las oraciones para describir qué va a hacer la gente en cada situación.**

Modelo: Mañana es domingo. ▸ Mi familia y yo vamos a visitar a mis abuelos.

1. La próxima semana no tenemos clase.
2. Este viernes es el cumpleaños de Dani.
3. A mi padre le encanta cocinar.
4. Estoy de mal humor.
5. Julia tiene dolor de cabeza.
6. Va a hacer buen tiempo este fin de semana.

a. Va a invitar a unos amigos a casa para celebrarlo.
b. Va a tomar una aspirina.
c. Pero el lunes va a llover.
d. Esta noche va a preparar arepas de carne.
e. Vamos a ir de excursión de martes a jueves.
f. No voy a salir con mis amigos.

7.2 **Aquí tienes la agenda de María para el fin de semana. La información no está muy clara, así que pregunta a tu compañero/a lo que no entiendas. ¿Qué va a hacer...?**

Estudiante 1:

Viernes	Sábado	Domingo
› De 10:30 a 12:00, clase de baile latino › A las 17:00, [illegible] › Cumpleaños de Pepe	› Limpieza en casa y la compra › En la tarde, compras con mamá › A las 22:30 [illegible]	› [illegible] con Andrés en La Cantina › A las 21:00, cena con Marta

Estudiante 2:

Viernes	Sábado	Domingo
› De 10:30 a 12:00, clase de [illegible] › A las 17:00, partido de fútbol › Cumpleaños de Pepe	› Limpieza en casa y la compra › En la tarde, [illegible] › A las 22:30, teatro (Pancho Villa y los niños de la bola)	› Botana y ver partido con Andrés en La Cantina › A las 21:00, [illegible]

7.3 Ahora que tienes la agenda completa, escribe qué va a hacer María el fin de semana que viene.

Modelo: María, el viernes en la mañana,…

7.4 Haz un calendario con cuatro actividades que quieres hacer la semana que viene. Después, invita a un/a compañero/a a hacer algo contigo. Si no puede ir, tu compañero/a tiene que decirte qué va a hacer. Finalmente, comparte con la clase los planes que van a hacer juntos.

conmigo *with me*
contigo *with you*

Modelo: E1: ¿Quieres ver *Juego de tronos* conmigo el lunes?

E2: No puedo. El lunes voy a cenar con mi familia.

L	M	X	J	V
E1: Ver *Juego de tronos*. E2: Cenar con mi familia.				

7.5 En grupos de tres o cuatro, hagan turnos para decir a dónde van las personas en las imágenes y qué van a hacer allí. Usen su imaginación y creatividad para continuar en cadena. Si alguno no puede continuar, tiene que empezar con una nueva imagen.

Modelo: E1: El muchacho va al parque.

E2: Va a jugar al fútbol.

E3: Después…

E1: Y también…

Alicia

Raúl y Jorge

el cocinero

la familia

la Sra. Estévez

los estudiantes

2. *HAY QUE*, *TENER QUE* AND *DEBER* + INFINITIVE

» To express obligation or what is necessary for all, use **hay que** + infinitive.
*Cuando hace calor **hay que llevar** ropa ligera.*
When it's hot, it's necessary to wear light clothing.
*En la clase de español **hay que hablar** español.*
In Spanish class, everyone needs to speak Spanish.

» To express obligation or what is necessary for a particular person, use **tener que** + infinitive.
*Para mis exámenes **tengo que** estudiar mucho.*
I have to study a lot for my tests.
*Tienes **que ser** más paciente. You need to be more patient.*

» To express obligation in terms of making a recommendation or giving someone advice, use **deber** + infinitive.
*Si estás muy cansado, **debes dormir** más. If you are very tired, you should sleep more.*
*No **debes fumar**. You shouldn't smoke.*

7.6 Lee el texto y busca ejemplos de frases que expresan obligación o recomendación, obligación impersonal, planes y proyectos. Clasifícalas en la columna correspondiente.

¡Qué bien, hoy es viernes! Hay que celebrar el fin de semana. Para empezar, hoy en la noche vamos a cenar en ese restaurante tan bonito junto a la playa. Después, vamos a ir al Club Musiteca, un ratito, no toda la noche, claro. El sábado tenemos que levantarnos pronto, vamos a hacer una excursión a la montaña. Hay que llevar ropa cómoda y botas adecuadas para el campo. Ahora que lo pienso, tengo que buscar las mías. Creo que las tiene Ángela. Por cierto, no sé si Ángela puede venir. Debo llamarla para confirmar. El domingo voy a dormir hasta las diez, pero luego hay que estudiar un poco. Carla y yo tenemos que preparar una presentación para clase sobre nuestras actividades del fin de semana. ¡Va a ser fácil!

Obligación o recomendación	Obligación impersonal	Planes y proyectos

7.7 Elige una de las dos opciones (a o b) y pídele a tu compañero/a sus recomendaciones. Utiliza las expresiones del cuadro de la página siguiente en tus respuestas.

a. Para ir a la montaña
E1: ¿Qué necesito para ir a la montaña?
E2: Para ir a la montaña debes llevar botas.

b. Para ir a la playa
E1: ¿Qué necesito para ir a la playa?
E2: Para ir a la playa tienes que usar protector solar.

usar protector solar

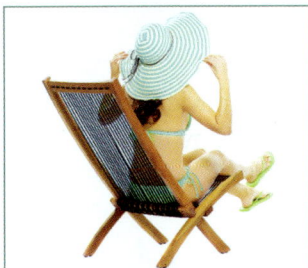
tomar el sol con precaución

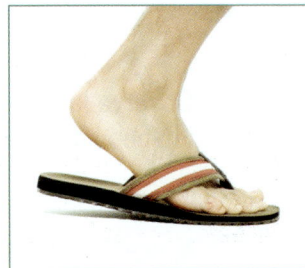
ir en chanclas

(No) debes…
(No) tienes que…
(No) hay que…

llevar botas

ponerse lentes de sol

llevar dinero

llevar bocadillos

llevar una mochila

usar vasos de cristal

7.8 ¿Qué tienen que hacer las personas en las siguientes situaciones y qué no deben hacer? Comparte tus respuestas con la clase. ¿Quién ha dado las mejores recomendaciones?

Modelo: – Tu hermana necesita un teléfono celular nuevo.

– Tiene que ir a una tienda especializada.

– No debe comprar un teléfono caro.

a. ● Tu amigo tiene una cita con una muchacha que le gusta mucho.
● Él .... No ....

b. ● No hay comida en casa.
● Tú .... No ....

c. ● Tus padres vienen a visitarte y la casa está completamente desordenada.
● Todos .... No ....

d. ● Vamos de excursión al Gran Cañón del Colorado.
● Nosotros .... No ....

¡Hay que comer más fruta!

7.9 Como un proyecto de servicio a la comunidad tienen que preparar un póster de hábitos saludables para presentar a estudiantes de escuela primaria. Con un/a compañero/a, prepara una lista de cinco o seis hábitos que todos deben seguir. Después, comparte tus ideas con la clase.

VIDEOCLASES
13 y 14

1. COMPRENSIÓN DE LECTURA

7.1 Observa las diferentes actividades que puedes hacer los fines de semana. Relaciona cada imagen con una actividad de la lista.

- **a.** escuchar música
- **b.** practicar deporte
- **c.** ir al cine
- **d.** ir a la biblioteca
- **e.** salir con amigos
- **f.** estudiar
- **g.** lavar el carro
- **h.** hacer turismo
- **i.** visitar a tu familia
- **j.** leer
- **k.** dormir
- **l.** trabajar

7.2 Lee lo que hacen normalmente los fines de semana Marta, Luisa y Carlos.

Un fin de semana diferente

Son las cinco de la tarde y, como todos los viernes, Marta, Luis y Carlos quedan en el campus de la universidad para planear el fin de semana. Pero esta vez va a ser diferente. No tienen mucho tiempo para salir a divertirse, porque la próxima semana tienen que hacer tres exámenes. La idea es reunirse para estudiar. Sin embargo, los jóvenes no se ponen de acuerdo, porque Carlos y Luis tienen algunas cosas que hacer. Carlos trabaja este sábado desde las 9 hasta la 1 y el muchacho tiene que levantarse bastante temprano.

Por su parte, Luis va a ir al dentista y, después, va a ir al supermercado. Marta es la única que tiene la mañana libre, pero quiere esperar a sus amigos porque le gusta estudiar mucho en equipo.

Además, a Marta le encantan las matemáticas y prefiere ayudar a sus compañeros. Así que los tres muchachos van a intentar verse el sábado por la tarde en la biblioteca de la universidad. Si todo va bien, el domingo van a tener tiempo para salir, después de una tarde de trabajo en equipo. ¡La unión hace la fuerza!

7.3 ____ Contesta las siguientes preguntas para confirmar que has entendido el texto.

⚙ **ESTRATEGIA**

Recognizing synonyms

Most questions that check reading comprehension do not use the same words found in the text. Look for words and expressions in the text that are similar in meaning to the words in the questions. If you can recognize synonyms, you will be able to locate the correct answer in the text.

a. ¿Qué hacen los muchachos habitualmente los viernes por la tarde?
b. ¿Cuál es su objetivo?
c. ¿Crees que es fácil ponerse de acuerdo para reunirse? ¿Por qué?
d. ¿Madruga Carlos el sábado? ¿Por qué? ¿Qué tiene que hacer?
e. ¿Cuál de los muchachos debe hacer la compra?
f. ¿Qué van a hacer finalmente para el sábado y el domingo?

2. EXPRESIÓN ESCRITA

7.4 ____ Completa la tabla con las cosas que Marta, Luis y Carlos tienen que hacer.

	Marta	Luis	Carlos
El sábado por la mañana			
El sábado por la tarde			

7.5 ____ Escribe un texto sobre tu fin de semana. Antes, para ayudarte a organizar el texto, puedes hacer una lista con tus planes y otra con las cosas que tienes que hacer.

Planes	Obligaciones

⚙ **ESTRATEGIA**

Using transition words

As you write, use transition words to list a series of activities or actions. Words such as *en primer lugar*, *en segundo lugar*, *seguidamente*, *a continuación*, *por último*, and *finalmente* will help you arrange the content in a logical sequence.

3. INTERACCIÓN ORAL

7.6 ____ En grupos de tres, hablen sobre qué actividades hacen normalmente los fines de semana.

⚙ **ESTRATEGIA**

Interacting with the speaker

To be a respectful partner follow these rules of conversation: take turns, don't interrupt your partner and connect what you want to say with what has been said to you. In a conversation, speakers often express agreement or disagreement.

EL CAMBIO CLIMÁTICO

Ciudades iluminadas en el Cono Sur

Sequías*, temperaturas altas y supertormentas. Estas son algunas de las consecuencias del cambio climático en América Latina. El Cono Sur tiene una gran biodiversidad pero ahora está en peligro.

EL MUNDO NECESITA LOS RECURSOS NATURALES DEL CONO SUR

Argentina, Uruguay, Paraguay y Chile tienen muchísimos recursos naturales: agua, tierra cultivable, petróleo, energías solar y eólica*, madera, minerales, metales, gas, carbón… Millones de personas viven de ellos. «Si estos recursos disminuyen, las poblaciones van a sufrir», dice Erik Fernández, asesor sobre cambio climático.

EL CONO SUR

El cono sur, desde un punto de vista* geopolítico, está formado por Argentina, Uruguay y Chile. A veces también incluye Paraguay, por su proximidad geográfica al resto de estos países.

«El cono tiene elementos geográficos importantes», dice Alessandra Colace, geóloga, «quizás los más importantes de América Latina en cuanto a* recursos naturales».

Efectivamente, en el Cono Sur están, por ejemplo, la cordillera* de los Andes, el desierto de Atacama, las pampas, así como* mares, montañas, cataratas, glaciares, archipiélagos, lagunas, islas…

¿Qué elementos geográficos importantes hay en tu país?

EL CAMBIO CLIMÁTICO

La Organización de las Naciones Unidas (ONU) define el cambio climático como la modificación del clima durante años debido a la actividad humana.

Las causas de este cambio son, entre otros, la quema de combustibles fósiles* y la destrucción de bosques.

«Estas actividades en países como Argentina, Chile y Uruguay, por ejemplo, nos preocupan mucho. Son países con muchos recursos naturales y es importante conservarlos o usarlos de una forma sustentable», dicen en Cambio Climático Global, el sitio de Internet que se ocupa de estos temas desde 1997.

¿Qué otras acciones pueden causar el cambio climático?

EL CAMBIO CLIMÁTICO Y EL CONO SUR

Según el Banco Mundial, América Latina es una de las regiones más castigadas* por el cambio climático.

«En la última década la temperatura en el Cono Sur ha aumentado el doble que en el resto de regiones del mundo. Por eso, sufre huracanes más frecuentemente y disminuye la superficie cultivable», dice un representante de la organización.

Las consecuencias de este cambio climático son el crecimiento del nivel* del mar, más sequía y tormentas más frecuentes.

«Desde 1998, por ejemplo, el deshielo* de la Patagonia ha hecho crecer en un 2% el nivel del mar», dice Erik Fernández.

¿Qué fenómenos meteorológicos imprevistos* han sucedido últimamente en tu país? ¿Crees que son debidos al cambio climático?

Supertormenta en la Ruta 40, Argentina

EL CONO SUR, EN ACCIÓN

El Cono Sur es el grupo de países que más rápidamente ha reaccionado para disminuir el cambio climático.

Chile, por ejemplo, ha mejorado sus redes de autobús, metro y bicicleta para promover el uso de transporte público.

Argentina ha diseñado programas para la conservación de bosques.

Uruguay usa más energías renovables que hace cinco años.

¿Qué cosas haces a nivel personal para disminuir el cambio climático?

REALIZA UNA INVESTIGACIÓN EN INTERNET PARA ENCONTRAR LOS DATOS SIGUIENTES:

a De Argentina, Chile, Uruguay y Paraguay, ¿cuál crees que tiene el mayor número de habitantes?

b ¿Cuáles son las ciudades más importantes en estos países?

c ¿Qué cinco elementos geográficos importantes hay en el Cono Sur?

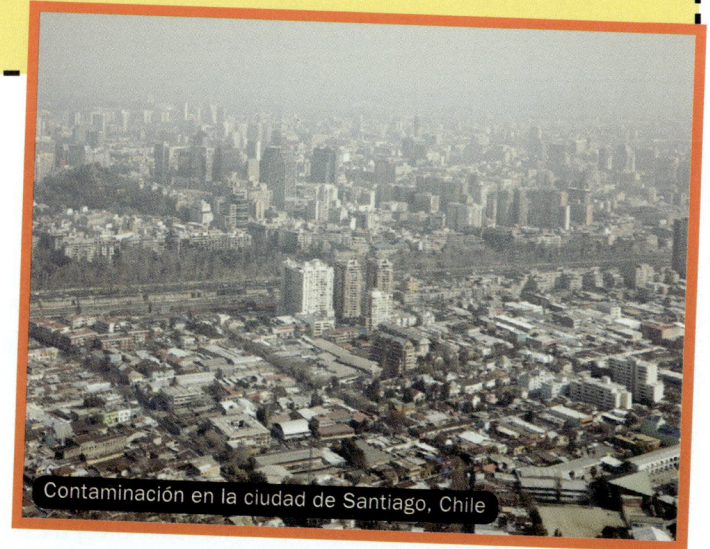

Contaminación en la ciudad de Santiago, Chile

GLOSARIO

así como – as well as
castigadas – damaged
los combustibles fósiles – fossil fuels
la cordillera – mountain range
el deshielo – melting
en cuanto a – as far as
eólica - wind (energy)
imprevistos – unexpected
el nivel – level
el punto de vista – point of view
la sequía – drought

Fuentes: Institute of Latin American Studies, Pew Research, World Bank, , BBC Worldwide, Cambio Climático Global, Procisur, United Nations.

VOCES LATINAS

Naturaleza extrema en el Cono Sur

¿QUÉ HAS APRENDIDO?

Situación

Planes y proyectos

You have agreed to host an international student from Colombia for a year while he studies at your university. He is very excited about his visit.

LEARNING OUTCOMES

	ACTION

7.1 Jairo Escobar viene a vivir durante un año con tu familia por motivos de estudios. Recibes este primer correo electrónico de él. Escríbele sobre las diferentes estaciones del año y el tiempo que hace. Explícale el tipo de ropa que debe traer para pasar un año en la ciudad o región donde vives.

Talk about the weather and the seasons

Asunto: Nos vemos la semana que viene

De: Jairo   Para:

¡Hola! ¿Cómo estás?
La próxima semana voy a Estados Unidos a verte. Tengo muchas ganas de ir para conocer dónde vives, pasear por las calles, ver museos y visitar zonas turísticas. Pero tengo una pregunta: ¿qué tiempo hace ahí?
Escríbeme pronto y cuéntame también dónde vamos a ir, porque tengo que hacer la maleta y no sé qué ropa llevar.
Nos vemos pronto,
Jairo

7.2 Jairo te manda el siguiente WhatsApp. Antes de contestar a Jairo, quieres consultar con un/a compañero/a. Habla con él/ella sobre la información que pide Jairo.

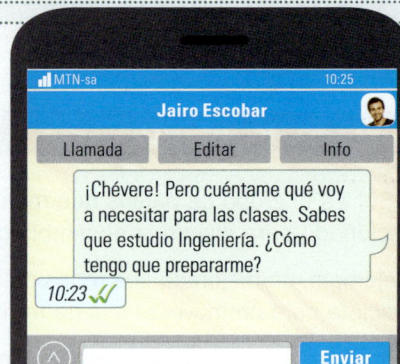

Express obligation, needs, and give advice

MTN-sa   10:25
Jairo Escobar
Llamada   Editar   Info

¡Chévere! Pero cuéntame qué voy a necesitar para las clases. Sabes que estudio Ingeniería. ¿Cómo tengo que prepararme?
10:23 ✓✓

Enviar

7.3 Jairo va a pasar una semana contigo antes de empezar las clases. Te llama por Skype y te pregunta sobre los planes que tienes para esa primera semana. Cuéntale las excursiones y actividades que vas a hacer con él durante esa semana y coméntale tus planes. Haz turnos con un/a compañero/a para hacer el papel de Jairo. Recuerda que a Jairo le gusta hacer muchas preguntas.

Make plans about what you are going to do and when

LISTA DE VOCABULARIO

Verbos *Verbs*

deber *should / must*
decir *to say*
ir de excursión *to go on an excursion or an outing*
lavar *to wash*
llevar *to take, to carry, to wear*
pagar *to pay*
traer *to bring*
venir *to come*

El tiempo atmosférico *The weather*

bajo cero *below zero*
está nublado *it is cloudy*
grados *degrees*
hace buen tiempo *the weather is nice*
hace calor *it is hot*
hace frío *it is cold*
hace mal tiempo *the weather is bad*
hace sol *it is sunny*
hace viento *it is windy*
el hielo *ice*
llueve (llover o>ue) *it is raining*
la lluvia *rain*
la niebla *fog*
nieva *it is snowing*
la nieve *snow*
el relámpago *lightning*

la temperatura *temperature*
la tormenta *storm*
el trueno *thunder*

Las estaciones del año
Seasons of the year

el invierno *winter*
el otoño *autumn or fall*
la primavera *spring*
el verano *summer*

Descripciones *Descriptions*

caluroso/a *hot*
inestable *unstable*
templado *temperate, mild*

Expresiones temporales
Expressions of time

ahora *now*
hoy *today*
mañana *tomorrow, morning*
próximo/a *next*
que viene *upcoming, next*

La ropa *Clothes*

las chanclas *flip flops*
el gorro *knitted hat*
los guantes *gloves*
el impermeable *raincoat*
las lentes de sol *sunglasses*
el paraguas *umbrella*
el parka *ski jacket*

Palabras y expresiones útiles
Useful words and expressions

panfleto *pamphlet, brochure*
¡Cuánto llueve! *It's really raining!*
Hace mucho frío / calor. *It's very cold / hot.*
Estamos a 20 grados. *It's 20 degrees.*
Hace muchísimo frío / calor. *It's really very cold / hot.*
Hace un día muy bueno / malo. *It's a nice / bad day.*
No hace nada de frío / calor. *It's not at all cold / hot.*
¡Qué frío hace! *It's so cold!*
¡Qué calor! *It's so hot!*
¡Qué frío / calor tengo! *I'm so cold / hot!*
¿Qué día / tiempo hace? *What's the day / weather like?*
¿Tienes frío / calor? *Are you cold / hot?*

8

LO PASÉ MUY BIEN

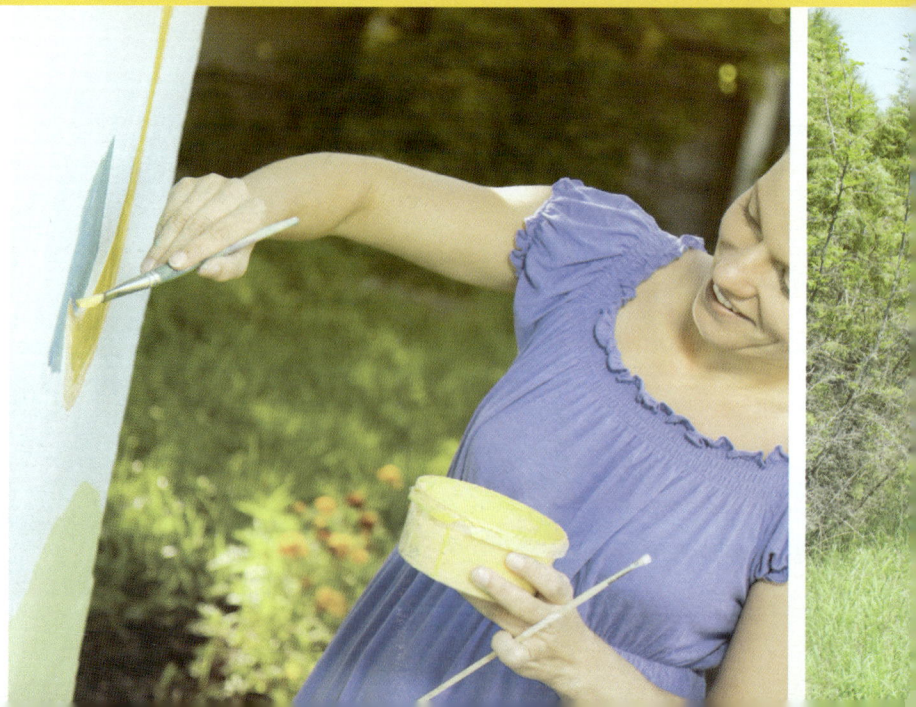

- ¿Dónde están las personas de la foto? ¿Qué hacen?
- ¿Crees que les gusta la ciudad? ¿Y a ti, qué destino te gusta más, playa, montaña o ciudad?
- ¿Haces alguna actividad como pintar o andar en la montaña en tus vacaciones?

Hace buen tiempo para ir de excursión

LEARNING OUTCOMES

By the end of this unit you will be able to:

- Talk about past vacations
- Express past experiences and when they took place
- Describe how you felt about past events

Las vacaciones

8.1 Observa la imagen de Sonia y responde las preguntas según lo que se pueda ver o intuir en la imagen.

a. ¿Qué tiempo hace?

b. ¿Dónde está?

c. ¿Qué hace?

d. ¿Crees que lo pasa bien o mal?

e. ¿Qué ropa lleva?

f. ¿Quién crees que tomó la foto?

8.2 Lee la conversación entre Ramón y Carolina para deducir de qué están hablando. Después, completa la conversación con las palabras de la lista.

comí • pasaste • visitamos • monté • visité
viajaste • conocí • jugué • nadé • pasé

Ramón: Mira esta foto. ¿Te gusta?
Carolina: ¡Qué playa tan bonita! ¿Adónde (a) .... el verano pasado?
Ramón: Sonia, su hermano y yo (b) .... República Dominicana.
Carolina: ¿Y qué tal lo (c) ....?
Ramón: Muy bien. (d) .... mucho tiempo en la playa y (e) .... en aguas cristalinas.
Carolina: ¿Y qué más?
Ramón: Pues (f) .... el casco antiguo de

Santo Domingo, subí a un barco, (g) .... en una moto acuática, (h) .... mucho pescado y marisco, y (i) .... al voleibol de playa con Sonia y su hermano. ¡Ah! también (j) .... a mucha gente. La verdad es que República Dominicana es un lugar inolvidable.
Carolina: ¡Qué bien! Quiero ir el verano que viene.
Ramón: Pues, te lo vas a pasar fenomenal también.

8.3 Ahora, escucha y comprueba tus respuestas. (64)

8.4 En grupos de tres, comparen sus respuestas. ¿Conocen República Dominicana u otras playas del Caribe? Comenten qué lugares de habla hispana conocen.

Lugares que conozco	Lugares que conocen mi compañeros/as

8.5 ¿Qué actividades de vacaciones menciona Ramón en la conversación? Escribe una frase debajo de cada imagen, como en el ejemplo.

Visité el casco antiguo de la ciudad.

8.6 Observa el siguiente cuadro. Forma frases con las palabras de cada columna. Fíjate en las formas verbales que aparecen en la conversación de la actividad 8.2 para conjugar los verbos.

Verbo	Preposición	Sustantivo
nadar	en	moto acuática
visitar	--	aguas cristalinas
subir	a	mucho pescado
montar	en	un barco
comer	--	voleibol de playa
jugar	a	el casco antiguo

8.7 Haz una lista de cinco actividades que hiciste *(you did)* en tus últimas vacaciones de verano. Una de ellas debe ser falsa.

8.8 Comparte las frases con tu compañero/a. Deben intentar descubrir qué actividad de su compañero/a es la falsa.

APUNTES: Los destinos turísticos preferidos por los colombianos

✓ Miami es el destino turístico preferido en la actualidad por los colombianos. Su clima, sus playas y la posibilidad de hacer compras, son las causas principales de esta preferencia.

✓ En viajes al extranjero, Roma es la nueva ciudad favorita por los colombianos, debido a su riqueza histórica y artística.

✓ Dentro de Colombia, Cartagena de Indias es el destino preferido debido a su inmensa riqueza histórica y arquitectónica.

✓ Las islas del Rosario son la estrella para aquellos que quieren conocer las maravillas acuáticas del mar Caribe así como Playa Blanca, el paraíso para los que quieren unas vacaciones tranquilas para recuperar la paz y la serenidad.

1.A VOCABULARIO: ANTES DE VIAJAR

8.1 Relaciona las frases con las imágenes.

1. ☐ Preparar la maleta.
2. ☐ Comprar el billete de avión.
3. ☐ Tomar un taxi al aeropuerto.
4. ☐ Consultar blogs sobre las experiencias de otra gente.
5. ☐ Reservar habitación en el hotel.
6. ☐ Buscar *(look for)* un destino interesante en Internet.

8.2 Ordena cronológicamente qué hizo Isabel antes de irse de vacaciones.

boleto = billete, pasaje

a. ☐ Preparó la maleta.
b. ☐ Compró el billete de avión.
c. ☐ Consultó blogs sobre las experiencias de otra gente.
d. ☐ Reservó habitación en el hotel.
e. ☐ Tomó un taxi al aeropuerto.
f. ☐ Buscó un destino interesante en Internet.

8.3 Escucha y completa los espacios en blanco con las palabras que faltan.

(65)

a  .... de baño	**b**  caña de	**c**  saco de ....
d 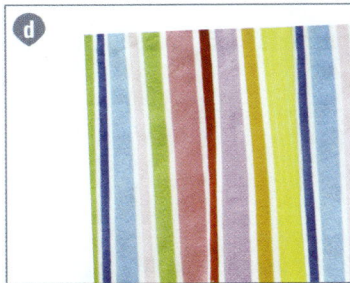 toalla de	**e**  protector	**f**  .... de campaña
g 	**h**  lentes de	**i**  ....
j 	**k** 	**l**  .... digital

🌐 ....
lentes de sol=gafas de sol

8.4 ¿Cómo se preparan tu familia y tú para las vacaciones? Contesta las preguntas y después, en grupos de cuatro, intercambien la información. ¿Coinciden?

a. En tu familia, ¿quién decide dónde van a ir de vacaciones? ¿Todos? ¿Tus padres? ¿Tú?

b. ¿Buscan información en Internet sobre el lugar o hablan con otras personas?

c. ¿Compran los boletos por Internet? ¿Reservan el hotel por Internet?

d. ¿Qué haces tú antes de viajar? ¿Preparas tu maleta?

e. Normalmente, ¿llevas una maleta grande, una maleta pequeña o solo una mochila?

f. ¿Qué cosas llevas siempre cuando vas de vacaciones?

> **Modelo:** En mi familia, todos decidimos dónde vamos a ir de vacaciones...

QUERER	PREFERIR
quiero	prefiero
quieres	prefieres
quiere	prefiere
queremos	preferimos
queréis	preferís
quieren	prefieren

» Los verbos **querer** y **preferir** sirven para expresar deseos y pueden ir acompañados de un **infinitivo** o de un **sustantivo** *(noun)*.
 – **Querer** + infinitivo / sustantivo
  Quiero ir *a esquiar este invierno.*
  Quiero un lugar *tranquilo para mis vacaciones.*
 – **Preferir** + infinitivo / sustantivo
  Yo ***prefiero hacer*** *submarinismo.*
  Mis amigos ***prefieren la playa*** *a la montaña.*

» El verbo **necesitar** se usa para hablar de las cosas que son necesarias. También puede ir acompañado de un **infinitivo** o un **sustantivo**.
 ● *Para viajar a la playa,* ***necesito llevar*** *un libro para leer y no aburrirme.*
 ● *Sí, y* ***necesitas crema*** *para protegerte del sol.*

8.5 Elena (E) y Fran (F) quieren ir de vacaciones. Escucha la conversación y selecciona las actividades que quiere hacer cada uno.

(66)

	E	F
a. practicar submarinismo	☐	☐
b. ir a conciertos	☐	☐
c. salir de noche	☐	☐
d. pasear por las calles	☐	☐
e. conocer a mucha gente	☐	☐
f. ver un parque natural	☐	☐
g. estar en contacto con la naturaleza	☐	☐
h. ir a la playa	☐	☐
i. visitar museos	☐	☐

8.6 Estos son tres folletos turísticos de tres destinos diferentes en España. Con tu compañero/a, léanlos, observen las imágenes y decidan qué destino es mejor para Fran y Elena, según sus preferencias.

¡Disfruta de tus vacaciones en un entorno natural!

¿Quieres disfrutar de unos días de descanso en plena naturaleza?
¿Prefieres las playas grandes o las calas *(cove)*?
En Cabo de Gata hay playas grandes para disfrutar del mar, del sol y pasear, además de pequeñas calas de fina arena. ¿Quieres practicar submarinismo? Cabo de Gata te ofrece la oportunidad de explorar su maravilloso fondo marino.
¡Ven y repetirás!

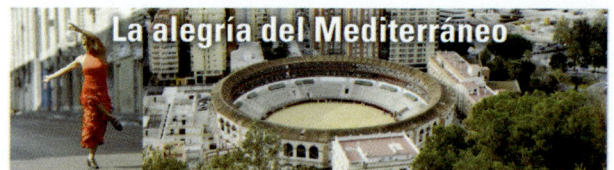

La alegría del Mediterráneo

¿Quieres pasar unas vacaciones en una ciudad maravillosa a orillas del mar Mediterráneo? Entonces, tu destino es Málaga, Andalucía.
Si te gustan la playa y el mar, la ciudad te ofrece las bonitas playas de La Malagueta y La Caleta donde nadar y disfrutar del aire libre. Pero si prefieres un turismo más cultural, puedes visitar la casa del pintor malagueño Pablo Ruiz Picasso y el museo Picasso de Málaga, entre otros. También puedes disfrutar de un buen espectáculo de flamenco y de su gastronomía.

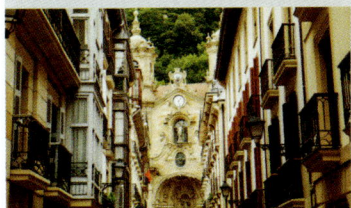

El encanto del norte

¿Quieres conocer el paisaje del norte de España?
San Sebastián, en el País Vasco, es una ciudad con muchas posibilidades de ocio y tiempo libre, y a la vez una ciudad tranquila y agradable. Tiene varias playas, la más conocida es La Concha, una de las más famosas de España.

Si prefieres ir a los numerosos espectáculos de la ciudad o disfrutar de su gastronomía, la ciudad cuenta con una amplia oferta cultural, entre otros, varios festivales de cine y música. Los más famosos son el Festival Internacional de Cine y el Festival de Jazz.
Y si, además, te gusta la buena comida, ven al barrio viejo de la ciudad y disfruta de sus famosos "pintxos", la tapa típica de esta ciudad.

8.7 Comparen con otros compañeros el destino que han elegido para Elena y Fran y expliquen por qué.

Modelo: E1: ¿Es Málaga el destino ideal para Elena?

E2: Sí, porque Elena quiere ir a la playa…

E3: No, no lo es. Elena prefiere pasar sus vacaciones en un lugar tranquilo…

8.8 ¿Qué necesitan Elena y Fran para viajar? Miren las imágenes y preparen una lista de cosas necesarias para cada uno, según el destino elegido anteriormente. Pueden añadir otras cosas que no están en las imágenes.

Modelo: Para ir a…, Elena necesita…

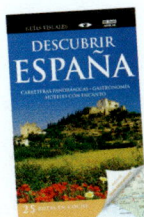

8.9 ¿Y tú? ¿Qué tipo de vacaciones prefieres? En grupos de cuatro, expresen sus deseos y necesidades para las próximas vacaciones. ¿Coinciden?

8.10 El año pasado, Silvia fue a esquiar con sus compañeros a Bariloche, Argentina. Escribió a su amigo Miguel para hablarle sobre su viaje. Lee su correo electrónico y complétalo con las palabras correctas del cuadro.

bañamos • bajaron • escuché • patinaron • esquié • inolvidable • tranquilo • avión • genial • mucho

---

● ● ● Asunto: Mi viaje a Bariloche

De: silviaromero@email.com   Para: miguel22@email.com

Querido Miguel:

El invierno pasado yo (a) .... en Bariloche. ¡Lo pasé (b) ....! Viajé con todos mis compañeros del curso. El viaje en (c) .... fue largo, pero muy (d) ....
(e) .... mi mp4 todo el tiempo. Nos alojamos *(stayed)* en un hotel muy bonito que nos gustó (f) .... Todos hicimos algo diferente.
Laura y Sandra (g) .... sobre hielo y Manuel y Sergio (h) .... por las pistas *(slopes)* en snowboard. Por la tarde, nos (i) .... en la piscina del hotel. En fin, un viaje (j) .... Aquí te mando unas fotos.
Un beso,
Silvia

¡Qué bien nos lo pasamos!   Nuestro hotel en Bariloche, ¡un paraíso!

8.11 Escucha a Jorge hablar sobre sus vacaciones. Indica qué imágenes corresponden a su viaje.

a   b   c   d

e   f   g   h

8.12 Con tu compañero/a, usa las imágenes que has seleccionado en la actividad anterior y escribe cinco frases sobre el viaje de Jorge a Cuba. Utiliza los verbos del cuadro.

viajó • llevó • fue a • visitó • se alojó en • le gustó • lo pasó…

Modelo: Jorge viajó a Cuba...

8.13 Con tu compañero/a, sustituyan las imágenes con la palabra o expresión adecuada que representa. ¡Atención! Puede haber más de una posibilidad. Usen su imaginación. Después, hagan turnos para leer en voz alta lo que hizo Lucía el verano pasado.

El verano pasado Lucía viajó a  en  con sus . Fue un viaje  porque visitó la capital, México D.F., una de las ciudades más  del mundo. Le  el Zócalo, la segunda plaza más grande del mundo. También habló  con mucha gente y ¡todos lo entendieron! Se alojó en un  moderno en el Paseo de la Reforma. Reservó la  por . Se lo pasó , pero al regreso perdió su .

Use **encantar** to say you really liked something.

- Me **encantó** visitar el parque nacional. *I loved visiting the national park.*

» Para valorar acontecimientos del pasado:
- ¿**Qué tal** tus vacaciones del año pasado? *How was your vacation last year?*
- **Lo pasé... fenomenal / genial / muy bien / bien / regular / mal / muy mal / fatal.** *I had a (an)... fantastic / awesome / very good / good / not so good / bad / very bad / awful... time.*
- ¿Montaste en una moto acuática? *Did you ride a jet ski?*
- **Sí, me gustó... mucho / bastante.** *Yes, I liked it... a lot / quite a lot.*
- **No, no me gustó... mucho / demasiado / nada.** *No, I didn't like it... a lot / too much / at all.*

- ¿Qué tal tu viaje a México? *How was your trip to Mexico?*
- **Fue... muy divertido / interesante / bonito / aburrido.** *It was... a lot of fun / interesting / beautiful / boring.*

8.14 Lee las siguientes oraciones y escoge la opción correcta.

1. Visité el centro comercial nuevo de mi barrio y me gustó ....
   a. regular   b. bastante   c. nada

2. La fiesta de Marcos .... porque no tocaron música moderna.
   a. no me gustó   b. lo pasé muy bien   c. me gustó

3. El libro que leí la semana pasada me gustó mucho. Fue ....
   a. un rollo   b. muy divertido   c. muy bien

4. En la excursión a la montaña lo pasé .... y me divertí mucho.
   a. fatal   b. bastante   c. fenomenal

5. Llegué tarde al cine y la película no me gustó ....
   a. mal   b. fenomenal   c. mucho

6. El partido de fútbol de ayer fue .... ¡No pasó nada, ningún equipo metió gol!
   a. interesante   b. un rollo   c. muy mal

8.15 Escucha estas conversaciones sobre las vacaciones de verano. Anota las expresiones que usan para describirlas y escríbelas en la columna adecuada.

Conversación	➕ Positivas	➖ Negativas
a		
b		
c		

8.16 Vuelve a escuchar la conversación. ¿Dónde pasó cada uno sus vacaciones?

a. ....   b. ....   c. ....

8.17 Responde las siguientes preguntas sobre tus últimas vacaciones. Después, en grupos de cuatro, hagan turnos para preguntar y responder las preguntas.

a. ¿Dónde pasaste tus vacaciones el verano pasado?

b. ¿Con quién fuiste de vacaciones?

c. ¿Cómo lo pasaste?

d. ¿Qué te gustó mucho?

e. ¿Qué no te gustó nada?

f. ¿Qué fue interesante?

🗨 PRONUNCIACIÓN

LAS PALABRAS AGUDAS

» In Spanish, **palabras agudas** are words that have the stress on the last syllable.

8.1 Escucha las siguientes palabras. Fíjate cómo el acento cae en la última sílaba de cada palabra.

🎧 69

a. color	d. pastel	g. almacén	j. café	m. bebé
b. camión	e. comí	h. corazón	k. mamá	n. feliz
c. ratón	f. reloj	i. amor	l. salí	ñ. azul

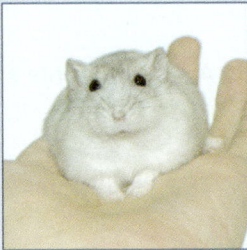

8.2 Clasifica las palabras de la actividad 8.1 en su columna correspondiente.

A. Con tilde	B. Sin tilde
camión	color

De nuevo juntos

ANTES
DEL VIDEO

8.1 Con tu compañero/a, miren las imágenes y contesten las preguntas.

a. ¿Dónde están los amigos? ¿Qué hacen? ¿Qué van a comer?

b. Observen las Imágenes 3 y 4. Describan a Juanjo y a Lorena usando una frase con *ser* y otra con *estar*.

c. Los muchachos hablan de sus vacaciones. ¿Pueden imaginar quién lo pasó bien y quién lo pasó mal?

d. ¿Con qué imagen relacionas esta frase?: *Trabajé mucho durante las vacaciones*.

e. Observa la Imagen 5. ¿Qué tal lo pasan los amigos?

8.2 Mira el episodio y comprueba tus respuestas anteriores.

⚙ ESTRATEGIA

Focusing on key information
Now that you know what the characters are talking about in the episode, reading the questions before viewing each individual segment will help you focus on key information.

8.3 Mira este segmento del episodio y completa las actividades de Alfonso durante sus vacaciones.

`00:00 - 03:10`

a. .... a su familia.

b. No .... mucho.

c. .... unos días con sus amigos del colegio.

d. .... a un concierto y .... como un loco.

e. .... un día con sus padres.

8.4 Mira el segmento otra vez y completa los cuadros con las actividades de Alfonso durante las vacaciones.

¿Dónde fue?	¿Con quién fue?	¿Cómo lo pasó?

DURANTE
DEL VIDEO

8.5 Mira el siguiente segmento y escribe qué hizo Eli durante sus vacaciones y cómo lo pasó. ¿Qué opina Juanjo de las vacaciones de Eli?

`03:10 - 03:34`

....

....

8.6 En este segmento Juanjo habla de sus vacaciones. Completa las actividades con los verbos que faltan y ordena las frases. ¿Cómo lo pasó Juanjo en sus vacaciones?

`03:34 - 04:20`

a. ☐ .... los platos.

b. ☐ .... ensaladas.

c. ☐ .... comida.

d. ☐ .... mesas.

e. ☐ .... en el restaurante.

Lo pasó ....

8.7 Finalmente, mira el segmento en el que Lorena habla de sus vacaciones y marca la información correcta.

`04:20 - 05:00`

a. ☐ Paseó por la ciudad.

b. ☐ Paseó por la ciudad con unas amigas.

c. ☐ Vio una exposición de fotografía. No le gustó.

d. ☐ Vio una exposición de fotografía. Le gustó mucho.

e. ☐ Fue al cine.

f. ☐ Visitó a unas amigas.

g. ☐ Fue al museo.

h. ☐ Salió a bailar.

8.8 ¿Recuerdas quién dijo estas frases?

	Alfonso	Eli	Juanjo	Lorena
a. ¿Qué bandas tocaron?	☐	☐	☐	☐
b. Bailé como un loco.	☐	☐	☐	☐
c. Los conozco desde bebecitos.	☐	☐	☐	☑
d. ¡Mira qué manos tengo!	☐	☐	☐	☐
e. ¿Ya aprendiste bien a servir una mesa, señor mesero?	☐	☐	☐	☐
f. Mis clientes no protestaron.	☐	☐	☐	☐

8.9 En grupos de cuatro, comenten las siguientes cuestiones.

a. ¿Qué vacaciones de las que cuentan los muchachos te parecen más divertidas?

b. ¿Cuáles son las peores? ¿Por qué? ¿Están ustedes todos de acuerdo?

c. ¿Lo pasaste mal alguna vez durante las vacaciones? ¿Por qué? Cuéntaselo a tus compañeros.

DESPUÉS DEL VIDEO

1. PRETERIT OF REGULAR VERBS

» Use the preterit tense to talk about actions that were **completed in the past**.

*Yo **comí** en un restaurante con mis amigos. I ate at a restaurant with my friends.*
*Ustedes **salieron** de la casa tarde. You left the house late.*

» To form the preterit tense of a regular verb, add the preterit endings to the stem of the verb.

	VIAJAR	COMER	VIVIR
yo	viaj**é**	com**í**	viv**í**
tú	viaj**aste**	com**iste**	viv**iste**
él	viaj**ó**	com**ió**	viv**ió**
nosotros/as	viaj**amos**	com**imos**	viv**imos**
vosotros/as	viaj**asteis**	com**isteis**	viv**isteis**
ustedes/ellos/ellas	viaj**aron**	com**ieron**	viv**ieron**

VER
vi
viste
vio
vimos
visteis
vieron

» Except for **ver**, all regular verbs have accent marks in the **yo** and the **usted/él/ella** forms. Notice how they affect pronunciation.

*Jorge **viajó** a Colombia. Jorge traveled to Colombia.*
***Vio** muchas estatuas de Botero. He/She saw many of Botero's statues.*
***Comí** mucho pescado. I ate a lot of fish.*

Plaza de las esculturas en Medellín, Colombia

8.1 Antes de planear sus vacaciones, Carlos buscó la historia de Ibiza en Internet. Completa el artículo con la forma correcta de los verbos en el pretérito.

Ibiza
Ibiza es una de las islas más conocidas del Mediterráneo por ser el lugar de vacaciones de muchos turistas europeos. Los primeros visitantes de la isla (a) .... (empezar) a llegar en los años 80, y allí (b) .... (descubrir) una atractiva ciudad, un bello entorno natural y unas playas tranquilas de arenas blancas. Su fama (c) .... (extenderse) internacionalmente. En los años 60 y 70 su economía (d) .... (cambiar) la pesca y la agricultura por el turismo. Además de su increíble paisaje, la ciudad tiene una valiosa fortaleza y muralla *(wall)*. En 1999 la Unesco (e) .... (declarar) la ciudad Patrimonio de la Humanidad.

8.2 Completa las preguntas sobre Ibiza con la forma correcta de los verbos en pretérito. Después, hazle las preguntas a tu compañero/a.

a. ¿En qué época (llegar).............. los primeros turistas europeos?

b. ¿Qué (ver).............. en esta ciudad?

c. ¿Cuándo (aumentar).............. el turismo?

d. ¿Cuándo (nombrar, ellos).............. a esta ciudad Patrimonio de la Humanidad?

La fortaleza y muralla de Dalt Vila.

8.3 El año pasado Alicia viajó con su familia a Perú. Combina elementos de cada columna para hacer oraciones sobre su viaje. ¡Atención! Usa la forma del pretérito para todos los verbos.

1. Yo
2. Mi hermano y yo
3. Mi hermano
4. Mis padres

- almorzar
- empezar
- enfadarse
- jugar
- llegar
- sacar
- ver

- el viaje en Cusco.
- tarde a todas las excursiones.
- a los videojuegos en el avión.
- ceviche con pescado.
- las impresionantes ruinas de Machu Picchu.
- muchas fotos.
- con nosotros cuando perdimos el autobús.

Some verbs will have a spelling change only in the **yo** form:

- empe**zar** ▶ empe**c**é, empezaste…
- ju**gar** ▶ ju**gu**é, jugaste…
- sa**car** ▶ sa**qué**, sacaste…
- almor**zar** ▶ almor**c**é, almorzaste…
- lle**gar** ▶ lle**gu**é, llegaste…
- bus**car** ▶ bus**qué**, buscaste…

Why do you think this is?

8.4 En tus últimas vacaciones visitaste un país de América del Sur. Cuéntale a tu compañero/a qué hiciste *(you did)* y él/ella tiene que adivinar qué país es.

Modelo: Recorrer *(go all over)* la fortaleza de Kuelap. ▶ Recorrí la fortaleza de Kuelap.

Estudiante 1:

– Subir a las pirámides.
– Cantar rancheras con un grupo de mariachis.
– Recorrer el desierto.
– Comer enchiladas y tacos.
– Pasar cinco días en Acapulco.
– Por supuesto, visitar la capital, el D.F.
– Celebrar el Día de Muertos en el cementerio.

Estudiante 2:

– Visitar la Casa Rosada.
– Pagar con pesos.
– Ver los glaciares de Tierra de Fuego.
– Bailar un tango cantado por Carlos Gardel.
– Asistir a una ópera en el teatro Colón.
– Visitar las cataratas de Iguazú.
– Tomar el Viejo Expreso Patagónico, un precioso tren conocido como La Trochita.

8.5 Hagan turnos en grupos de cuatro para preguntar sobre las vacaciones. Cada uno debe tomar nota de las vacaciones de un/a compañero/a.

a. ¿Dónde viajaste de vacaciones el verano pasado?

b. ¿Cómo lo pasaste?

c. ¿Qué hiciste *(did you do)*?

d. ¿Qué viste?

e. ¿Descubriste algo interesante? ¿El qué?

f. ¿Compraste algo interesante? ¿Qué?

Y tú, ¿dónde viajaste el verano pasado?

8.6 Toma unos minutos para organizar tus notas sobre el viaje de tu compañero/a. Después, preséntalo a la clase.

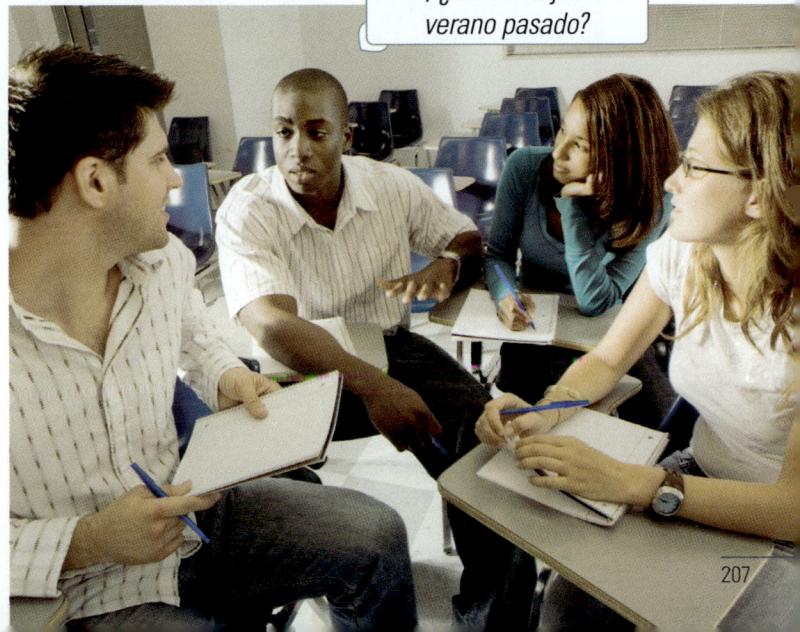

>> The preterit is often used with expressions that pinpoint a particular occasion or a specific point in time.

ayer *yesterday*

ayer por la mañana / tarde *yesterday morning / afternoon*
Ayer por la mañana, caminé a la escuela. *Yesterday morning, I walked to school.*

anoche *last night*
Anoche, visité a mi abuela. *Last night, I visited my grandmother.*

el mes / año pasado *last month / year*
El año pasado, descubrí Puerto Rico. *Last year, I discovered Puerto Rico.*

el otro día *the other day*
El otro día cené con mis abuelos. *The other day, I had dinner with my grandparents.*

hace dos días / años *two days / years ago*
Hace dos años, viajé a España. *Two years ago, I traveled to Spain.*

en agosto / 2014 *in August / 2014*
Mi hermano se casó en agosto. *My brother got married in August.*

8.7 Mira el muro de Ricardo en Facebook y lee los comentarios de sus amigas después de sus vacaciones en la nieve. ¿Con quién estás más de acuerdo? ¿Con Elena o con Ana?

Facebook

facebook Busca personas, lugares y cosas

Ricardo ha añadido una fotografía a su biografía
Fin de semana de esquí en Baqueira (Lleida).

Me gusta · Comentar · Compartir · 1 de noviembre, 23:25

Ana ¡Qué bonito! ¿Cuándo tomaste la foto?
Me gusta · Comentar · Compartir

Ricardo Hace dos semanas. Decidí ir en el último momento yo solo.
Me gusta · Comentar · Compartir

Ana ¿De verdad? ¿Por qué no me llamaste? Me encanta esquiar. El invierno pasado esquié allí también y lo pasé fenomenal.
Me gusta · Comentar · Compartir

Elena Pues a mí no me gustó mucho. Nevó todo el tiempo. Fue un desastre. Me enfermé y no salí del hotel.
Me gusta · Comentar · Compartir

Ana Claro, es normal. Siempre nieva mucho en enero. Tienes que ir otra vez.
Me gusta · Comentar · Compartir

Elena No creo. Prefiero las playas de Ibiza. Busqué un hotel económico por Internet. Leí los blogs y allí pasé una semana en agosto.
Me gusta · Comentar · Compartir

Ricardo Qué mala suerte, Elena. ¿Y qué tal el concierto anoche? Oí que fue genial.
Me gusta · Comentar · Compartir

Ana Totalmente. ¿Verdad, Elena?
Me gusta · Comentar · Compartir

Elena ¡Uf! Tienes que ver las fotos que subí a mi muro del concierto…
Me gusta · Comentar · Compartir

Escribe un comentario...

» Verbs whose stems end in a vowel change their endings in the **usted/él/ella** and **ustedes/ellos/ellas** forms as follow:

	Oír		Leer	
-ió ▶ **yó**	oí	oímos	leí	leímos
	oíste	oísteis	leíste	leísteis
-ieron ▶ **yeron**	**oyó**	**oyeron**	**leyó**	**leyeron**

Note, all forms but **ustedes/ellos/ellas** have accents.

Other verbs: **creer**, **construir**, **destruir**, **caer**…

8.8 Completa las actividades de Ricardo y sus amigas e indica cuándo ocurrieron. Compara tus respuestas con un/a compañero/a. Después, ordenen las actividades cronológicamente.

¿Cuándo?

a. Ricardo .... ir a Baqueira. ....

b. El viaje de Elena a Baqueira .... un desastre. ....

c. Ana .... en Baqueira y lo .... fenomenal. ....

d. Elena .... su hotel en Ibiza por Internet y .... los blogs. ....

e. Elena .... fotos a su muro. ....

f. En Baqueira, Elena .... y no .... del hotel. ....

g. Ricardo .... una fotografía a su biografía. ....

h. Ricardo .... que el concierto fue muy bueno. ....

8.9 Escoge cinco de las siguientes actividades relacionadas con los medios sociales e indica cuándo las hiciste *(you did)* por última vez.

Modelo: subir una foto a Instagram ▶ Ayer subí una foto a Instagram.

– mandar un wasap (WhatsApp)
– ver una emisión en directo *(streaming)*
– espiar a tu amigo/a en Facebook
– tuitear sobre las noticias
– agregar a amigos a Facebook *(friend)*
– actualizar estado *(status)* en Facebook
– cambiar tu foto de perfil en Facebook
– entrar en Linkedin
– consultar TripAdvisor

8.10 Habla con un/a compañero/a sobre tus actividades en los medios sociales. Él/Ella va a hacerte más preguntas.

Modelo: E1: Ayer subí una foto a Instagram.
E2: ¿Qué foto subiste?
E1: Una foto con mi perro.

PALABRAS INTERROGATIVAS

¿A quién…?
¿Qué…?
¿Por qué…?

VIDEOCLASES 15 y 16

1. COMPRENSIÓN DE LECTURA

8.1 Hace dos años, Adolfo fue a México de vacaciones con su empresa *(company)*. Con un/a compañero/a, ordena las palabras en la columna de la izquierda para formular una pregunta. Después, relaciona cada pregunta con su respuesta de la columna derecha.

1. ¿viajaste / adónde?
2. ¿viajaste / cuándo?
3. ¿viajaste / quién / con?
4. ¿gustó / te / experiencia / la?
5. ¿gente / mucha / conociste a?

a. Con mi familia.
b. Hace dos años.
c. Viajé a Sierra Nevada.
d. Sí, conocí a gente fantástica.
e. Me encantó la experiencia.

8.2 Lee la historia de Adolfo.

La ruta del lobo perdido

Hace dos años mi empresa organizó un viaje de equipo a Sierra Nevada. El primer día me enojé un poco. ¡Qué aburrido! Todo el día en el carro con mis colegas y mis jefes. Pero cuando llegamos a la casa rural, rápidamente cambié de opinión. «¡Qué padre!», pensé cuando vi aquel lugar. Nos alojamos en una casa antigua para turistas, en un pueblo rodeado de montañas y bosques. Mi habitación me gustó mucho porque estaba separada del resto de la casa. ¡Dormí en un antiguo **establo** convertido en dormitorio!

Al segundo día conocí a cuatro colegas nuevos, un grupo de otro departamento, pero fue genial. Lo más increíble es que nos permitieron hacer una excursión por el bosque sin guía. Decidimos hacer «la ruta del **lobo perdido**», una excursión muy famosa. Dicen que en el Bosque del Lobo Perdido hay un fantasma de un perro que se perdió hace muchos años. Cuenta la leyenda que su **amo**, un turista del norte, lo abandonó y el perro, desesperado, buscó durante años a su amo y se convirtió en lobo para sobrevivir en aquel **entorno** hostil. Un día, un cazador lo **mató** y desde entonces el lobo sale todas las noches para **vengarse** del turista que lo abandonó y del cazador que lo mató.

Comenzamos nuestra excursión por la mañana y caminamos durante dos horas hasta llegar a la cima de una montaña. Allí comimos y descansamos. Todos hablamos de nuestras vidas en la ciudad, de nuestro trabajo y de nuestras cosas; allí empezamos a conocernos mejor.

Después de un largo rato miré el reloj: «¡Oh, no!», dije yo, «son las siete de la tarde y tenemos que volver a la casa». Empezamos nuestro **regreso**. Caminamos durante una hora. Pasó otra hora y empezamos a preocuparnos. «Oigan, muchachos, creo que nos hemos perdido, este camino es diferente al de antes», dije yo. «No creo», respondió Elena, «por la noche los bosques tienen otro aspecto».

De repente, escuchamos ruidos lejanos y nos **asustamos** un poco. Unos minutos después, oímos un **aullido**. Continuamos, caminamos media hora más y volvimos a escuchar el ruido; esta vez un **ladrido** más cerca. Volvimos a escuchar ladridos. Un **arbusto** se movió y todos **gritamos** a la vez. Un instante después vimos una luz y oímos: «Ron, ¿qué haces? ¡Ven aquí!». La luz se **acercó** y vi a mi jefe con una linterna y con su perro Ron. «Vamos, muchachos, que es muy tarde, ¿se perdieron? Yo salí a buscar a Ron, creo que se **peleó** con otro perro en el bosque. ¡Qué extraño!, en los bosques no hay perros», dijo mi jefe. Nadie pronunció una sola palabra.

ESTRATEGIA

Using semantic maps

Use diagrams and semantic maps to show the relationship between words to learn new vocabulary. Try to group words that are unfamiliar with words that are similar in meaning or are somehow related. For example, what do the following words from the text have in common, **lobo**, **aullido** and **ladrido**?

8.3   Responde las siguientes preguntas.

1. Adolfo y sus colegas se alojaron…
   a. en un hotel.
   b. en un albergue.
   c. en una casa rural.

2. Lo que más le gustó a Adolfo de la casa rural fue…
   a. su entorno.
   b. su habitación.
   c. el clima.

3. Cuando llegaron a la cima de la montaña…
   a. comieron y durmieron la siesta.
   b. descansaron media hora y continuaron su camino.
   c. comieron y charlaron de sus cosas durante mucho tiempo.

4. Adolfo y sus colegas…
   a. pasaron la noche en el bosque.
   b. se preocuparon porque por la noche es más difícil caminar por el bosque.
   c. llamaron al jefe de Adolfo para pedir ayuda.

5. La leyenda del lobo perdido…
   a. dice que hay un lobo que ataca a turistas y cazadores.
   b. asustó a Adolfo pero no a sus amigos.
   c. dice que hay un lobo que ataca a los muchachos por la noche.

2. EXPRESIÓN ESCRITA

8.4   Observa las palabras marcadas en negrita *(boldface)* en el texto y busca su significado en el diccionario.

8.5   Con tu compañero/a, usa estas palabras para escribir una nueva historia de misterio. Deben usar el máximo de palabras marcadas posible. El título deben dejarlo en blanco.

⚙ ESTRATEGIA

Peer editing

Working with a partner should be a rewarding experience. Listen to suggestions and accept corrections as needed. Take advantage of having two creative minds work together and let your imaginations run wild.

3. INTERACCIÓN ORAL

8.6   Cada pareja debe contar su historia de misterio a la clase. Los demás compañeros deben hacer tres preguntas sobre la historia de los otros compañeros y proponer un título.

8.7   Después de leer todas las historias de misterio de la clase, hagan un breve debate sobre si creen en los fantasmas. El profesor puede hacer de moderador.

⚙ ESTRATEGIA

Turn-taking

In a debate or other type of discourse, it is important to respect the speaker's turn. The role of the moderador, whether it is the professor or another student, is to encourage participation and ensure proper turn-taking.

COLOMBIA Y PANAMÁ:
LA ALIANZA HOMBRE-NATURALEZA

Colombia y Panamá (América de Sur y Central)

La alianza entre el ser humano y la naturaleza es de sustento* y preservación mutua. El ser humano necesita de la naturaleza para su alimentación y, al mismo tiempo, la naturaleza necesita del ser humano para ser preservada y para poder mantener o recuperar su equilibrio. Esta alianza hombre-naturaleza preocupa hoy a muchos debido al impacto negativo de la actuación humana sobre el ecosistema del planeta.

El canal de Panamá

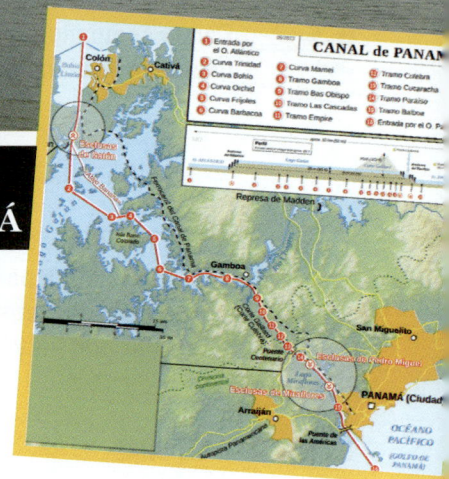

PROGRESO Y NATURALEZA

«El Canal de Panamá mantiene una alianza natural con su entorno. Desarrolla su actividad en medio de un país lleno de biodiversidad y situado en un valle hidrográfico donde el ser humano y la naturaleza trabajan unidos».

Otro ejemplo de esta comunión hombre-naturaleza es el santuario de las Lajas en Colombia, un bellísimo edificio perfectamente integrado en los riscos* de la cordillera de los Andes. Se suele describir como «un milagro* de Dios sobre el abismo».

¿Hay ejemplos de esta alianza hombre-naturaleza en tu país?

100 AÑOS DEL CANAL DE PANAMÁ

Culturas de todas partes del mundo aportaron su trabajo y talento para unir los océanos a través del istmo de Panamá. «Hoy Panamá es reflejo de ese legado multicultural de hombres y mujeres que llegaron a construir un sueño», dice su actual presidente, Rómulo Alberto Roux Moses.

Desde su apertura en 1914, el Canal de Panamá conecta el mundo, acortando* las distancias, tiempo y costos de transporte entre los centros de producción y consumo. Hoy, el Canal de Panamá es sinónimo de conectividad como lo reflejan las 144 rutas marítimas que cruzan la vía, llegando a 1.700 puertos en 160 países.

¿Qué sabes sobre la historia de la construcción del canal?

ALIANZA GEO-POLÍTICA

¿Sabías que durante más de 70 años Panamá y Colombia formaban un solo país? Los españoles llamaron Nueva Granada a este territorio que hoy conocemos como Colombia y Panamá. Después de su independencia de España en 1830, pasó a ser la República de Colombia hasta 1903, cuando Panamá declaró su independencia.

Durante el siglo XIX, los conflictos políticos entre las dos regiones se hacían cada vez más evidentes. Sin embargo, fue el conflicto entre Colombia y EE.UU. sobre la construcción del canal lo que rompió definitivamente la unión. El Congreso colombiano no aceptaba las condiciones impuestas* por EE.UU. para la construcción del canal en el istmo de Panamá. Los panameños, que estaban en peligro de perder el canal a favor de Nicaragua, formaron la Junta Provisional del Gobierno de Panamá, declararon su independencia y firmaron el tratado con EE.UU. para construir el canal a través de su territorio.

¿Crees que Colombia perdió una oportunidad histórica desde el punto de vista económico?

EL SANTUARIO DE LAS LAJAS

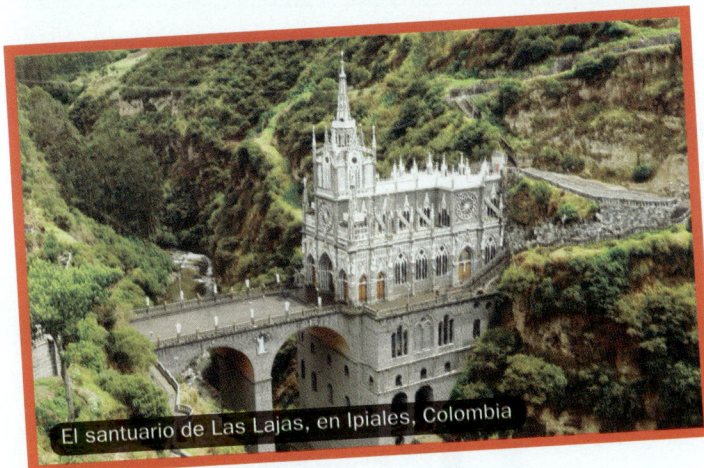

El santuario de Las Lajas, en Ipiales, Colombia

El santuario de Las Lajas es un templo católico situado en Ipiales, Colombia. «Está en el cañón del río Guáitara. «La capilla* original es del siglo XVIII y el resto de la edificación es del siglo XIX. El santuario es una de las siete maravillas* de Colombia por ser un edificio histórico en un lugar singular», dice la oficina del turismo del país.

Otra maravilla de Colombia es el Caño Cristales, catalogado como uno de los ríos más bellos del mundo por sus algas submarinas: «Las algas son de todos los colores y el río cambia de tono durante el día», dice Mario Bravo, ecoturista colombiano.

¿Qué maravillas recomendarías de tu país?

REALIZA UNA INVESTIGACIÓN RÁPIDA PARA ENCONTRAR LOS DATOS SIGUIENTES:

a ¿Cuáles son las siete maravillas del mundo moderno? En tu opinión, ¿alguna de ellas representa la alianza hombre-naturaleza?

b Busca la ruta del plan original para la construccion del canal por Nicaragua. ¿Qué diferencias hay con la del canal de Panamá?

c ¿Cuáles son algunas de las actividades humanas que pueden perjudicar la biodiversidad?

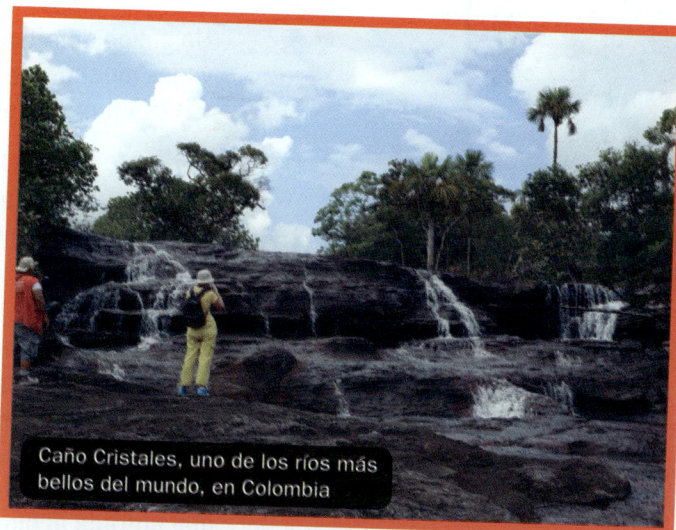

Caño Cristales, uno de los ríos más bellos del mundo, en Colombia

GLOSARIO

acortando – shortening

la capilla – chapel

impuestas – imposed

las maravillas – wonders

el milagro – miracle

los riscos – cliffs

el sustento – sustenance

Fuentes: Unesco, Oficina de Turismo de Panamá, Oficina de Turismo de Colombia, CNN, *El Colombiano*, micanaldepanama.com/centenario/

VOCES LATINAS

El ecoturismo en Panamá y Colombia

Situación

¿Eres un buen agente de viajes?

You are world traveler and your friends love to hear about your trips. They also rely on you for travel advice. Use your past experiences to help them.

LEARNING OUTCOMES

ACTION

Describe how you felt about past events

8.1 Un amigo quiere ir de vacaciones, pero no puede decidir adónde. Él sabe que viajas mucho y te hace varias preguntas sobre tus últimas vacaciones. Contesta sus preguntas. Después, cambia de papel con tu compañero/a.

- ¿Dónde pasaste las vacaciones?
- ¿Con quién fuiste?
- ¿Cómo lo pasaste?

- ¿Qué te gustó?
- ¿Qué no te gustó nada?
- ¿Qué fue interesante?

Express past experiences and when they took place

8.2 Cuando viajas, siempre anotas tus experiencias en el calendario de tu celular. Mira tus actividades durante la semana que visitaste Cartagena de Indias (u otra ciudad con playa). Escribe una entrada al blog de viajeros sobre tu experiencia.

BLOG DE VIAJEROS

5/08

....
....
....
....
....
....

23 llegar a ......, perder ......, acostarme temprano

24 pasear por ......, nadar en ......, comer ......, salir de noche a......

25 visitar......, ver......, conocer......, cenar......

26 otro día en la playa, montar en ....., jugar....., practicar.....

27 comprar......, preparar......, encontrar......

Fecha: **1 de junio**
Estoy en casa después de mi viaje a...... Les cuento......

Talk about past vacations

8.3 Por fin tu amigo decide pasar una semana en Acapulco. Él no viaja mucho y te pregunta que cómo planeaste tu último viaje. Cuéntale las cosas que hiciste *(you did)* antes de salir.

LISTA DE VOCABULARIO

Los viajes Trips

el albergue *inn, hostel*
el billete / boleto *ticket*
el billete de avión *plane ticket*
los binoculares *binoculars*
la cámara digital *digital camera*
la caña de pescar *fishing pole*
el casco antiguo *old town*
la excursión *tour trip, outing*
el impermeable *raincoat*
las lentes / gafas de sol *sunglasses*
la linterna *lantern, lamp*
la maleta *suitcase*
la naturaleza *nature*
la playa *beach*
el protector solar *sunscreen*
el saco de dormir *sleeping bag*
la sombrilla *beach umbrella*
la tienda de campaña *tent*
la toalla de playa *beach towel*
el traje de baño *bathing suit*

Expresiones temporales
Time expressions

anoche *last night*
ayer *yesterday*
ayer por la mañana / tarde *yesterday morning / afternoon*

hace dos días / años *two days / years ago*
el mes / año pasado *last month / year*
el otro día *the other day*

Verbos Verbs

alojar(se) *to stay (at a hotel)*
aumentar *to grow, to increase*
bajar *to go down*
bañarse *to take a bath, to go for a swim*
buscar *to look for*
conocer *to meet, to be familiar with*
crecer *to grow (things), to grow up (people)*
descubrir *to discover*
disfrutar de *to enjoy*
empezar *to begin*
enojarse *to get angry*
extender(se) *to spread*
llevar *to take, to wear*
montar a caballo *to go horseback riding*
nadar *to swim*
pasar tiempo *to spend time*
pasear *to go for a walk*
patinar *to skate*
perder(se) *to lose (to get lost)*
preferir *to prefer*
querer *to want*
recorrer *to go all over*
regresar *to return*
subir *to go up, to get on, to climb*

Las redes sociales Social media

actualizar estado *to update the status*
agregar a un amigo a Facebook *to add a friend on Facebook*
mandar un wasap *to send a whatsapp*
subir una foto *to upload a photo*
tuitear *to tweet*
ver una emisión en directo *to watch an emission in streaming*

Palabras y expresiones útiles
Words and useful expressions

agradable *nice, pleasant*
me lo pasé bien *…I had a good time*
fatal *awful*
fenomenal *fantastic*
genial *awesome*
me gustó mucho /bastante *I liked it a lot / quite a lot*
muy *very*
no me gustó nada *I didn't like it at all*
practicar submarinismo *to practice scuba diving*
regular *not so good, okay*

9

ESTUDIÉ MUCHO

¿Dónde está la muchacha? ¿Qué hace?

¿Crees que los medios de comunicación son una ventaja en la educación? ¿Tú los usas?

¿Para qué otras cosas usas los medios de comunicación?

Esta muchacha estudia mucho

LEARNING OUTCOMES

By the end of this unit you will be able to:

- Talk about actions in the past
- Use expressions of time
- Express ownership
- Talk about newspapers and media

Estar ocupados

9.1 Estos son Sara y Ricardo, dos muchachos que van juntos a la universidad y a veces salen los fines de semana con el mismo grupo de amigos. Observa las imágenes y responde las preguntas.

a. ¿Dónde están estos muchachos?

b. ¿De qué crees que hablan? ¿De los exámenes? ¿De planes para salir?

c. ¿Con quién crees que vive la muchacha? ¿Y el muchacho?

d. ¿Cuál de ellos piensas que es más parecido a ti? ¿Por qué?

9.2 Ahora lee la conversación de Sara y Ricardo para saber de qué están hablando. Completa los espacios en blanco con las palabras de la lista. Después, compara tu respuesta con tu compañero/a. ¿Coinciden?

tengo • conocimos • hay • ayudar • gustó • quieres • levantaste
vienes • levanté • preparamos • ayudamos

Ricardo: Hola, Sara. (a) .... tres entradas para ir al cine esta tarde. ¿(b) .... venir?

Sara: Lo siento… pero estoy muy cansada.

R: Yo, también. Esta semana tuve demasiados exámenes y fui a la biblioteca todos los días. Pero, (c) .... que divertirse…

S.: Sí, pero… es que esta mañana me (d) .... bien temprano.

R: ¿Te (e) .... temprano? Pero… ¡si hoy es sábado!

S.: Es que tuve que (f) .... a mi nueva compañera de apartamento con la mudanza. Va a vivir ahora con nosotras. Nos (g) .... la semana pasada en la universidad y le

(h) .... este apartamento y las compañeras que vivimos aquí. Y como teníamos una habitación libre...

R: ¡Ah! Qué bien, ¿y es simpática?

S.: Sí, nos gustó a todas desde el primer momento. Y todas le (i) .... hoy a mudarse y después (j) .... juntas el almuerzo. Oye, ¿por qué no te (k) .... esta noche a tomar algo a casa y así la conoces?

R: Me encantaría pero, como te dije, tengo entradas para el cine… Si quieres nos vemos mañana y me la presentas.

S.: Buena idea, te esperamos mañana entonces.

9.3 Escucha y comprueba tus respuestas.

🎧 70

9.4 ¿Quién hizo qué? Relaciona las siguientes actividades con Sara o con Ricardo y escribe una frase para cada una de ellas.

a. estudiar mucho

b. comer en casa el sábado

c. examinarse

d. comprar entradas

e. levantarse muy temprano el sábado

f. enseñar su apartamento a alguien

....
....
....
....
....

9.5 Sara y sus compañeras de apartamento preparan una lista con las tareas domésticas que hicieron la semana pasada. Relaciona cada verbo con la palabra más adecuada y escribe una frase.

pagar
limpiar
sacar
lavar
comprar
pasar
preparar

Sara: la basura y la aspiradora
Ramona: los platos y la cena
Pepita: la comida y la renta
Bea: el cuarto de baño

9.6 Observa estas fotos y comenta con tu compañero/a las diferencias. ¿Cuál de estas dos imágenes representa más la vida de Sara? ¿Por qué?

9.7 Hagan turnos y pregunten qué hicieron los siguientes muchachos para ayudar en casa.

Modelo: E1: ¿Qué hizo Manuel?
E2: Lavó la ropa.

Inés y Rafa   Marta   Bea   Mateo

9.8 ¿Y tú? ¿Qué tareas domésticas realizaste la semana pasada? Coméntalo con tu compañero/a.

📋
APUNTES: Los jóvenes que todavía viven con sus padres

✓ Los españoles dejan el hogar familiar más tarde que la media general en Europa. Casi un 40% de los jóvenes entre 25 y 34 años vive aún con sus padres.

✓ Esto no es solo por el precio de la vivienda, sino que se debe también a factores culturales.

✓ En Estados Unidos es muy frecuente vivir con otros estudiantes cuando estás en la Universidad. Solo un 14% de los jóvenes siguen viviendo con sus padres en esta época.

1.A VOCABULARIO: LAS NOTICIAS DE PRENSA

9.1 Observa los nombres para las diferentes partes de una noticia de periódico que aparecen de la lista. ¿Puedes colocarlas en su lugar correcto?

titular • entrada • cuerpo de la noticia • subtítulo

[ ] →

Más estudiantes latinoamericanos en universidades de EE.UU.

[ ] →

El Gobierno quiere promocionar el intercambio cultural y el aprendizaje de lenguas entre los jóvenes. Los programas de varios países latinoamericanos para enviar más estudiantes a las universidades de Estados Unidos están empezando a dar frutos.

[ ] →

Según un nuevo estudio del Instituto de Educación Internacional (IEI) hay 13.300 estudiantes de Brasil, 7.100 estudiantes de Colombia, 7.000 de Venezuela, 2.600 de Perú, 2.500 de Ecuador, 2.400 de Chile y 1.900 de Argentina.

[ ] →

A principios de este año México lanzó su plan "Proyecta 100.000" para aumentar drásticamente el número de sus estudiantes en universidades de Estados Unidos, Europa y otras partes del mundo, de los actuales 14.800 a 100.000 en los próximos cuatro años.

Sin embargo, el número de estudiantes de América Latina en las escuelas de educación superior estadounidenses sigue estando muy por debajo del número de estudiantes de China, India, Corea del Sur e, incluso, Vietnam. No obstante, el IEI dice que confía en que el número de estudiantes latinoamericanos en las universidades estadounidenses aumentará más rápido durante los próximos años hasta alcanzar 100.000 en el 2020.

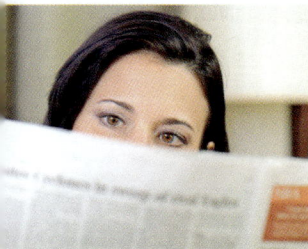

9.2 ¿A qué parte de un artículo corresponden estas definiciones?

Parte de la noticia que…

a. presenta un resumen de la información. ....

b. desarrolla la información y aporta detalles y aspectos más completos de la noticia. ....

c. presenta la información esencial de la noticia y atrae la atención del lector. ....

d. añade algún detalle del titular pero no desarrolla la información. ....

9.3 Clasifica la información según donde aparece en el artículo.

a. Menciona la institución de dónde salió la información. .... entrada

b. Especifica el número de estudiantes que están estudiando en EE. UU. en la actualidad. ....

c. Identifica a qué se debe el aumento. ....

d. Indica el propósito de estos programas. ....

e. Establece el lugar de la noticia. ....

9.4 ¿Conocen alguno de estos periódicos? ¿Saben de dónde son? Búsquenlo en Internet e identifiquen de qué países son estas publicaciones.

9.5 En un periódico puedes encontrar diferentes noticias que aparecen en secciones para facilitar al lector la búsqueda de información. Clasifica las siguientes noticias en la sección apropiada.

a. noticias del propio país

b. noticias sobre personajes famosos

c. noticias del mundo empresarial

d. noticias de todo el mundo

e. noticias regionales o locales

f. noticias sobre cine, teatro, música…

g. noticias deportivas

h. noticias más importantes

Secciones de un periódico	Contenidos	Secciones de un periódico	Contenidos
portada		sociedad	
internacional		cultura	
nacional		deportes	
local		economía	

9.6 Lee estos titulares y escribe a qué sección del periódico pertenece cada uno. Después, compara tus respuestas con tu compañero/a.

a. ....

EL DEPARTAMENTO DE EDUCACIÓN CONCEDERÁ BECAS A TODOS LOS UNIVERSITARIOS EL PRÓXIMO AÑO

b. ....

ISLES, EL ATLETA INGLÉS QUE ASOMBRA AL MUNDO DEL RUGBY

c. ....

ACUERDO FINANCIERO ENTRE TODOS LOS PAÍSES DEL CONO SUR

d. ....

AUMENTAN LAS POLÍTICAS SOCIALES EN ESTADOS UNIDOS

e. ....

ÉXITO TOTAL DEL FESTIVAL DE LA CANCIÓN DE VIÑA DEL MAR

» Para **relacionar dos acciones** en el pasado:

Antes de + llegar / salir… *Before doing something*   Al año / a la mañana + **siguiente**… *next*
Al cabo de + un mes / dos años… *after*   Un día / mes / año + **después**… *later*
Años / días / meses + **más tarde**… *later*

> *Antes de* terminar la universidad, hice prácticas en un periódico.
> Empecé a hacer las prácticas y *al cabo de* dos meses las terminé.
> *Años más tarde*, me contrataron en ese periódico.
> *Al día siguiente*, me encontré con algunos compañeros de la universidad.
> *Un mes después*, hicimos una reunión de antiguos alumnos.

» Para expresar el **inicio** de una acción:

Desde el lunes / 2013 / marzo… *since*   Estudio español **desde** 2012.

» Para expresar la **duración** de una acción:

De… a *From… to (a point in time)*   Estudié español **de** cinco **a** ocho.
Desde… hasta *From… to (a point in time)*   Estudié español **desde** las cinco **hasta** las ocho.
Durante *For (amount of time)*   Estudié español **durante** tres horas.

» Para expresar el **final** de una acción:

Hasta (que)… *until*   Estudié español **hasta que** me gradué y viajé a Chile.

9.7 Completa las frases. Después, comparte tus respuestas con un/a compañero/a. ¿Qué tienen en común?

a. Estudio español desde ……………
b. Estudio en la universidad desde …………… hasta ……………
c. Antes de venir a clase ……………
d. …………… hasta que empezó el curso.

9.8 Tu amigo no encuentra su tableta y después de leer el titular piensa que alguien se la robó. Completa el informe que presentó al agente de seguridad del campus de sus actividades e intenta descubrir dónde está su tableta.

> LA POLICÍA DICE QUE HAY QUE TENER CUIDADO CON LOS APARATOS ELECTRÓNICOS COMO CELULARES, TABLETAS Y PORTÁTILES DEBIDO A LOS ROBOS QUE SE ESTÁN PRODUCIENDO ÚLTIMAMENTE EN LA UNIVERSIDAD.

a. El lunes …… 5 …… 7 estuve bebiendo refrescos con Raquel y unos amigos. Saqué el dinero para pagar de la mochila y estoy seguro de que vi la tableta.

b. El día …… guardé la tableta en mi mochila …… salir de casa.

c. Tuve clase …… las 11, y …… fui a la biblioteca.

d. …… la clase estuve hablando con Raquel …… el profesor llegó y nos dijo: "¡Hoy hay examen!". ¡Fue horrible! Abrí la mochila y saqué mi tableta para estudiar unos minutos …… empezar el examen.

e. Estuve en la biblioteca …… las 4 …… las 6. …… una hora llegó mi amiga Raquel. ¡Raquel es tan simpática! Me acuerdo que sacamos fotos con la tableta, pero no me acuerdo de nada más.

9.9 Trabaja con un/a compañero/a y escribe frases sobre lo que pasó en tu campus estos días usando las expresiones anteriores. ¡Atención! Trata de no repetir ninguna.

lunes (9:00)

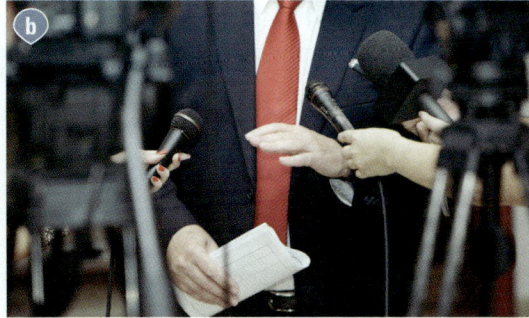

martes

jueves (10:00)

jueves (17:00)

sábado

Modelo: Jueves (10:00)
Durante la conferencia, muchos estudiantes salieron a protestar.

9.10 Con un/a compañero/a, habla sobre noticias que ocurrieron ayer en tu país, cuándo tuvieron lugar y cuánto duraron. Pueden usar las siguientes ideas para ayudarles a pensar en una noticia.

– un accidente
– un incendio
– una tormenta u otro evento climático
– una huelga *(strike)*

– una rueda de prensa *(press conference)* de algún político
– una entrevista con algún actor o cantante

9.11 Escribe ahora tu propia noticia para una de las siguientes imágenes. Incluye alguna de las expresiones aprendidas.

– ¿De dónde son?
– ¿Dónde está(n)?
– ¿Cuándo?

– ¿Qué hicieron? / ¿Qué pasó?
– ¿Qué va(n) a hacer ahora?

9.12 Mira los nombres de los diferentes medios de comunicación en español y relaciónalos con sus imágenes.

1. ☐ Internet
2. ☐ la prensa
3. ☐ la radio
4. ☐ las redes sociales
5. ☐ la televisión

9.13 Escucha un informe sobre la frecuencia con la que son usados estos medios de comunicación y responde las preguntas.

(71)

Según el informe,...

a. ¿Cuál es el medio de comunicación más utilizado?

b. ¿Cuál es el medio más utilizado por los jóvenes?

c. ¿Cuál es el menos utilizado?

9.14 Escribe palabras que asocias a estos dos medios de comunicación y, después, compáralas con tu compañero/a. ¿Coinciden?

...canal..

....

....

....

....

....

Televisión

Radio

....

....

.emisora

....

9.15 Escucha la siguiente grabación sobre los latinos y su relación con los medios de comunicación y decide si las siguientes afirmaciones son verdaderas o falsas.

(72)

	V	F
a. El autor se despierta oyendo la radio.	☐	☐
b. En el coche, cuando va al trabajo, oye música.	☐	☐
c. Lee la prensa por la noche.	☐	☐
d. La revista semanal que compra tiene noticias diferentes.	☐	☐
e. Para el autor, la realidad es como una novela.	☐	☐
f. La información del mundo ocupa el tiempo de las personas e impide que piensen en su vida y su realidad.	☐	☐

9.16 Con un/a compañero/a, clasifica las palabras de la lista. Intenten averiguar el significado de las palabras que no conocen. ¡Atención! Algunas palabras pueden estar en las dos categorías y dos de ellas se refieren a personas.

anuncios = comerciales

artículo • programa • reportaje • documental • noticias • periódico digital
radio • entrevista • página • anuncios • periodista • presentador • informativo
revistas • lectores • telenovela • concurso • noticiero

Medios audiovisuales	Prensa escrita

9.17 ¿Cuáles son los medios de comunicación que utilizas con más frecuencia en español para informarte? Coméntalo con tu compañero/a.

9.18 Con tu compañero/a, encuentren un canal de televisión o una página web de noticias en español en su zona. Mírenlo durante 20 minutos o naveguen por su página web. Después, respondan las siguientes preguntas.

Canal de televisión en español

a. ¿Cómo se llama el canal?

b. ¿Cómo se llama el programa y qué tipo de programa es?

c. ¿Qué día y a qué hora miraron el programa?

d. ¿Qué les gustó más del programa?

e. ¿Qué no les gustó del programa?

Página web en español

a. ¿Cómo se llama esta publicación de Internet?

b. ¿De dónde es?

c. ¿Qué tipo de artículos presenta?

d. ¿Qué les gustó más de esta publicación?

e. ¿Qué no les gustó de esta publicación?

9.19 Formen grupos de tres y comenten lo siguiente: ¿prefieren ver los informativos en la televisión o leer las noticias en la computadora? ¿Por qué?

>> Para expresar la repetición de una acción se usa la expresión **volver a** + infinitivo *(to do something again).*

Ayer **volvieron a poner** el reportaje sobre las civilizaciones mesoamericanas.

La próxima semana **vuelven a comentar** en su blog de Internet los programas de televisión más vistos.

9.20 Completa los siguientes diálogos con la estructura *volver a* + infinitivo. Después, escucha las conversaciones y comprueba tus respuestas. ¡Atención! Recuerda usar la forma correcta del verbo *volver*.

Elisa: ¿Sabes que el otro día (hablar).............. en la radio de las universidades americanas?
Carlos: ¿Sí? ¿Y qué dijeron esta vez?
Elisa: Pues que el año pasado (aumentar) .... el número de latinoamericanos que decidieron estudiar en universidades de Estados Unidos, especialmente en las de California.
Carlos: Ah, qué curioso.

Ana: ¿Recuerdas la serie de televisión *Ugly Betty*?
Marta: Sí, era muy divertida, pero ya terminó, ¿no?
Ana: Sí, pero ahora la (poner) .... en el canal 34 de televisión.
Marta: ¿En serio? Dicen que la última temporada (romper) .... récords de audiencia.

Jaime: Según este periódico digital, ¿sabes cuántas veces se interrumpió el metro de Nueva York estos días?
Karen: No, dime.
Jaime: El lunes lo interrumpieron una vez por un apagón de luz *(power outage)*, y el martes (suspender) .... el servicio por incendio.
Karen: Pues a ver qué pasa mañana.

Luisa: ¡Qué noticia más curiosa! Un norteamericano de Virginia tiene el récord Guinness por ser el hombre al que le han caído más rayos.
Mario: ¿Sí?
Luisa: Sí. En 1977 le alcanzó el primer rayo y después, a lo largo de los años, le (alcanzar) .... 6 rayos más.
Mario: ¿Y murió por eso?
Luisa: ¡Qué va! Murió en un accidente de carro. ¡Pobrecillo!

9.21 Mira las siguientes imágenes y las fechas. Después, elige los verbos adecuados y forma frases con *volver a* + infinitivo.

entrevistar • comprar • repetir • elegir • emitir • votar • actualizar • actuar

a actor / marzo / julio

b página web / 1999 / 2009

c telenovela / martes / jueves

d político / 2006 / 2010

9.22 ¿Qué cosas has vuelto a hacer en tu vida? Piensa en tres acciones que has repetido alguna vez y coméntalo con tu compañero/a.

Modelo: Yo fui a Cartagena de Indias y, al año siguiente, volví a visitar esa ciudad. Es un lugar que me encanta.

💬 PRONUNCIACIÓN

LAS PALABRAS LLANAS

Words that are stressed on the second-to-last syllabe are called **palabras llanas**.

9.1 Escucha las siguientes palabras. Fíjate cómo el acento cae en la penúltima sílaba de cada palabra.

(74)
a. azúcar	**c.** árbol	**e.** dibujo	**g.** libro	**i.** planta	**k.** útil
b. cara	**d.** difícil	**f.** botella	**h.** móvil	**j.** brazo	**l.** lápiz

9.2 Clasifica las palabras de la actividad 9.1 en su columna correspondiente.

A. Con tilde	B. Sin tilde

Taxi para cuatro

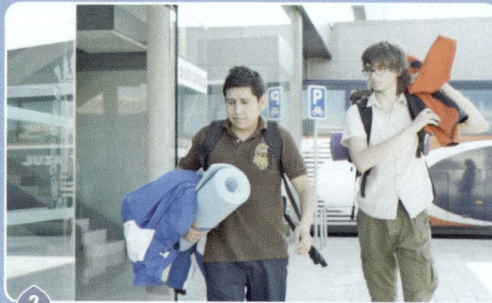

ANTES DEL VIDEO

9.1 Piensa en ventajas *(advantages)* y desventajas *(disadvantages)* de los siguientes planes y habla con tus compañeros.

a. Ir de acampada al campo o a la montaña.

b. Ir a un festival de música.

c. Pasar unos días en la playa.

9.2 ¿Cuándo fue la última excursión o acampada que hiciste? ¿Hizo buen tiempo? Coméntalo con tu compañero/a.

9.3 Mira las imágenes y elige el resumen que crees que anticipa el contenido del episodio. Basa tus respuestas en lo que crees que puede ocurrir. Usa tu imaginación.

a. Sebas y Felipe vuelven después de unos días de acampada. Sus amigos Juanjo y Alfonso vuelven de un viaje a la playa. Se encuentran volviendo a casa y charlan de lo bien que se lo pasaron. Felipe, en particular, está muy feliz con la experiencia porque hizo muchas actividades en la naturaleza.

b. Sebas y Felipe vuelven de hacer una acampada y se encuentran por casualidad con Alfonso y Juanjo que vuelven de un viaje también. Felipe y Sebas comentan que no están muy satisfechos con la experiencia porque el tiempo fue horrible y no pudieron hacer muchas actividades.

c. Sebas y Felipe vuelven de un festival de música y sus amigos regresan de una acampada. Se encuentran a la salida de la estación y charlan de su experiencia, todos están encantados con sus viajes, el tiempo fue fantástico y pudieron hacer muchas actividades.

DURANTE DEL VIDEO

9.4 Mira el episodio y comprueba tus respuestas anteriores.

9.5 Ahora termina las frases que resumen el final del episodio. Puedes verlo otra vez, si es necesario.

a. Después de charlar…

b. En el taxi…

c. El taxi llega a casa de Sebas con todos dentro porque…

d. Eli los recibe y se tapa *(covers)* la nariz porque…

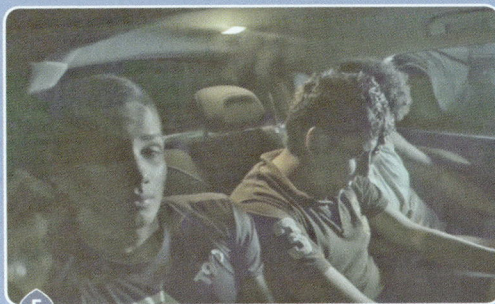

9.6 Vuelve a ver el episodio y anota todas las expresiones y comentarios de los personajes que significan lo mismo que las que hay aquí o que refuerzan los enunciados.

⚙️ ESTRATEGIA

Focusing on what is being said

Often times people say things in ways that vary from how you learned how to say it in class. The trick is to catch the gist and then try to understand the message using a simpler version of the statement. Use the following steps to help you focus on what is being said.

1. Read the statements of each of the characters.
2. As you watch the episode, focus on listening more than on following the actions of the characters.
3. Jot down the expressions as you hear them and in no particular order.
4. Match the expression to the character who said it and find the alternate meaning from the list provided.

Felipe
a. Llovió constantemente.
b. No nos gustó la experiencia.
c. No planeamos bien.
d. ¿No escuchas bien?

Sebas
e. Están un poco sucios.
f. Para mí la experiencia no fue tan mala.
g. Tengo mucho, mucho sueño.

Juanjo
h. Su aspecto tampoco es bueno.
i. Solo quiero una ducha y dormir.

Alfonso
j. No eligieron el mejor fin de semana.
k. ¿Vamos juntos en el taxi?
l. Tuvimos el mismo tiempo.
m. No escuchas bien.

Eli
n. Encantada de recibiros.
ñ. ¡Qué aspecto tan horrible tienen!

9.7 Con tu compañero/a, escriban una conversación diferente entre Felipe y Alfonso. Imaginen que hizo buen tiempo y que la experiencia les encantó. Recuerden mencionar las actividades que hicieron y otros aspectos de la experiencia.

DESPUÉS DEL VIDEO

1. PRETERIT OF IRREGULAR VERBS *SER*, *IR*, AND *DAR*

Remember to use the preterit to talk about actions that were completed in the past.

» In Unit 8, you learned the preterit form of regular verbs. In this unit, you will learn the preterit forms of irregular verbs, some of which you have already seen and used.

	SER / IR	DAR *(to give)*
yo	**fui**	**di**
tú	**fuiste**	**diste**
él	**fue**	**dio**
nosotros/as	**fuimos**	**dimos**
vosotros/as	**fuisteis**	**disteis**
ustedes/ellos/ellas	**fueron**	**dieron**

» The preterit forms of **ser** and **ir** are identical. However, you will easily understand the meaning from context.

> Nadia **fue** a Puerto Rico. *Nadia went to Puerto Rico.*
> **Fue** un viaje genial. *It was a great trip.*
> David **fue** campeón el año pasado. *David was champion last year.*

Indirect object pronouns

me	nos
te	os
le	les

» The verb **dar** is often used with indirect object pronouns to indicate who receives the item given.
> Yo **les di** las noticias. *I gave them the news.*
> Ellos **me dieron** su número de teléfono. *They gave me their phone number.*

9.1 Completa las oraciones con la forma correcta de los verbos *ser*, *ir* y *dar* según el contexto. Compara tus respuestas con un/a compañero/a.

a. El otro día yo .... a casa de mi abuela y me .... un regalo.

b. Maradona .... un gran futbolista argentino.

c. Ayer .... el aniversario de casados de mis padres.

d. Mi hermana les .... el regalo en el restaurante.

e. Anoche nosotros .... en autobús a la ciudad.

f. La semana pasada los profesores .... camisetas gratis.

g. El fin de semana mis vecinos .... a Los Ángeles.

9.2 ¿Qué regalos les diste a las siguientes personas? Intercambia la información con un/a compañero/a. ¿Dieron ustedes los mismos regalos?

Modelo: a mi padre   E1: A mi padre le di una cámara digital.
   E2: ¿Cuándo fue?
   E1: Fue para las navidades.

a. a mi madre   c. a mis abuelos   e. a mi profesor/a

b. a mi perro / gato   d a mi mejor amigo/a   f. a mi hermano/a

2. VERBS WITH IRREGULAR PRETERIT STEMS

» Some verbs have an irregular stem in the preterit and use the same endings: **–e, –iste, –o, –imos, –isteis, –ieron**.

New stem [u]		Endings	
andar	**anduv-**		anduve, anduviste, anduvo, anduvimos, anduvisteis, anduvieron
estar	**estuv-**		estuve, estuviste, estuvo, estuvimos, estuvisteis, estuvieron
poder	**pud-**	-e	pude, pudiste, pudo, pudimos, pudisteis, pudieron
poner	**pus-**	-iste	puse, pusiste, puso, pusimos, pusisteis, pusieron
tener	**tuv-**	-o	tuve, tuviste, tuvo, tuvimos, tuvisteis, tuvieron
New stem [i]		-imos -isteis	
hacer	**hic/z-**	-ieron	hice, hiciste, hizo, hicimos, hicisteis, hicieron
querer	**quis-**		quise, quisiste, quiso, quisimos, quisisteis, quisieron
venir	**vin-**		vine, viniste, vino, vinimos, vinisteis, vinieron
decir	**dij-**		dije, dijiste, dijo, dijimos, dijisteis, **dijeron**

- ● *¿Dónde **pusiste** mi celular?* *Where did you put my cell phone?*
- ● *Lo **puse** en tu mochila.* *I put it in your backpack.*
- ● *¿Qué **hiciste** el verano pasado?* *What did you do last summer?*
- ● *Nada. Mis primos **vinieron** a visitarnos. Nothing. My cousins came to visit us.*

» Verbs with irregular preterit forms do not have an accent mark on the **yo** and **usted/él/ella** forms.
*Ayer **vine** de viaje y hoy estoy muy cansado.* *Yesterday I came back from a trip and today I'm very tired.*

9.3 Lee sobre el programa de estudios ERASMUS. Después, relaciona las preguntas con las respuestas correctas para obtener más información.

El Proyecto Erasmus

La beca ERASMUS es un dinero que se les dio a estudiantes y profesores universitarios de la Unión Europea para estudiar en los Estados miembros de la Unión Europea en los años entre 1987 y 2013. El programa ERASMUS es el acrónimo del nombre oficial en inglés: *European Region Action Scheme for the Mobility of University Students.* En enero de 2014 empezó el nuevo programa Eramus que sigue con el mismo objetivo de fomentar el aprendizaje y entendimiento de la cultura del país y crear un sentido de comunidad entre estudiantes de diversos países.

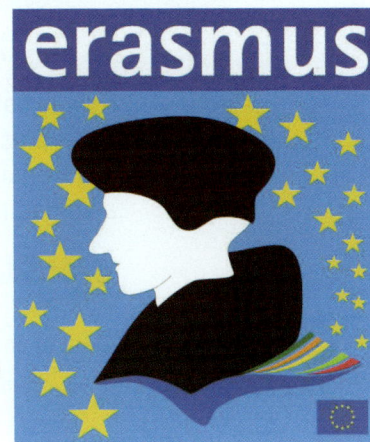

1. ¿Cuándo fue fundado?
2. ¿Cuántos estudiantes tuvieron la oportunidad de participar en el programa?
3. ¿Cuáles fueron los destinos más populares?
4. ¿De qué país vino el mayor número de estudiantes?
5. ¿Cuánto dinero al mes les dieron a los estudiantes?
6. ¿Cuántos estudiantes dijeron que gracias a la beca Eramus pudieron enriquecer *(enrich)* su vida profesional y personal?

a. Tres millones.
b. España, Francia y Alemania.
c. Todos.
d. En 1987.
e. Unos 250 EUR
f. De España.

9.4 Mila recibió una beca Erasmus el año pasado para estudiar en España. Lee lo que escribió en su blog y completa el texto con las formas correctas de los verbos en pretérito. Compara tus respuestas con un/a compañero/a.

¿Y SE PUEDE SABER QUÉ HAS HECHO HOY?

Publicado por Mila Rodríguez
Blog Erasmus University of Manchester, Inglaterra

5

Martes. Vaya, qué problemas con mi despertador. Ayer (a)............ (despertarme) tarde y (b)............ (tener) que ducharme y desayunar a toda prisa y ¡hoy también! Menos mal que (c)............ (yo, poder) llegar a tiempo a clase. Lo bueno (d)............ (ser) que en el autobús (e)............ (yo, conocer) a dos españoles. El único problema es que (f)............ (ser) tan rápido que no recuerdo sus nombres. Pero me (g)............ (invitar) a ver una exposición en el Instituto Cervantes el viernes. (h)............ (yo, estar) allí hace unas semanas pero no los (i)............ (yo, ver).

Anoche (j)............ (ir) a cenar con una muchacha colombiana que está estudiando inglés como yo. Se llama Valentina. (k).......... (nosotras, estar) en un pub muy popular cerca de la universidad e (l)............ (hacer) amigos con estudiantes de todas partes. Después (m)............ (andar) por las calles de los alrededores hasta las 12. Vamos a quedar para salir juntas otro día. Creo que la voy a invitar a ir conmigo al Instituto Cervantes el viernes.

9.5 Hoy es domingo y Mila está escribiendo sobre su experiencia del viernes en el Instituto Cervantes. Escribe, con un/a compañero/a, la página blog de Mila. Sigan *(follow)* las sugerencias del cuadro. Intenten usar los verbos indicados. Para mayor información, accedan a la página web del Instituto Cervantes de Mánchester.

Para escribir en colaboración:	Sugerencias	
– Preparar una lista de contenidos y en orden	– ¿el tema de la exposición?	ser
– Hacer un borrador *(draft)*	– ¿quiénes?	ir
– Revisar el borrador y hacer los cambios necesarios	– ¿qué tal lo pasó?	ver
– Escribir el texto definitivo	– ¿después?	conocer
		tener

Publicado por Mila Rodríguez
Blog Erasmus University of Manchester, Inglaterra

8

Viernes. ¡Por fin, tengo tiempo para contarles sobre la exposición en el Instituto Cervantes!

....
....
....

Instituto Cervantes

3. LONG FORM POSSESSIVES

» As you have learned, possessive adjectives (**mi**, **tu**, **su**…) express ownership and are placed before the noun in both Spanish and English.

» You can also show possession with the long form of adjectives and pronouns.

Singular		Plural		
Masculine	**Feminine**	**Masculine**	**Feminine**	
mío	mía	míos	mías	*mine*
tuyo	tuya	tuyos	tuyas	*yours*
suyo	suya	suyos	suyas	*your/his/hers*
nuestro	nuestra	nuestros	nuestras	*ours*
vuestro	vuestra	vuestros	vuestras	*yours (Spain)*
suyo	suya	suyos	suyas	*yours/theirs*

» Long form possessive adjectives are used for emphasis or contrast and correspond to the English expressions *of mine*, *of yours*, etc. They also follow the noun.

» As pronouns, they replace the noun.

Possessive adjective
Mi casa es blanca. *My house is white.*

Possessive pronoun
Y la **mía** es azul. *And mine is blue.*

» As both pronouns and adjectives, long form possessives must agree with the noun it modifies or replaces in number and gender.

- *Estos son libros **tuyos**.* (adjective)
- *¿**Míos**?* (pronoun)
- *Sí, **tuyos**.* (pronoun)

9.6 Pepita, una fan de la música de los años 90, escribe un blog sobre uno de sus grupos favoritos. Elige la opción correcta en el texto. Compara tus respuestas con un/a compañero/a. ¿Cuál es el uso de los posesivos pospuestos *(long form)* en estos ejemplos?

(a) **Mi / Mío** grupo favorito de esa época es un grupo de pop que con (b) **sus / suyas** canciones hicieron bailar y cantar a todos las muchachas de (c) **suya / nuestra** edad. Aprendimos (d) **suyas / sus** melodías en seguida. También copiamos (e) **su / suya** estilo de vestir y actuar. Por mucho tiempo tuve los pósteres de este grupo en (f) **mi / mío** cuarto. Mi madre me dijo más de una vez: "¡Ese cuarto (g) **mío / tuyo** es un desastre!". Y cuando mi hermano dijo: "Esa música (h) **mía / tuya** es para niñas tontas", recuerdo que le dije, "¿y qué dices de la música (i) **tuya / nuestra** con esos muchachos que gritan y saltan y rompen guitarras? ¿Crees que es mejor que (j) la **mía / tuya**?". Mi madre puso paz y nos prohibió discutir más sobre (k) **nuestras / suyas** preferencias de música. Desde entonces cada uno escucha la música (l) **tuya / suya** y en paz, aunque mi madre me hizo quitar los pósteres de mi cuarto para poder pintarlo. Y tú, ¿tienes pósteres de tus grupos favoritos?

VIDEOCLASES
17 y 18

DESTREZAS

1. COMPRENSIÓN DE LECTURA

9.1 Las siguientes imágenes representan diferentes viajes de aventura. Piensa en otras aventuras que crees que Carlos, el profesor famoso de Sara, hizo en sus viajes.

9.2 Lee el siguiente texto sobre el profesor famoso de Sara.

⚙️ ESTRATEGIA

Using context clues

Before looking words up in a dictionary, try to glean meaning from context so that you are able to understand most if not all of the content. This way you also avoid interrupting your reading to look up words.

Mi profesor famoso

Hay una persona a la que admiro muchísimo. Es mi profesor Carlos de la Llave, prestigioso oceanógrafo y explorador. Me gusta porque disfruta mucho con el trabajo que hace. Pero también lo admiro porque, aunque es una persona muy popular, él se comporta de una manera sencilla, sin aires de grandeza, ni de estrella. La verdad es que su vida es fascinante: trabajó en programas de televisión, escribió artículos en periódicos, lo vimos en reportajes en revistas, escuchamos sus entrevistas en la radio y seguimos sus aventuras en su blog de Internet.
Carlos estuvo en lugares tan exóticos como el Amazonas o el Polo Norte, vivió con tribus en África y habla muchos idiomas. Pero siempre que vuelve de sus viajes tiene un poco de tiempo para sus estudiantes. Nos reunimos en su casa y vemos sus últimas fotos y videos. Las preguntas son continuas: «¿Viste pingüinos? ¿Estuviste en peligro?». Pero él responde a todas con paciencia y afecto. Sabe que la fama no lo es todo y que los momentos felices son, a veces, los más simples: los que vives con aquellas personas que aprecias de verdad.

9.3 Responde las siguientes preguntas sobre el texto.

a. ¿Qué relación tiene la narradora con Carlos?
b. ¿En qué trabaja Carlos?
c. ¿Por qué lo admira tanto la narradora?
d. ¿Qué hacen los estudiantes con Carlos cuando vuelve de sus viajes?
e. ¿Con quién pasa Carlos sus mejores momentos?

9.4 Anota cuatro de las experiencias de Carlos que Sara menciona en el texto.

a. ....
b. ....
c. ....
d. ....

2. EXPRESIÓN ESCRITA

9.5 Ahora piensa en una persona que admiras y completa la siguiente tabla con algunos datos sobre él o ella.

Tu relación con la persona. ▶ ....

¿Cómo es? ▶ ....

¿Por qué la admiras? ¿Qué hizo? ▶ ....

⚙ ESTRATEGIA

Selecting appropriate vocabulary

Plan out the vocabulary you will need to complete the task. Use a dictionary to look for specialized vocabulary needed to express what you want to say. Draft two or three paragraphs and arrange them in a logical order to support your theme.

9.6 Ahora escribe un texto breve sobre esta persona, similar al que escribió Sara.

9.7 Intercambia con tu compañero/a el texto que escribiste y lee el suyo. Después, preparen algunas preguntas para saber más sobre esta persona y hablen durante unos minutos.

3. INTERACCIÓN ORAL

9.8 Piensa en alguna experiencia de tu vida que fue emocionante o peligrosa. Puedes completar la siguiente tabla para prepararte.

¿Dónde fuiste?	¿Qué viste?	¿Qué pasó?	¿Qué sentiste?

⚙ ESTRATEGIA

Practicing orderly conversation

Recounting an experience within a conversation is indicated by some kind of preface. This is a signal to the listener that for the duration of the story, there will be no turn-taking. Once the story has finished, the normal sequence of conversation can resume. As you listen, think ahead to the questions you would like to ask your partner to keep the conversation fluid.

9.9 Por turnos, cuéntale a tu compañero/a tu último viaje y responde sus preguntas sobre el mismo. Aquí tienes algunas ideas de preguntas:

¿Fue divertido?
¿Qué fue lo que más te gustó?
¿Y lo que menos?

¿Con quién fuiste?
¿Dónde te alojaste?
¿Te gustaría repetir?, etc…

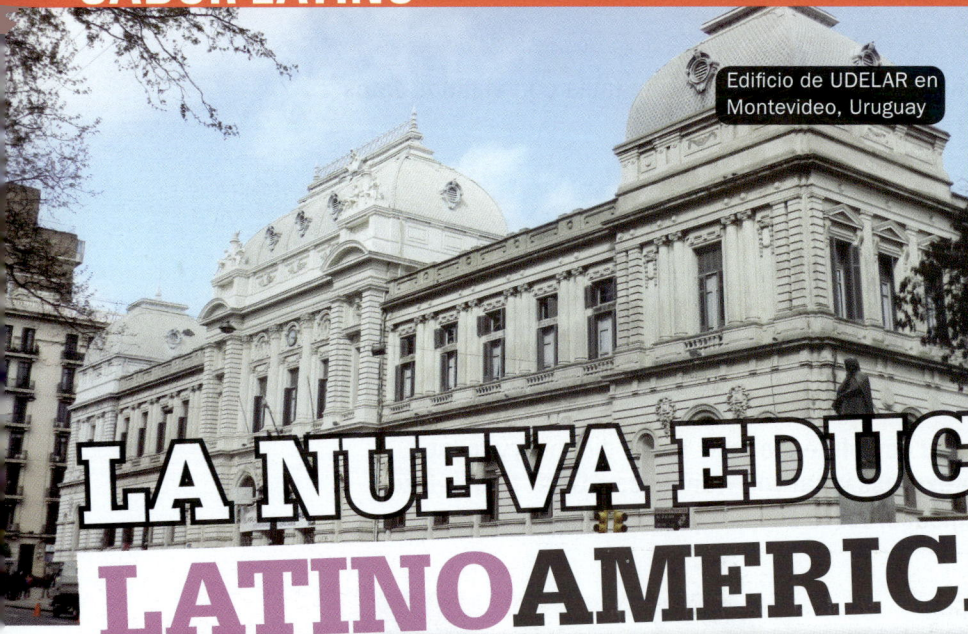

Edificio de UDELAR en Montevideo, Uruguay

LA NUEVA EDUCACIÓN
LATINOAMERICANA

Una clase en una escuela de El Salvador, donde La Liga tiene varios proyectos.

¿Te gustaría asistir a clases a través de la computadora? ¿Piensas que es útil aprender en dos idiomas a la vez? ¿Ayuda la educación a crear una sociedad más justa? La nueva educación latinoamericana quiere responder a estas preguntas.

Casi 70.000 estudiantes uruguayos utilizan el entorno virtual* para asistir a clases.

EDUCACIÓN PÚBLICA Y ENTORNOS VIRTUALES

La Universidad de la República, o UDELAR, fundada en 1849, es la más antigua y la más importante de Uruguay. Es pública, es decir, la financia el gobierno y los estudiantes no pagan por asistir a clase. La educación pública es muy importante en España y Latinoamérica. En Uruguay, el 29 de septiembre se celebra el Día de la Educación Pública, bajo el lema* «La educación pública es de todos», para crear conciencia* sobre la importancia de proteger y valorar este sistema educativo.

UDELAR es también una de las universidades más modernas de Latinoamérica: ofrece un entorno virtual de aprendizaje (EVA) a sus alumnos, donde pueden descargar materiales para la clase, hacer investigación e incluso asistir a clase a través de Internet. Por su cantidad de usuarios registrados (más de 100.000 entre alumnos y profesores), el entorno virtual de esta universidad se encuentra en cuarto lugar entre los EVA con mayor cantidad de usuarios en el mundo.

Además de adaptarse a las nuevas tecnologías, los estudiantes uruguayos son muy creativos. En 2013, Luciano Thoma, Facundo Genoud y Francisco Lanterna, de 18 y 19 años, alumnos del Instituto Tecnológico Superior de Paysandú, recibieron un premio en la Feria Internacional de Ciencia e Ingeniería de Phoenix, Estados Unidos. Los jóvenes inventaron un guante muy especial para traducir a voz el lenguaje de señas* de los sordomudos*.

La calidad de la educación en Latinoamérica ha avanzado mucho en los últimos años. Actualmente*, casi todos los niños van a la escuela primaria, y tienen acceso a la escuela secundaria.

Hay mucho por mejorar: todavía hay regiones rurales con poco acceso a la educación, y escasez de* tecnología. Pero también hay proyectos importantes, como los que te presentamos a continuación: la educación virtual en Uruguay, la educación bilingüe en Paraguay o la educación para evitar la violencia callejera en El Salvador.

¿Qué aspectos por mejorar hay en la educación de tu país? ¿Por qué?

¿En qué situaciones podría ser útil este guante?

EDUCACIÓN INTERCULTURAL

«La Liga trabaja desde hace años para la interculturalidad», dice Victorino Mayoral, presidente de la Liga Española de la Educación y la Cultura Popular. Un grupo de profesionales de la educación creó esta organización no gubernamental (ONG), independiente y laica* en 1986, con el objetivo de «crear una sociedad más justa, libre y solidaria».

Además de varios proyectos en España, como clases de español para inmigrantes y cursos de apoyo* para gente que busca trabajo, la Liga tiene proyectos de cooperación internacional.

Uno de ellos es en El Salvador y consiste en apoyar a los alumnos en clase, en colaboración con una organización local. Este apoyo incluye ayudas en las tareas y entrega de útiles escolares*. El objetivo es evitar que los niños abandonen la escuela y se unan a las maras, violentas pandillas* locales.

Integrante de una mara salvadoreña

LA EDUCACIÓN BILINGÜE

En Paraguay hay dos idiomas oficiales: el español y el guaraní. Este último es una lengua indígena con ocho millones de hablantes en Paraguay, Argentina y Brasil.

Hoy, la mitad de los paraguayos es bilingüe (es decir, habla los dos idiomas) y el 40% habla solamente guaraní. Desde 1992, la enseñanza* de los dos idiomas es obligatoria en las escuelas primarias y secundarias.

Pero queda mucho trabajo por hacer, dice Ladislao Alcaraz, Secretario de Políticas Lingüísticas de Paraguay. «En la universidad y en los medios de comunicación, este idioma se usa poco. Es importante usarlo porque es parte de nuestra identidad», explica.

Para muchos jóvenes, el guaraní es una forma de estar cerca de la familia. «Estoy orgulloso de ser paraguayo y de hablar guaraní», dice Diego, un alumno de la Universidad Católica de Asunción, una de las más antiguas del país. «El guaraní es el idioma que hablo en mi casa. Es la lengua de mis antepasados».

FÉLIX DE GUARANIA

Kuimba'e katupyry ño Quijote yvyũngua

El ingenioso hidalgo don Quijote de la Mancha

Portada del libro *Don Quijote* en idioma guaraní

¿Piensas que este tipo de proyectos son efectivos para crear una sociedad más justa? ¿Por qué?

¿Piensas que es importante aprender un idioma que solamente se habla en una región? ¿Cuáles son las ventajas y desventajas?

REALIZA UNA INVESTIGACIÓN RÁPIDA PARA ENCONTRAR LOS DATOS SIGUIENTES:

a. ¿Qué territorio asociado a EE. UU. es bilingüe?

b. ¿Es el lenguaje de señas el mismo en todo el mundo?

c. ¿Qué otros países centroamericanos, además de El Salvador, tienen problemas con las maras?

GLOSARIO

actualmente	nowadays
el apoyo	support
crear conciencia	to raise awareness
la enseñanza	teaching
el entorno virtual	virtual environment
la escasez de	lack of
laico	non-religious
el lema	slogan
el lenguaje de señas	sign language
la pandilla	gang
sordomudo	deaf-mute
los útiles escolares	school supplies

Fuentes: *Última hora*, Unesco, *El País de Uruguay*, La Liga, *El diario de hoy*, La Red 21.

VOCES LATINAS

La educación en América Latina

EN RESUMEN

Situación

El último día del semestre

You and your friends / housemates / hall mates are packing up to return home at the end of the semester. You all gather in the common room to talk about the semester.

LEARNING OUTCOMES

ACTION

Talk about actions in the past

Use expressions of time

9.1 En grupos de tres, hablen sobre el semestre pasado y las actividades que hicieron juntos o por separado. Usen las preguntas para iniciar la conversación.

– ¿Qué clases o exámenes finales fueron los más difíciles?
– ¿Qué actividades hicieron juntos?
– ¿Fueron de excursion? ¿Dónde?
– ¿Hicieron muchos trabajos de investigación? ¿Sobre qué temas?
– ¿Qué quisieron hacer pero no pudieron? ¿Por qué?
– ¿Vieron alguna película buena?
– ¿Qué otras cosas tuvieron que hacer que no les gusto hacer?

Talk about newspapers and media

9.2 En grupos de tres y por turnos, cuenten alguna noticia de la región, el país o el mundo que leyeron en el periódico o en Internet este semestre. Sus compañeros tienen que decir cuándo ocurrió.

Express ownership

9.3 Ya es hora de salir pero tu compañero/a y tú todavía *(still)* tienen que recoger el cuarto. El problema es que no recuerdan de quién son algunas cosas. Por turnos, pregunta a tu compañero/a si estas cosas son de él/ella.

Modelo: E1: ¿Es tuya esa chaqueta?

E2: No, no es mía. La mía es marrón.

Estudiante 1:

calcetines negros

gorra de béisbol de los Yankees

libro de física

camiseta de F. C. Barcelona

revista *People* en español

Estudiante 2:

cepillo de dientes

aspirinas

toalla

lentes de sol

DVD de lucha libre de la WWE

LISTA DE VOCABULARIO

Verbos Verbs

actuar *to act, to play*
actualizar *to update*
alcanzar *to reach*
andar *to walk (around)*
aumentar *to grow*
comprar *to buy*
dar *to give*
divertirse (e > ie) *to have fun*
emitir *to broadcast*
entrevistar *to interview*
estar ocupado/a *to be busy*
ponerse *to put on*
reelegir *to reelect*
repetir *to repeat*
romper *to break*
volver a *to do something again*
votar *to vote*

Los medios de comunicación
Means of communication

el artículo *article*
el anuncio *ad / comercial*
el canal *channel / network*
el concurso *game show*
el documental *documentary*
la entrevista *interview*
el informativo *news brief*
el mundo empresarial *business world*
las noticias *news*
las noticias de los famosos *celebrity news*
el noticiero *newspaper, gazette*
la página *page, web page*
el periódico *newspaper*
el periódico digital *digital newspaper*
la portada *cover*
la prensa *press*
la prensa deportiva *sports publications*
el programa *program*
la radio *radio*
la red social *social network*
el reportaje *report*
la revista *magazine*
la revista de información científica *science news magazine*
la telenovela *soap opera*

Las noticias The news

el cuerpo de la noticia *main body text*
la entrada *introduction*
las noticias del día *today's news*
la primera página *front page*
el subtítulo *lead or subhead*
el titular *headline*

Las personas People

los famosos *famous people*
el lector *reader*
el / la periodista *journalist*
el personaje famoso *celebrity*
el / la presentador/a *presenter / broadcaster*

Expresiones útiles
Useful expressions

antes de *before*
al cabo de *after, after a while*
de… a *from…to*
desde *since, from*
desde… a *from…to*
desde… hasta *since, from… to*
después *after, later*
durante *during, for*
la entrada *ticket (for a movie, show)*
el extranjero *abroad*
hasta (que) *until, till*
hubo *there was*
más tarde *later*
siguiente *next*

TABLA DE VERBOS

PRESENT INDICATIVE OF REGULAR VERBS

−AR CANTAR	−ER COMER	−IR VIVIR
canto	como	vivo
cantas	comes	vives
canta	come	vive
cantamos	comemos	vivimos
cantáis	coméis	vivís
cantan	comen	viven

PRESENT TENSE OF REGULAR REFLEXIVE VERBS

BAÑARSE	DUCHARSE	LAVARSE	LEVANTARSE	PEINARSE
me baño	me ducho	me lavo	me levanto	me peino
te bañas	te duchas	te lavas	te levantas	te peinas
se baña	se ducha	se lava	se levanta	se peina
nos bañamos	nos duchamos	nos lavamos	nos levantamos	nos peinamos
os bañáis	os ducháis	os laváis	os levantáis	os peináis
se bañan	se duchan	se lavan	se levantan	se peinan

PRESENT TENSE OF IRREGULAR REFLEXIVE VERBS

ACORDARSE	ACOSTARSE	DESPERTARSE	REÍRSE	VESTIRSE
me acuerdo	me acuesto	me despierto	me río	me visto
te acuerdas	te acuestas	te despiertas	te ríes	te vistes
se acuerda	se acuesta	se despierta	se ríe	se viste
nos acordamos	nos acostamos	nos despertamos	nos reímos	nos vestimos
os acordáis	os acostáis	os despertáis	os reís	os vestís
se acuerdan	se acuestan	se despiertan	se ríen	se visten

VERBS LIKE GUSTAR

DOLER	ENCANTAR	MOLESTAR	PARECER
me duele/duelen	me encanta/encantan	me molesta/molestan	me parece/parecen
te duele/duelen	te encanta/encantan	te molesta/molestan	te parece/parecen
le duele/duelen	le encanta/encantan	le molesta/molestan	le parece/parecen
nos duele/duelen	nos encanta/encantan	nos molesta/molestan	nos parece/parecen
os duele/duelen	os encanta/encantan	os molesta/molestan	os parece/parecen
les duele/duelen	les encanta/encantan	les molesta/molestan	les parece/parecen

IRREGULAR VERBS IN THE PRESENT INDICATIVE

CERRAR	PROTEGER	COMENZAR	CONCLUIR
cierro	protejo	comienzo	concluyo
cierras	proteges	comienzas	concluyes
cierra	protege	comienza	concluye
cerramos	protegemos	comenzamos	concluimos
cerráis	protegéis	comenzáis	concluís
cierran	protegen	comienzan	concluyen

CONDUCIR	CONOCER	CONSTRUIR	CONTRIBUIR
conduzco	conozco	construyo	contribuyo
conduces	conoces	construyes	contribuyes
conduce	conoce	construye	contribuye
conducimos	conocemos	construimos	contribuimos
conducís	conocéis	construís	contribuís
conducen	conocen	construyen	contribuyen

DAR	DECIR	DESTRUIR	DORMIR
doy	digo	destruyo	duermo
das	dices	destruyes	duermes
da	dice	destruye	duerme
damos	decimos	destruimos	dormimos
dais	decís	destruís	dormís
dan	dicen	destruyen	duermen

EMPEZAR	ENCONTRAR	ENTENDER	ESTAR
empiezo	encuentro	entiendo	estoy
empiezas	encuentras	entiendes	estás
empieza	encuentra	entiende	está
empezamos	encontramos	entendemos	estamos
empezáis	encontráis	entendéis	estáis
empiezan	encuentran	entienden	están

HACER	HUIR	IR	JUGAR
hago	huyo	voy	juego
haces	huyes	vas	juegas
hace	huye	va	juega
hacemos	huimos	vamos	jugamos
hacéis	huis	vais	jugáis
hacen	huyen	van	juegan

MERENDAR	OÍR	PEDIR	PENSAR
meriendo	oigo	pido	pienso
meriendas	oyes	pides	piensas
merienda	oye	pide	piensa
merendamos	oímos	pedimos	pensamos
merendáis	oís	pedís	pensáis
meriendan	oyen	piden	piensan

PERDER	PODER	PONER	QUERER
pierdo	puedo	pongo	quiero
pierdes	puedes	pones	quieres
pierde	puede	pone	quiere
perdemos	podemos	ponemos	queremos
perdéis	podéis	ponéis	queréis
pierden	pueden	ponen	quieren

241

RECORDAR	SABER	SALIR	SER
rec**ue**rdo	**sé**	**salgo**	**soy**
rec**ue**rdas	sabes	sales	**eres**
rec**ue**rda	sabe	sale	**es**
recordamos	sabemos	salimos	**somos**
recordáis	sabéis	salís	**sois**
rec**ue**rdan	saben	salen	**son**

SERVIR	SOÑAR	TENER	TRADUCIR
s**i**rvo	s**ue**ño	**tengo**	tradu**zc**o
s**i**rves	s**ue**ñas	t**ie**nes	traduces
s**ir**ve	s**ue**ña	t**ie**ne	traduce
servimos	soñamos	tenemos	traducimos
servís	soñáis	tenéis	traducís
s**i**rven	s**ue**ñan	t**ie**nen	traducen

TRAER	VENIR	VER	VOLVER
traigo	**vengo**	**veo**	v**ue**lvo
traes	v**ie**nes	ves	v**ue**lves
trae	v**ie**ne	ve	v**ue**lve
traemos	venimos	vemos	volvemos
traéis	venís	veis	volvéis
traen	v**ie**nen	ven	v**ue**lven

PRETERIT

Regular verbs

-AR CANTAR	-ER COMER	-IR VIVIR
cant**é**	com**í**	viv**í**
cant**aste**	com**iste**	viv**iste**
cant**ó**	com**ió**	viv**ió**
cant**amos**	com**imos**	viv**imos**
cant**asteis**	com**isteis**	viv**isteis**
cant**aron**	com**ieron**	viv**ieron**

Irregular verbs

ANDAR	CAER	COMENZAR	CONCLUIR
anduve	caí	comen**c**é	concluí
anduviste	caíste	comenzaste	concluiste
anduvo	ca**yó**	comenzó	conclu**yó**
anduvimos	caímos	comenzamos	concluimos
anduvisteis	caísteis	comenzasteis	concluisteis
anduvieron	ca**yeron**	comenzaron	conclu**yeron**

CONSTRUIR	CONTRIBUIR	DAR	DECIR
construí	contribuí	**di**	**dije**
construiste	contribuiste	**diste**	**dijiste**
constru**yó**	contribu**yó**	**dio**	**dijo**
construimos	contribuimos	**dimos**	**dijimos**
construisteis	contribuisteis	**disteis**	**dijisteis**
constru**yeron**	contribu**yeron**	**dieron**	**dijeron**

DESTRUIR	DORMIR	EMPEZAR	ELEGIR
destruí	dormí	empe**c**é	elegí
destruiste	dormiste	empezaste	elegiste
destru**yó**	d**u**rmió	empezó	el**i**gió
destruimos	dormimos	empezamos	elegimos
destruisteis	dormisteis	empezasteis	elegisteis
destru**yeron**	d**u**rmieron	empezaron	el**i**gieron

ESTAR	HACER	IR	JUGAR
estuve	**hice**	**fui**	ju**gu**é
estuviste	**hiciste**	**fuiste**	jugaste
estuvo	**hizo**	**fue**	jugó
estuvimos	**hicimos**	**fuimos**	jugamos
estuvisteis	**hicisteis**	**fuisteis**	jugasteis
estuvieron	**hicieron**	**fueron**	jugaron

LEER	MEDIR	MORIR	OÍR
leí	medí	morí	oí
leíste	mediste	moriste	oíste
le**yó**	m**i**dió	m**u**rió	o**yó**
leímos	medimos	morimos	oímos
leísteis	medisteis	moristeis	oísteis
le**yeron**	m**i**dieron	m**u**rieron	o**yeron**

PEDIR	PESCAR	PODER	PONER
pedí	pes**qu**é	**pude**	**puse**
pediste	pescaste	**pudiste**	**pusiste**
p**i**dió	pescó	**pudo**	**puso**
pedimos	pescamos	**pudimos**	**pusimos**
pedisteis	pescasteis	**pudisteis**	**pusisteis**
p**i**dieron	pescaron	**pudieron**	**pusieron**

QUERER	SABER	SER	SERVIR
quise	**supe**	**fui**	serví
quisiste	**supiste**	**fuiste**	serviste
quiso	**supo**	**fue**	s**i**rvió
quisimos	**supimos**	**fuimos**	servimos
quisisteis	**supisteis**	**fuisteis**	servisteis
quisieron	**supieron**	**fueron**	s**i**rvieron

SONREÍR	TENER	TRADUCIR	TRAER
sonreí	tuve	traduje	traje
sonreíste	tuviste	tradujiste	trajiste
sonrió	tuvo	tradujo	trajo
sonreímos	tuvimos	tradujimos	trajimos
sonreísteis	tuvisteis	tradujisteis	trajisteis
sonrieron	tuvieron	tradujeron	trajeron

VENIR	VER	HABER
vine	vi	hubo
viniste	viste	
vino	vio	
vinimos	vimos	
vinisteis	visteis	
vinieron	vieron	

RESUMEN GRAMATICAL

ARTICLES

	Definite articles		Indefinite articles	
	Masculine	**Feminine**	**Masculine**	**Feminine**
Singular	el	la	un	una
Plural	los	las	unos	unas

SUBJECT PRONOUNS

Singular	Plural
yo	nosotros/nosotras
tú	vosotros/vosotras
usted/él/ella	ustedes/ellos/ellas

PRESENT TENSE

	LLAMAR(SE)	SER	TENER
yo	**me** llam**o**	**soy**	**tengo**
tú	**te** llam**as**	**eres**	**tie**nes
usted/él/ella	**se** llam**a**	**es**	**tie**ne
nosotros/as	**nos** llam**amos**	**somos**	tenemos
vosotros/as	**os** llam**áis**	**sois**	tenéis
ustedes/ellos/ellas	**se** llam**an**	**son**	**tie**nen

NUMBERS 0-31

0	cero	8	ocho	16	dieciséis	24	veinticuatro
1	uno	9	nueve	17	diecisiete	25	veinticinco
2	dos	10	diez	18	dieciocho	26	veintiséis
3	tres	11	once	19	diecinueve	27	veintisiete
4	cuatro	12	doce	20	veinte	28	veintiocho
5	cinco	13	trece	21	veintiuno	29	veintinueve
6	seis	14	catorce	22	veintidós	30	treinta
7	siete	15	quince	23	veintitrés	31	treinta y uno

EXPANSIÓN GRAMATICAL

Interrogative words:

» **¿Cuánto, cuánta, cuántos, cuántas** + noun? *How much? How many?*
¿Cuántos años tienes? *How (many years) old are you?*

» **¿Cuál, cuáles** + verb? *What?*
¿Cuál es tu comida favorita? *What is your favorite food?*

» **¿Qué** + verb/noun? *What?*
¿Qué haces? *What do you do?*
¿Qué hora es? *What time is it?*

» **¿Dónde** + verb? *Where?*
¿Dónde vives? *Where do you live?*

» **¿Cómo** + verb? *How?*
   ¿Cómo estás? How are you?

» **¿Quién** + verb? *Who?*
   ¿Quién es esa muchacha? Who is that girl?

GENDER, NUMBER, AND AGREEMENT OF NOUNS AND ADJECTIVES

Singular	
Masculine	**Feminine**
–**o**	–**a**
el bolígraf**o**	**la** cámar**a**

Plural		
Masculine/Feminine		
Termina en vocal: +**s**	Termina en consonante: +**es**	Termina en z: –**ces**
Ends in a vowel: +s	*Ends in a consonant: +es*	*End in a z: -ces*
*mesa / mesa***s**	*actor / actor***es**	*lápiz / lápi***ces**

» **Feminine forms of adjectives**
   – Adjectives that end in –**o** change to –**a**: *blanc**o** / blanc**a***.
   – Adjectives that end in –**e**, no change: *elegant**e***.
   – Adjectives that end in a consonant, no change: *fácil*.
   – Nationalites that end in a consonant, add –**a**: *franc**és** / franc**esa***.

» **Plural forms of nouns and adjectives**
   – Words that end in a vowel, add –**s**: *moren**o** / moren**os***.
   – Words that end in consonant, add –**es**: *jov**en** / jóven**es***.

AGREEMENT

Singular			
Masculine	**Feminine**	**Masculine/ Feminine**	
–**o**	–**a**	–**e**	–**consonante**
el carro bonit**o**	**la silla** bonit**a**	**el carro** grand**e**	**el carro** azul
		la silla grand**e**	**la silla** azul
los carros bonit**os**	**las sillas** bonit**as**	**los carros** grand**es**	**los carros** azul**es**
		las sillas grand**es**	**las sillas** azul**es**

EXPANSIÓN GRAMATICAL

» Generally, nouns with the following endings are masculine:
   –**o**: *el libr**o**, el ded**o**, el diner**o**, el vas**o**, el bolígraf**o**...*
   –**aje**: *el pais**aje**, el vi**aje**, el gar**aje**, el equip**aje**, el pe**aje**...*
   –**an**: *el pl**an**, el p**an**...*
   –**or**: *el pint**or**, el am**or**, el dol**or**, el err**or**, el señ**or**, el televis**or**, el ordenad**or***

» Generally, nouns with the following endings are feminine:
   –**a**: *la mes**a**, la cas**a**, la caj**a**, la crem**a**, la niñ**a**, la chaquet**a**, la sop**a**...*
   –**dad**, –**tad**, –**ción**, –**sión**: *la e**dad**, la ciu**dad**, la ver**dad**, la amis**tad**, la can**ción**, la traduc**ción**, la televi**sión**, la deci**sión**, la expre**sión**...*

» Exceptions
   – ***El** problema, **el** día, **el** mapa, **el** diploma*.
   – ***La** mano, **la** radio*.

PRESENT TENSE OF –AR VERBS AND ESTAR

	HABLAR	ESTAR (IRREGULAR)
yo	hablo	estoy
tú	hablas	estás
usted/él/ella	habla	está
nosotros/as	hablamos	estamos
vosotros/as	habláis	estáis
ustedes/ellos/ellas	hablan	están

EXPANSIÓN GRAMATICAL

Uses of the present tense:

» To talk about habitual actions that you and others generally do (or don't do).
  *Todos los días **me levanto** a las 7:30.* *Every day, I get up at 7:30.*

» To express an ongoing action.
  *Andy y Carmen **viven** en Cartagena.* *Andy and Carmen live (are living) in Cartagena.*

» To describe or define.
  ***Tiene** dormitorios, cocina, baño y salón.* *It has bedrooms, a kitchen, bath and living room.*
  *"Casa" es el lugar donde **vivimos**.* *Home is the place where we live.*

UNIDAD **3**

PRESENT TENSE OF –ER AND –IR VERBS

	COMER	VIVIR
yo	como	vivo
tú	comes	vives
usted/él/ella	come	vive
nosotros/as	comemos	vivimos
vosotros/as	coméis	vivís
ustedes/ellos/ellas	comen	viven

POSSESSIVE ADJECTIVES

	Singular		Plural	
	Masculine	Feminine	Masculine	Feminine
my	**mi** carro	**mi** casa	**mis** carros	**mis** casas
your	**tu** carro	**tu** casa	**tus** carros	**tus** casas
his/her/your (for.)	**su** carro	**su** casa	**sus** carros	**sus** casas
our	**nuestro** carro	**nuestra** casa	**nuestros** carros	**nuestras** casas
your (pl., Spain)	**vuestro** carro	**vuestra** casa	**vuestros** carros	**vuestras** casas
their/your (pl.)	**su** carro	**su** casa	**sus** carros	**sus** casas

DEMONSTRATIVE ADJECTIVES

Location of speaker	Singular		Plural		Neuter	
	Masculine	Feminine	Masculine	Feminine		
aquí *here*	este	esta	estos	estas	esto	*this, these*
ahí *there*	ese	esa	esos	esas	eso	*that, those*
allí *over there*	aquel	aquella	aquellos	aquellas	aquello	*that (over there), those (over there)*

» **Este, esta, estos, estas**, and **esto** refer to a person or thing that is next to the speaker. They correspond to the adverb, **aquí**.

    Este es mi celular. This is my cell phone.

» **Ese, esa, esos, esas**, and **eso** refer to a person or thing that is near the speaker. They correspond to the adverb **ahí**.

    Esas son las botas de Luis. Those are Luis's boots.

» **Aquel, aquella, aquellos, aquellas** and **aquello** refer to a person or thing that is farther away from the speaker. They correspond to the adverb, **allí**.

    Aquella es la bicicleta de mi primo. That over there is my cousin's bicycle.

Aquella bicicleta es de mi primo.

Esas botas son de Luis.

Este es mi celular.

» Demonstrative pronouns
- ¡Hola, Encarna! ¿Cómo estás? *Hi, Encarna! How are you?*
- Muy bien, gracias. Mira, **esta** es Manuela, mi hermana. *Fine, thanks. This is Manuela, my sister.*
- ¿Te gustan estos tomates? *Do you like these tomatoes?*
- No, me gustan **aquellos**. *No, I like those (over there).*

» Neuter pronouns
- ¿Qué es **esto**? *What is this?*
- Es una lámpara. *It's a lamp.*
- ¿Qué es **eso**? *What is that?*
- Es un celular. *It's a cell phone.*
- ¿Qué es **aquello**? *What is that (over there)?*
- Son unas zapatillas. *They're sneakers.*

UNIDAD **4**

STEM-CHANGING VERBS

	ENTENDER	VOLVER	PEDIR
	E ▶ IE	O ▶ UE	E ▶ I
yo	ent**ie**ndo	v**ue**lvo	p**i**do
tú	ent**ie**ndes	v**ue**lves	p**i**des
usted/él/ella	ent**ie**nde	v**ue**lve	p**i**de
nosotros/as	entendemos	volvemos	pedimos
vosotros/as	entendéis	volvéis	pedís
ustedes/ellos/ellas	ent**ie**nden	v**ue**lven	p**i**den

EXPANSIÓN GRAMATICAL

Other stem-changing verbs in Spanish:

» **e ▶ ie**:
- cerrar *(to close)* cierro, cierras… / cerramos
- comenzar *(to begin, start)* comienzo, comienzas… / comenzamos
- despertarse *(to wake up)* me despierto, te despiertas… / nos despertamos
- divertirse *(to have fun)* me divierto, te diviertes… / nos divertimos
- empezar *(to begin, start)* empiezo, empiezas… / empezamos
- encender *(to turn on)* enciendo, enciendes… / encendemos
- mentir *(to lie)* miento, mientes… / mentimos
- querer *(to want)* quiero, quieres… / queremos
- recomendar *(to recommend)* recomiendo, recomiendas… / recomendamos
- sentarse *(to sit down)* me siento, te sientas… / nos sentamos
- sentirse *(to feel emotion)* me siento, te sientes… / nos sentimos

» **o ▶ ue**:
- acordarse *(to remember)* me acuerdo, te acuerdas… / nos acordamos
- acostarse *(to go to bed)* me acuesto, te acuestas… / nos acostamos
- contar *(to count)* cuento, cuentas… / contamos
- resolver *(to resolve)* resuelvo, resuelves… / resolvemos
- soñar *(to dream)* sueño, sueñas… / soñamos
- volar *(to fly)* vuelo, vuelas… / volamos
- llover *(to rain)* llueve
- morir *(to die)* muero, mueres… / morimos
- probar *(to try, to taste)* pruebo, pruebas… / probamos

» **e ▶ i**:
- despedirse *(to say good-bye)* me despido, te despides… / nos despedimos
- repetir *(to repeat)* repito, repites… / repetimos
- vestirse *(to get dressed)* me visto, te vistes… / nos vestimos

VERBS *HACER* AND *SALIR*

	HACER	SALIR
yo	**hago**	**salgo**
tú	haces	sales
usted/él/ella	hace	sale
nosotros/as	hacemos	salimos
vosotros/as	hacéis	salís
ustedes/ellos/ellas	hacen	salen

EXPANSIÓN GRAMATICAL

Other verbs with irregular **yo** forms:

- caer *(to fall)* **caigo**
- estar *(to be)* **estoy**
- tener *(to come)* **tengo**
- venir *(to have)* **vengo**
- traer *(to bring)* **traigo**
- poner *(to put, to place)* **pongo**

REFLEXIVE VERBS

	LEVANTARSE
yo	**me** levanto
tú	**te** levantas
usted/él/ella	**se** levanta
nosotros/as	**nos** levantamos
vosotros/as	**os** levantáis
ustedes/ellos/ellas	**se** levantan

INDIRECT OBJECT PRONOUNS

yo	(a mí)	**me**	*(to me, for me)*
tú	(a ti)	**te**	*(to you, for you)*
usted/él/ella	(a usted/él/ella)	**le**	*(to you/him/her, for you, him, her)*
nosotros/as	(a nosotros/as)	**nos**	*(to us, for us)*
vosotros/as	(a vosotros/as)	**os**	*(to you, for you, Spain)*
ustedes/ellos/ellas	(a ustedes/ellos/ellas)	**les**	*(to you pl./them, for you pl./them)*

VERBS *GUSTAR, ENCANTAR* AND *DOLER*

A mí		me	**encanta(n)**	ø
A ti		te		
A usted/él/ella		le		muchísimo
A nosotros/as	(no)	nos	**gusta(n)**	mucho
A vosotros/as		os		bastante
A ustedes/ellos/ellas		les		un poco
				nada

» The verb **doler** (o ▶ ue) follows the same pattern.

SHOWING AGREEMENT AND DISAGREEMENT

» Use **también** and **tampoco** to agree with what a person says.

» Use **sí** and **no** to disagree with what a person says.

● *Yo tengo carro.*
● ***Yo, también***.

● *Este año no voy a ir de vacaciones.*
● ***Nosotros, tampoco.***

● *A mí me encanta ir a la playa por la tarde.*
● ***A mí, también.***

● *No me gustan los gatos.*
● ***A mí, tampoco.***

● *Yo tengo carro.*
● ***Yo, no.***

● *Este año no voy de vacaciones.*
● ***Nosotros, sí.***

● *A mí me encanta ir a la playa por la tarde.*
● ***A mí, no.***

● *No me gustan los gatos.*
● ***A mí, sí.***

USES OF *SER* AND *ESTAR*

SER	ESTAR
» Use **ser** to describe a characteristic of a person, place, or thing. *María **es** una muchacha muy divertida.* *Los leones **son** animales salvajes.*	» Use **estar** to describe a person's mood or feelings. *Hoy **estoy** muy cansado.* ***Estamos** nerviosos por el examen.*

SER

>> To identify a person or thing.
*La muchacha a la derecha **es** María.* *The girl on the right is Maria.*

>> To express an opinion or judgment.
***Es** bueno estudiar.* *It's good to study.*

>> To indicate where an event takes place.
*¿Dónde **es** la fiesta de fin de curso?* *Where is the end of year party?*

>> To express origin.
*Señores, ¿ustedes **son** de Zaragoza?* *Gentlemen, are you from Zaragoza?*

>> To indicate possession.
***Es** de mi madre.* *It's my mother's. (It belongs to my mother.)*

>> To express time.
***Son** las tres y cuarto de la tarde.* *It's quarter past three in the afternoon.*

ESTAR

>> To express location.
***Estoy** aquí.* *I'm here.*
*Mi casa **está** cerca del centro.* *My house is close to downtown.*

>> To express an opinion.
*No **estoy** de acuerdo contigo.* *I don't agree with you.*

>> To say how you and others are feeling.
*Mi abuela **está** bien.* *My grandmother is fine (well).*

UNIDAD 6

HAY / ESTÁ(N)

EXISTENCE

>> Use **hay** to talk or ask about what there is/are. **Hay** is invariable.
*En mi clase **hay** muchos libros.*
In my class, there are many books.

hay + **un, una, unos, unas** + noun

LOCATION

>> Use **estar** to talk or ask about where people or things are located.
*Los libros **están** en la estantería.*
The books are in the bookcase.

el, la, los, las + noun + **está(n)**

IRREGULAR VERBS

	IR	SEGUIR	JUGAR	CONOCER
yo	**voy**	**sigo**	jue go	cono zco
tú	**vas**	si gues	jue gas	conoces
usted/él/ella	**va**	si gue	jue ga	conoce
nosotros/as	**vamos**	seguimos	jugamos	conocemos
vosotros/as	**vais**	seguís	jugáis	conocéis
ustedes/ellos/ellas	**van**	si guen	jue gan	conocen

EXPANSIÓN GRAMATICAL

» Other verbs with **–zc** in the yo form:
  – agradecer *(to be grateful)* **agradezco**
  – conducir *(to drive)* **conduzco**
  – producir *(to produce)* **produzco**
  – traducir (to translate) **traduzco**

» Other verbs with **–gu ▶ g** in the **yo** form:
  – conseguir *(to attain, to get)* **consigo**
  – distinguir *(to distinguish)* **distingo**

PREPOSITIONS *A, EN, DE*

Preposition	Use...	
en	with modes of **transportation**	*Viajamos **en** tren. We travel by train.*
a	to express **destination**	*Voy **a** Florida. I'm going to Florida.*
de	to express **origin** or point of **departure**	*Salgo **de** Miami. I'm leaving from Miami.*

DIRECT OBJECT PRONOUNS

me	
te	● *¿Tienes el libro de Matemáticas? Do you have the math book?*
lo/la	● *Sí, **lo** tengo en mi casa. Yes, I have it at home.*
nos	
os	● *¿Quién compra la tarta de cumpleaños? Who is buying the birthday cake?*
los/las	● ***La** compramos nosotros. We are buying it.*

ADVERBS OF QUANTITY

To express how much	
Action Verbs	**demasiado ▶** *Luis trabaja **demasiado**. Luis works too much.*
	mucho ▶ *Ana viaja **mucho**. Ana travels a lot.*
	bastante ▶ *Pedro estudia **bastante**. Pedro studies enough.*
	poco ▶ *Luis estudia **poco**. Luis doesn't study much.*

MUY/MUCHO

MUY	MUCHO
» **Muy** is invariable and can be used before adjectives to express *very*. *Él/ella es **muy** inteligente. He/she is very intelligent.* *Ellos/ellas son **muy** inteligentes. They are very intelligent.*	» Use **mucho** after a verb to express *how much*. As an adverb, it does not change form. *Juan come **mucho**. Juan eats a lot.*
» And before adverbs to express *how*. *Él/ella habla **muy** despacio. He/She speaks slowly.* *Ellos/ellas hablan **muy** despacio. They speak slowly.*	» Use **mucho** before a noun to express *how many*. Here it functions as an adjective and must agree with the noun in number and gender. *Juan lee **muchos** libros. Juan reads many books.* *Hay mucha gente. There are many people.* *María tiene **muchos** amigos. Maria has many friends.*

EXPRESSING OBLIGATION

HAY QUE + INFINITIVE	TENER QUE + INFINITIVE	DEBER QUE + INFINITIVE
» To express obligation or what is necessary for all. *Hay que hacer la tarea.*	» To express obligation or a need for a particular person. *Tengo que estudiar mucho para Ciencias.*	» To express obligation in terms of making a recommendation or giving advice. *Si tienes hambre, debes comer algo.*

TALKING ABOUT FUTURE PLANS AND HAPPENINGS

IR + INFINITIVE

» Saying what you and others are going to do. *Voy a ir al cine con mis amigos.*

» Describing what is going to happen. *Hay nubes en el cielo, va a llover.*

» With time expressions. *Esta tarde voy a jugar al tenis.*

COMPARATIVES (WITH ADJECTIVES AND ADVERBS)

» **más... que** ▶ *Julián es más rápido que Pedro.*   *more... than...*

» **menos... que** ▶ *Pedro camina menos lento que Julián.*   *less... than...*

» **tan... como** ▶ *Julián es tan divertido como Pedro.*   *as... as...*

EXPANSIÓN GRAMATICAL

To compare quantities (with nouns):

» **más... que**   ▶ *Julián tiene más tiempo libre que Pedro. Julián has more free time than Pedro.*

» **menos... que**   ▶ *Julián tiene menos tiempo libre que Pedro. Julián has less free time than Pedro.*

» **tanto/a/os/as... como** ▶ *Julián tiene tanto tiempo libre como Pedro. Julián has as much free time as Pedro.*

To compare actions (with verbs)

» **... más que**   ▶ *Julián estudia más que Pedro. Julián studies more than Pedro.*

» **... menos que**   ▶ *Julián habla menos que Pedro. Julián talks less than Pedro.*

» **... tanto como** ▶ *Julián come tanto como Pedro. Julián eats as much as Pedro.*

PRETERIT (REGULAR VERBS)

	-AR	**-ER**	**-IR**
	VIAJAR	**COMER**	**VIVIR**
yo	viaj**é**	com**í**	viv**í**
tú	viaj**aste**	com**iste**	viv**iste**
usted/él/ella	viaj**ó**	com**ió**	viv**ió**
nosotros/as	viaj**amos**	com**imos**	viv**imos**
vosotros/as	viaj**asteis**	com**isteis**	viv**isteis**
ustedes/ellos/ellas	viaj**aron**	com**ieron**	viv**ieron**

» Use the preterit to talk about specific actions that began and ended at a fixed point in the past.
   *Ayer por la tarde **estudié** en la biblioteca.*
   *La semana pasada **comí** en casa de mis abuelos.*

» The preterit is often used with the following time expressions:
   - **ayer** (por la mañana / al mediodía / por la tarde / por la noche)
   - **anteayer** / antes de ayer
   - **anoche**
   - **el otro día**
   - **la semana pasada** (el lunes pasado / el sábado pasado)
   - **el mes pasado**
   - **hace** dos meses
   - **en** enero (del año pasado / de hace dos años)
   - **el** 25 de septiembre de 1982

VOLVER A + INFINITIVE

» Use **volver a** + infinitive to that an action is repeated, that is being done again.
   *Cristóbal Colón viajó a América en 1492 y **volvió a viajar** allí varias veces más.*
   *Después de tres años, **volví a visitar** el pueblo de mis abuelos.*
   *El próximo curso **vuelvo a estudiar** francés en el instituto.*

PRETERIT (IRREGULAR VERBS)

» Only –**ir** verbs that change stem in the present will change stem in the preterit. Stem-changing verbs that end in –**ar** and –**er** do not change stem in the preterit.

	PEDIR	**DORMIR**	**CONSTRUIR**
	E ▶ I	**O ▶ U**	**I ▶ Y**
yo	pedí	dormí	construí
tú	pediste	dormiste	construiste
usted/él/ella	p**i**dió	d**u**rmió	constru**y**ó
nosotros/as	pedimos	dormimos	construimos
vosotros/as	pedisteis	dormisteis	construisteis
ustedes/ellos/ellas	p**i**dieron	d**u**rmieron	constru**y**eron

EXPANSIÓN GRAMATICAL

Other stem-changing verbs in the preterit:

» **e ▶ i:**
- divertirse ▶ *divirtió, divirtieron*
- mentir ▶ *mintió, mintieron*
- sentir ▶ *sintió, sintieron*
- pedir ▶ *pidió, pidieron*
- medir ▶ *midió, midieron*
- reír ▶ *rio, rieron*
- despedir ▶ *despidió, despidieron*
- elegir ▶ *eligió, eligieron*
- impedir ▶ *impidió, impidieron*
- repetir ▶ *repitió, repitieron*
- seguir ▶ *siguió, siguieron*

» **o ▶ u:**
- morir ▶ *murió, murieron*

» **i ▶ y:**
- construir ▶ *construyó, construyeron*
- oír ▶ *oyó, oyeron*
- creer ▶ *creyó, creyeron*
- caer ▶ *cayó, cayeron*
- sustituir ▶ *sustituyó, sustituyeron*
- leer ▶ *leyó, leyeron*

IRREGULAR VERBS IN THE PRETERIT

	SER / IR	DAR
yo	**fui**	**di**
tú	**fuiste**	**diste**
usted/él/ella	**fue**	**dio**
nosotros/as	**fuimos**	**dimos**
vosotros/as	**fuisteis**	**disteis**
ustedes/ellos/ellas	**fueron**	**dieron**

VERBS WITH IRREGULAR STEMS

estar ▶	**estuv–**	saber ▶	**sup–**	**e**	
andar ▶	**anduv–**	caber ▶	**cup–**	**iste**	
tener ▶	**tuv–**	venir ▶	**vin–**	**o**	
haber ▶	**hub–**	querer ▶	**quis–**	**imos**	
poder ▶	**pud–**	hacer ▶	**hic/z–**	**isteis**	
poner ▶	**pus–**	decir ▶	**dij–**	**ieron**	

- hacer, él ▶ hizo
- decir, ellos ▶ dijeron

TIME EXPRESSIONS USED WITH THE PRETERIT

» To talk about an action that started in the past:
- **Antes de** + llegar / salir / empezar…
- Años / días / meses + **más tarde**…
- **A** los dos meses / **a las** tres semanas…
- **Al cabo de** + un mes /dos años…
- **Al** año / **a la** mañana + **siguiente**…
- Un día / mes / año + **después**…

    ***Antes de** salir de casa, agarré las llaves.*
    *Empecé a leer un libro y **al cabo de dos horas** lo terminé.*

» To talk about the duration of an action:
- **De… a / Desde… hasta**
    *Estuve estudiando español **desde** las cinco **hasta** las ocho.*
- **Durante**
    *Estuve estudiando español **durante** tres horas.*

» To talk about the end of an action:
- **Hasta** (que)
    *Estudié español **hasta que** cumplí dieciocho años y viajé a España.*

LONG FORM POSSESSIVES

	Singular		Plural		
	Masculine	**Feminine**	**Masculine**	**Feminine**	
yo	mío	mía	míos	mías	*my, (of) mine*
tú	tuyo	tuya	tuyos	tuyas	*your, (of) yours*
usted /él/ella	suyo	suya	suyos	suyas	*your/his/her, (of) yours/his/hers*
nosotros/as	nuestro	nuestra	nuestros	nuestras	*our, (of) ours*
vosotros/as	vuestro	vuestra	vuestros	vuestras	*your, (of) yours (Spain)*
ustedes/ellos/ellas	suyo	suya	suyos	suyas	*your/their, (of) yours/theirs*

» Long form possessives always follow the noun. They also function as pronouns.

- *Es un error **tuyo**.* (adjetivo)
- *¿**Mío**?* (pronombre)
- *Sí, **tuyo**.* (pronombre)

EXPANSIÓN GRAMATICAL

	Singular		Plural		
	Masculine	**Feminine**	**Masculine**	**Feminine**	
yo	**mi** carro	**mi** casa	**mis** carros	**mis** casas	*my*
tú	**tu** carro	**tu** casa	**tus** carros	**tus** casas	*your*
usted /él/ella	**su** carro	**su** casa	**sus** carros	**sus** casas	*your, his, her*
nosotros/as	**nuestro** carro	**nuestra** casa	**nuestros** carros	**nuestras** casas	*our*
vosotros/as	**vuestro** carro	**vuestra** casa	**vuestros** carros	**vuestras** casas	*your (Spain)*
ustedes/ellos/ellas	**su** carro	**su** casa	**sus** carros	**sus** casas	*your , their*

A

a, al (6)	to, to the (masculine)
a la derecha de (6)	to the right of
a la izquierda de (6)	to the left of
A mí, también. (5)	Me too.
A mí, tampoco. (5)	Me neither.
¿A qué hora…? (4)	At what time…?
abierto/a (3)	outgoing
Abran los libros (en la página…), por favor. (0)	Open your books (to page …), please.
(el) abrigo (3)	coat
abrir (3)	to open
(la) abuela (3)	grandmother
(el) abuelo (3)	grandfather
aburrido/a (2, 3, 10, 11)	boring / bored
acostarse (o>ue) (4)	
actividades de ocio y tiempo libre (5)	free time activities
actor / actriz (1)	actor / actress
actualizar (9)	to update
actualizar estado (8)	to update the status
actuar (9)	to act, to play
Adiós. (1)	Good-bye.
agradable (8)	nice, pleasant
agregar a un amigo a Facebook (8)	to add a friend on Facebook
ahora (7)	now
al cabo de (9)	after, after a while
al lado de (6)	next to
(el) albergue (8)	inn, hostel
alcanzar (9)	to reach
alegre (5)	happy
alimentos (5)	foods
almorzar (o>ue) (4)	to have lunch
alojar(se) (8)	to stay (at a hotel)
alto/a (3)	tall
amable (3)	friendly
amar (2)	to love
amarillo (2)	yellow
amigo/a (1)	friend
anaranjado / naranja (2)	orange
andar (9)	to walk (around)
anoche (8)	last night
antipático/a (3)	disagreeable
aprender (3)	to learn
(el) armario (2)	closet
(el) arroz (5)	rice
Arte (2)	art
(el) artículo (9)	article

(las) asignaturas (2)	school subjects
asistir (3)	to attend
aumentar (8, 9)	to grow, to increase
(el) autobús (6)	bus
(el) avión (6)	airplane
ayer (8)	yesterday
ayer por la mañana / tarde (8)	yesterday morning / afternoon
azul (2)	blue
azules (3)	blue

B

bailar (2)	to dance
bajar (8)	to go down
bajo cero (7)	below zero
bajo/a (3)	short
(el) baloncesto / el básquetbol (2)	basketball
(el) banco (6)	bank
bañarse (8)	to take a bath, to go for a swim
(la) bañera (2)	bathtub
barato/a (6)	inexpensive
barba (3)	beard
(el) barco (6)	ship
barrer (15)	to sweep
bastante (5, 6)	enough, well enough
beber (3)	to drink
(el) béisbol (2)	baseball
bienvenidos (0)	welcome
bigote (3)	mustache
(el) billete / boleto (8)	ticket
(el) billete de avión (8)	plane ticket
(los) binoculares (8)	binoculars
Biología (2)	biology
blanco (2)	white
(el) bolígrafo (0)	pen
bombero/a (4)	firefighter
bonito/a (2)	beautiful, pretty
(el) borrador (0)	eraser
(la) bota (3)	boot
(el) brazo (5)	arm
Buenas noches. (1)	Good evening / night.
Buenas tardes. (1)	Good afternoon.
Buenos días. (1)	Good morning.
(la) bufanda (3)	scarf
buscar (8)	to look for

C

(la) cabeza (5)	head
(el) calcetín (3)	sock
(la) calle (2)	street
caluroso/a (7)	hot
calvo (3)	bald
(la) cama (2)	bed
(la) cámara (2)	camera
(la) cámara digital (8)	digital camera
caminar (2)	to walk
(la) camisa (3)	shirt
(la) camiseta (3)	t-shirt
(el) canal (9)	channel / network
cantante (1)	singer
cantar (2)	to sing
(la) caña de pescar (8)	fishing pole
cariñoso/a (11)	affectionate
(la) carne (2, 5)	meat
caro/a (6)	expensive
(la) carpeta (0)	folder, binder
(la) casa y los muebles (2)	house and furniture
(el) casco antiguo (8)	old town
castaño/a (3)	light brown
(las) cebollas (5)	onions
cenar (4)	to have dinner
(el) centro (2)	downtown
(el) centro comercial (6)	shopping center, mall
cerca de (6)	close to, near
cerrar (e>ie) (4)	to close
(las) chanclas (7)	flip flops
(la) chaqueta (3)	jacket
chatear con amigos (5)	to chat (online) with friends
chileno/a (1)	Chilean
chino/a (1)	Chinese
Ciencias (2)	science
Cierren los libros. (0)	Close your books.
(el) cine (6)	movie theater
cine (4)	movies
(el) cinturón (3)	belt
(la) ciudad (2)	city
claros (3)	light
(la) clase (0)	class
(la) cocina (2)	kitchen
cocinero/a (4)	cook
(los) colores (2)	Colors
comer (3)	to eat
(la) comida (2)	Food
cómo (2)	how
¿Cómo está? (1)	How do you do? (formal)
¿Cómo se dice… en español? (0)	How do you say… in Spanish?

¿Cómo se escribe… en español? (0)	How do you spell… in Spanish?
¿Cómo te llamas? (1)	What's your name?
(la) cómoda (2)	chest of drawers
cómodo/a (6)	comfortable
comprar (2, 9)	to buy
¿Comprenden? (0)	Do you understand?
computación (2)	computer science
(la) computadora (0)	computer
(el) concurso (9)	game show
conocer (6, 8)	to know, to meet, to be familiar with
contaminante (6)	contaminant, pollutant
contento/a (5)	cheerful
(la) corbata (3)	tie
coreano/a (1)	Korean
corto (3)	short
crecer (8)	to grow (things), to grow up (people)
Creo que… (2)	I believe that…
(el) cuaderno (0)	notebook
cuál (2)	which one
¿Cuándo es tu cumpleaños? (1)	When is your birthday?
cuánto (2)	how much
¿Cuánto cuesta? (2)	How much does it cost?
¡Cuánto llueve! (7)	It's really raining!
cuántos (2)	how many
¿Cuántos años tienes? (1)	How old are you?
(el) cuarto de baño (2)	bathroom
cubano/a (1)	Cuban
(el) cuello (5)	neck
(el) cuerpo de la noticia (9)	main body text
cuidar (4)	to take care of

D

dar (9)	to give
de, del (6)	from, from the (masculine)
de… a (9)	from…to
de buen humor (5)	in a good mood
de dónde (2)	from where
¿De dónde eres? (1)	Where are you from?
de la mañana (4)	a.m.
de la medianoche (4)	midnight
de la noche (4)	p.m.
de la tarde (4)	p.m.
de mal humor (5)	in a bad mood

¡De ninguna manera! (15)	No way!
debajo de (6)	under, below
deber (7)	should / must
decir (7)	to say
decir la hora (4)	telling time
(el) dedo (5)	finger
del mediodía (4)	noon
delante de (6)	in front of
delgado/a (3)	thin
demasiado (6)	too much
dentro de (6)	inside
(los) deportes (2)	Sports
desayunar (4)	to have breakfast
descansar (2)	to rest
(las) descripciones (2, 3, 6, 7)	descriptions
descubrir (8)	to discover
desde (9)	since, from
desde… hasta (9)	since, from… to
desde… a (9)	from…to
despedidas (1)	saying good-bye
despertarse (e>ie) (4)	to wake up
después (9)	after, later
detrás de (6)	behind
(los) días de la semana (4)	days of the week
(el) diccionario (0)	dictionary
difícil (2)	difficult
discutir (3)	to argue
disfrutar de (8)	to enjoy
divertido/a (2, 3)	fun, funny
divertirse (e > ie) (9)	to have fun
(el) documental (9)	documentary
doler (o>ue) (5)	to hurt
domingo (4)	Sunday
dominicano/a (1)	Dominican
dónde (2)	where
¿Dónde vives? (1)	Where do you live?
dormir (o>ue) (4)	to sleep
(el) dormitorio (2)	bedroom
(la) ducha (2)	shower
ducharse (4)	to shower
(los) dulces (5)	candies, sweets
durante (9)	during, for

E

ecológico/a (6)	ecological
Economía (2)	economics
ecuatoriano/a (1)	Ecuadorian

(el) edificio (2)	building
él (1)	he
el / la (1)	the
ella (1)	she
ellas (1)	they (females)
ellos (1)	they (males or mixed)
emitir (9)	to broadcast
empezar (e>ie) (4, 8)	to start, begin
en (6)	on
En mi opinión… (2)	In my opinion…
en punto (4)	sharp
¿En qué trabajas? (4)	What is your profession?
Encantado/a. (1)	Delighted.
encantar (5)	to love
encima de (6)	on top of
enojarse (8)	to get angry
entender (e>ie) (4)	to understand
(la) entrada (9)	introduction
(la) entrada (9)	ticket (for a movie, show)
entre (6)	between
(la) entrevista (9)	interview
entrevistar (9)	to interview
Es la una (4)	It's one o'clock.
escribir (3)	to write
escritor/a (1)	writer
escuchar (2)	to listen
Escuchen con atención. (0)	Listen carefully.
(la) escuela (2)	school
(la) espalda (5)	back
Español (2)	Spanish
español/a (1)	Spanish
(el) espejo (2)	mirror
(la) esposa (3)	wife
(el) esposo (3)	husband
está /están (0)	is/are located
¿Está bien así? (0)	Is this right?
está nublado (7)	it is cloudy
(la) estación de metro (6)	subway station
(la) estación de tren (6)	train station
(las) estaciones del año (7)	seasons of the year
estados de ánimo (5)	moods and feelings
Estamos a 20 grados. (7)	It's 20 degrees.
(la) estantería (2)	shelf
estar (2)	to be
estar bien (2)	to be fine
estar contento/a (2)	to be happy

estar enfermo/a (2)	to be sick	(los) guantes (7)	gloves	hoy (7)	today
estar ocupado/a (9)	to be busy	guapo/a (2, 3)	handsome / pretty, attractive	hubo (9)	there was
estar triste (2)	to be sad			(los) huevos (5)	eggs
(el) estómago (5)	stomach	gustar (5)	to like		

I

(el) estudiante (0)	student (male)			(el) impermeable (7, 8)	raincoat
(la) estudiante (0)	student (female)	**H**		importante (2)	important
estudiar (2)	to study	(la) habitación (2)	room	incómodo/a (6)	uncomfortable
(la) estufa (2)	stove	hablador/a (3)	talkative	(indio/a (1)	Indian
estupendo (12)	amazing, wonderful,	hablar (2)	to speak	inestable (7)	unstable
(la) excursión (8)	tour trip, outing	hace buen tiempo (7)	the weather is nice	Informática (2)	computer science
extender(se) (8)	to spread	hace calor (7)	it is hot	(el) informativo (9)	news brief
(el) extranjero (9)	abroad	hace dos días / años (8)	two days / years ago	ingeniero/a (1)	engineer
		hace frío (7)	it is cold	inglés / inglesa (1)	British

F

		hace mal tiempo (7)	the weather is bad	inteligente (3)	intelligent
fácil (2)	easy	Hace muchísimo frío / calor. (7)	It's really very cold / hot.	interesante (2)	interesting
(la) falda (3)	skirt			interrogativos (2)	questions words
(la) familia (3)	Family	Hace mucho frío / calor. (7)	It's very cold / hot.	(el) invierno (7)	winter
(los) famosos (9)	famous people			ir (6)	to go
fantástico/a (2)	fantastic	hace sol (7)	it is sunny	ir a pie (6)	to go on foot
(la) farmacia (6)	pharmacy	Hace un día muy bueno / malo. (7)	It's a nice / bad day.	ir de compras (5)	to go shopping
fatal (8)	awful			ir de excursión (7)	to go on an excursion or an outing
favorito/a (2)	favorite	hace viento (7)	it is windy		
(la) fecha (18)	date	hacer (4)	to do, to make	ir de vacaciones (6)	to go on vacation
fenomenal (8)	fantastic	hacer ciclismo (5)	to bike	ir de viaje (6)	to go on a trip
feo/a (3)	unattractive	hacer deporte (4)	to play sports	italiano/a (1)	Italian
fin de semana (4)	weekend	hacer esquí (5)	to ski		
Física (2)	physics	hacer fotos (5)	to take pictures	**J**	
(la) foto (fotografía) (2)	photo	hacer judo (5)	to practice judo		
francés / francesa (1)	French	hacer la tarea (4)	to do homework	japonés / japonesa (1)	Japanese
(los) frijoles (5)	beans	hacer natación (5)	to practice swimming	(los) jeans (3)	jeans
(la) fruta (2)	fruit	hacer yoga (5)	to practice yoga	joven (3)	young
fuerte (3)	strong	(la) hamburguesa (5)	hamburger	jueves (4)	Thursday
(el) fútbol (2)	soccer	hasta (que) (9)	until, till	jugar (6)	to play
(el) fútbol americano (2)	football	Hasta luego. (1)	See you later.	jugar a los bolos (5)	to bowl, go bowling
futbolista (1)	soccer player	Hasta pronto. (1)	See you soon.	jugar a videojuegos (5)	to play videogames
		hay (6)	there is, there are		

K

G		(el) helado (5)	ice cream
		(la) hermana (3)	sister
gafas (3)	eyeglasses	(el) hermano (3)	brother

L

(el) gato (2)	cat	(los) hermanos (3)	siblings		
genial (2)	great	(el) hielo (7)	ice	(el) lápiz (0)	pencil
genial (8)	awesome	(la) hija (3)	daughter	largo (3)	long
(el) gimnasio (6)	gym	(el) hijo (3)	son	(el) lavabo (2)	sink
girar (6)	to turn	(los) hijos (3)	children	(la) lavadora	washing machine
(el) golf (2)	golf	Historia (2)	history	(el) lavaplatos	dishwasher
gordo/a (3)	overweight	Hola, mi nombre es… (0)	Hi, my name is…	lavar (7)	to wash
(la) gorra (3)	baseball cap	horario (4)	schedule	(la) leche (5)	milk
(el) gorro (7)	knitted hat	(el) horno (2)	oven	(el) lector (9)	reader
grados (7)	degrees	(el) hospital (6)	hospital	leer (3)	to read
grande (2, 3)	big	(el) hotel (6)	hotel	lejos de (6)	far from
gris (2)	grey			(los) lentes	eyeglasses

(los) lentes / las gafas de sol (7, 8)	sunglasses	(la) noticia (9)	news
lento/a (6)	slow	(las) noticias de los famosos (9)	celebrity news
levantarse (4)	to get up	(las) noticias del día (9)	today's news
(la) librería (6)	bookstore	(el) noticiero (9)	newspaper, gazette
(la) limonada (5)	lemonade		
(la) linterna (8)	lantern, lamp	**O**	
liso (3)	straight	oscuros (3)	dark
Literatura (2)	literature	(el) otoño (7)	autumn or fall
llamar(se) (1)	to be called	(el) otro día (8)	the other day
llevar (3, 7, 8)	to take, to carry, to wear		
llueve (llover o>ue) (7)	it is raining	**P**	
(la) lluvia (7)	rain	(el) padrastro (3)	stepfather
Lo siento. (2)	I'm sorry.	(el) padre (3)	father
los / las (1)	some	(los) padres (3)	parents
(los) lugares (2)	Places	pagar (7)	to pay
lunes (4)	Monday	(la) página (9)	page, web page
		(los) países (0)	countries
M		(las) palomitas (5)	popcorn
(la) madrastra (3)	stepmother	(el) pan (2)	bread
(la) madre (3)	mother	(la) panadería (6)	bakery (bread), bread shop
maleducado/a (3)	rude	panfleto (7)	pamphlet, brochure
(la) maleta (8)	suitcase	(los) pantalones (3)	dress pants
mandar (2)	to send	(las) papas fritas (5)	french fries
mandar un wasap (8)	to send a whatsapp	(la) papelera (0)	wastepaper basket
(la) mano (5)	hand	(las) papitas fritas (5)	potato chips
(las) manzanas (5)	apples	Para mí, ti, él… (2)	For me, you, him,…
mañana (7)	tomorrow, morning	(la) parada de autobús (6)	bus stop
(el) marcador (0)	marker	(el) paraguas (7)	umbrella
(el) marisco (5)	shellfish, seafood	(el) parka (7)	ski jacket
marrón (2, 3)	brown	(el) parque (2)	park
martes (4)	Tuesday	partes del cuerpo (5)	parts of the body
más tarde (9)	later	pasar tiempo (8)	to spend time
(la) mascota (2)	pet	pasear (2)	to stroll, to walk around
Matemáticas (2)	math	pasear (8)	to go for a walk
mayor (3)	old	(la) pastelería (6)	bakery (cakes and pastries)
me gustó mucho / bastante (8)	I liked it a lot/ quite a lot	(el) pecho (5)	chest
me lo pasé bien (8)	…I had a good time	pedir (e>i) (4)	to ask for, to order
mecánico/a (4)	mechanic	pedir información (1)	asking questions
médico/a (1, 4)	doctor	peligroso/a (6)	dangerous
(la) medio hermana (3)	half sister	pelirrojo/a (3)	redhead
(el) medio hermano (3)	half brother	pensar (e>ie) (4)	to think
(los) medios de comunicación (9)	means of communication	pensión completa	full room and board
medios de transporte (6)	means of transportation	pequeño/a (2, 3)	small, little
menos cuarto (4)	quarter to	perder(se) (8)	to lose (to get lost)
(el) mes / año pasado (8)	last month / year	(el) periódico (9)	newspaper
(la) mesa (0, 2)	table, desk		

mesero/a (4)	waiter/waitress		
(la) mesilla (2)	bedside table		
(el) metro (6)	subway		
mexicano/a (1)	Mexican		
(el) microondas (2)	microwave		
miércoles (4)	Wednesday		
Mira, este / esta es… (1)	Hey, this is…		
Mira, estos / estas son… (1)	Hey, these are…		
Mire, le presento a (al)… (1)	Look, I'd like to introduce you to…		
Miren la pizarra. (0)	Look at the board.		
(la) mochila	backpack		
montar a caballo (8)	to go horseback riding		
montar en bici (5)	to ride a bike		
moreno/a (3)	dark brown		
(la) moto (6)	motorcycle		
muchísimo (5)	very much, a lot		
mucho (6)	very much, a lot		
Mucho gusto. (1)	Pleased to meet you.		
(el) mundo empresarial (9)	business world		
(el) mundo hispano (0)	Hispanic world		
(el) museo (6)	museum		
Música (2)	music		
muy (6, 8)	very		

N			
nacionalidades (1)	nationalities		
nadar (8)	to swim		
(las) naranjas (5)	oranges		
(la) naturaleza (8)	nature		
navegar por el mar (5)	to sail		
navegar por Internet (4, 5)	to go on the Internet		
negro (2, 3)	black		
nervioso/a (5)	nervous		
(la) niebla (7)	fog		
(la) nieta (3)	granddaughter		
(el) nieto (3)	grandson		
nieva (7)	it is snowing		
(la) nieve (7)	snow		
No comprendo. (0)	I don't understand.		
No hace nada de frío / calor. (7)	It's not at all cold / hot.		
no me gustó nada (8)	I didn´t like it at all		
no…demasiado (5)	not much		
no…nada (5)	not at all		
nosotros/as (1)	we		

260

(el) periódico digital (9)	digital newspaper	
(el/la) periodista (9)	journalist	
pero (1)	but	
(el) perro (1, 2)	dog	
(el) personaje famoso (9)	celebrity	
(las) personas (9)	people	
peruano/a (1)	Peruvian	
(el) pescado (2, 5)	fish	
(el) pie (5)	foot	
Pienso que… (2)	I think that…	
(la) pierna (5)	leg	
(los) pimientos (5)	peppers	
(el) pizarrón (0)	blackboard	
(la) playa (8)	beach	
poco (6)	very little, not much	
poder (o>ue) (4)	to be able, can	
(el) pollo (2, 5)	chicken	
ponerse (9)	to put on	
por la mañana (4)	in the morning	
por la noche (4)	at night	
por la tarde (4)	in the afternoon	
por qué (2)	why	
(la) portada (9)	cover	
(el) postre (5)	dessert	
practicar submarinismo (8)	to practice scuba diving	
preferir (8)	to prefer	
preferir (e>ie) (4)	to prefer	
(la) prensa (9)	press	
(la) prensa deportiva (9)	sports publications	
preocupado/a (5)	worried	
(el/la) presentador/a (9)	presenter / broadcaster	
(la) primavera (7)	spring	
(la) primera página (9)	front page	
(el/la) primo/a (3)	cousin	
profesiones (1)	professions	
(el) profesor (0)	teacher (male)	
profesor/a (1)	teacher	
(la) profesora (0)	teacher (female)	
(el) programa (9)	program	
programador/a (4)	computer programmer	
(el) protector solar (8)	sunscreen	
próximo/a (7)	next	
(el) pueblo (2)	town	
¿Puede escribirlo en la pizarra? (0)	Can you write it on the blackboard?	
¿Puede repetir, por favor? (0)	Can you please repeat?	
(la) puerta (0)	door	
puertorriqueño/a (1)	Puerto Rican	

Q

qué (2)	what
¡Qué calor! (7)	It's so hot!
¿Qué día / tiempo hace? (7)	What's the day / weather like?
¿Qué día es hoy? (1)	What's today's date?
¡Qué frío / calor tengo! (7)	I'm so cold / hot!
¡Qué frío hace! (7)	It's so cold!
¿Qué haces? (1)	What do you do?
¿Qué hora es? (4)	What time is it?
¿Qué significa…? (0)	What does… mean?
¿Qué tal? (1)	What's up?
¿Qué tal estás? (1)	How are you doing?
que viene (7)	upcoming, next
quedar (4)	to meet up with someone
quejarse (4)	to complain
querer (e>ie) (4, 8)	to want (to do something)
(el) queso (5)	cheese
¿Quién? (1)	Who?

R

(la) radio (9)	radio
rápido/a (6)	fast
recorrer (8)	to go all over
(la) red social (9)	social network
(las) redes sociales	Social media
reelegir (9)	to reelect
regresar (8)	to return
regular (8)	not so good, okay
(el) relámpago (7)	lightning
repetir (e>i) (4, 9)	to repeat
(el) reportaje (9)	report
(la) revista (9)	magazine
(la) revista de información científica (9)	science news magazine
rizado (3)	curly
(la) rodilla (5)	knee
rojo (2)	red
romper (9)	to break, to break up
(la) ropa (3, 7)	clothes
(la) ropa interior (3)	underwear
rubio/a (3)	blonde

S

sábado (4)	Saturday
(el) saco de dormir (8)	sleeping bag
salir (4)	to go out, to leave
(el) salón (2)	living room
(las) sandalias (3)	sandals
seguir (6)	to follow, to continue
seguro/a (6)	secure, safe, certain
Señor (Sr.) (1)	Mr.
Señora (Sra.) (1)	Mrs.
Señorita (Srta.) (1)	Miss./Ms.
ser (1)	to be
servir (e>i) (4)	to serve
Sí, claro. (0)	Yes, of course.
Sí, está bien. (0)	Yes, it's fine.
siguiente (9)	next
(la) silla (0)	chair
simpático/a (3)	likeable
(la) sobrina (3)	niece
(el) sobrino (3)	nephew
(el) sofá (2)	sofa
(la) sombrilla (8)	beach umbrella
(la) sopa de verdura (5)	vegetable soup
subir (8)	to go up, to get on, to climb
subir una foto (8)	to upload a photo
(el) subtítulo (9)	lead or subhead
(el) suéter (3)	sweater
(el) supermercado (6)	supermarket

T

(el) tablero de anuncios (0)	bulletin board
(la) tableta (0)	tablet
también (1)	also
(la) tarta de chocolate (5)	chocolate cake
(el) taxi (6)	taxi
(el) teatro (6)	theater
(la) telenovela (9)	soap opera
(la) temperatura (7)	temperature
templado (7)	temperate, mild
temprano (4)	early
tener (1, 3)	to have
tener calor (3)	to be warm
tener frío (3)	to be cold
tener hambre (3)	to be hungry
tener que (4)	to have to (do something)
tener sed (3)	to be thirsty

tener sueño (3)	to be sleepy
tener… años (1, 3)	to be… years old
(el) tenis (2)	tennis
(los) tenis (3)	sneakers
tenista (1)	tennis player
(el) tiempo atmosférico (7)	the weather
¿Tienen preguntas? (0)	Do you have any questions?
¿Tienes frío / calor? (7)	Are you cold / hot?
tímido/a (3)	shy
(la) tía (3)	aunt
(la) tienda de campaña (8)	tent
(la) tienda de ropa (6)	clothing store
(el) tío (3)	uncle
(el) titular (9)	headline
(la) toalla de playa (8)	beach towel
todos los días (4)	everyday
tomar el sol (5)	to sunbathe
tomar tapas (5)	to eat tapas (small dishes of food)
(los) tomates (5)	tomatoes
(la) tormenta (7)	storm
trabajador/a (3)	hard-working
trabajar (2)	to work
traer (7)	to bring
(el) traje (3)	suit
(el) traje de baño (8)	bathing suit
tranquilo/a (5)	calm, quiet
(el) tren (6)	train
triste (5)	sad
(el) trueno (7)	thunder
tú (1)	you (informal)
tuitear (8)	to tweet

U

un / una (1)	a, an
unos / unas (1)	some, a few
usted (1)	you (formal)
ustedes (1)	you, you all (plural)

V

vago/a (3)	lazy
venir (7)	to come
(la) ventana (0)	window
ver (3)	to see
ver un concierto (5)	to go to a concert

ver una emisión en directo (8)	to watch an emission in streaming
ver una exposición (5)	to go to an exhibit
ver una película (5)	to see a movie
(el) verano (7)	summer
verde (2)	green
verdes (3)	green
(la) verdura / (las) verduras / (los) vegetales (2, 5)	vegetables
(el) vestido (3)	dress
vestirse (e>i) (4)	to get dressed
veterinario/a (4)	veterinarian
viajar (2)	to travel
(los) viajes (8)	Trips
viernes (4)	Friday
vivir (3)	to live
(el) vóleibol (2)	volleyball
volver (o>ue) (4)	to return
volver a (9)	to do something again
vosotros/as (1)	you (plural, Spain)

Y

yo (1)	I
(el) yogur (5)	yogurt

Z

(las) zanahorias (5)	carrots
(la) zapatería (6)	shoe store
(los) zapatos de tacón (3)	high-heeled shoes

CRÉDITOS

The authors wish to thank the many people who assisted in the photography used in the textbook. Credit is given to photographers and agencies below.

We have made every effort to trace the ownership of all copyrighted material and to secure permission from copyright holders. In the event of any question arising as to the use of any material, please let us now and we will be pleased to make the corresponding corrections in future printings.

Page 10 (prahi, Col. iStock / carroteater, Col. iStock) | **Page 11** (Jeremy Woodhouse, Col. Blend Images / Jack Hollingsworth, Col. Photodisc / Daniel Ernst, Col. iStock / Lite Productions, Col. Lite Productions / AndreyPopov, Col. iStock) | **Page 13** (Jack Hollingsworth, Col. Photodisc / sindlera, Col. iStock) | **Page 14** (Jeff Huting, Col. iStock / Christopher Futcher, Col. iStock / Denys Prykhodov, Col. iStock / andresrimaging, Col. iStock / Dorling Kindersley / Pavel Konovalov, Col. iStock / suksao999, Col. iStock / tuja66, Col. iStock / marekuliasz, Col. iStock) | **Page 15** (kvkirillov, Col. iStock / Wavebreakmedia Ltd, Col. Wavebreak Media / prosiaczeq, Col. iStock / pepj, Col. iStock) | **Page 16** (BONNINSTUDIO, Col. iStock / IPGGutenbergUKLtd, Col. iStock) | **Page 17** (Wavebreakmedia Ltd, Col. Wavebreak Media / Jack Hollingsworth, Col. Photodisc) | **Page 19** (Michael Dykstra, Col. Hemera) | **Page 22** (Nikiteev_Konstantin, Col. iStock / Gasho Ito/a.collectionRF) | **Page 24** (andresrimaging, Col. iStock) | **Page 25** (Creatas, Col. Creatas / Milenko Bokan, Col. iStock / SimmiSimons, Col. iStock / andresrimaging, Col. iStock) | **Page 26** (Digital Vision, Col. Photodisc) | **Page 27** (miszaqq, Col. iStock / Steve Hix, Col. Fuse / Stockbyte, Col. Stockbyte) | **Page 28** (Monkey Business Images, Col. Monkey Business / nyul, Col. iStock) | **Page 29** (shipfactory, Col. iStock / shipfactory, Col. iStock / Jacob Wackerhausen, Col. iStock / PhotoObjects.net, Col. PhotoObjects.net) | **Page 31** (popovaphoto, Col. iStock / Anthony Baggett, Col. iStock / Olga Popova, Col. iStock / Jordi Lopez dot, Col. Hemera / John Kropewnicki, Col. iStock / Olga Brovina, Col. iStock / Steve Mann, Col. iStock / Ksenia Krylova, Col. iStock) | **Page 32** (Por cortesía de Danilo Borges en Creative Commons / Por cortesía de Keith Hinkle en Creative Commons) | **Page 33** (Kikovic, Col. iStock / Wavebreakmedia Ltd, Col. Wavebreak Media / Jupiterimages, Col. Stockbyte / Photodisc, Col. Photodisc / Robin Elmgren, Col. iStock / Aksonov, Col. iStock / AndreyPopov, Col. iStock) | **Page 35** (BananaStock, Col. BananaStock / sinan Ä±ÅÄ±k, Col. iStock / monkeybusinessimages, Col. iStock / Mark Bowden, Col. iStock / PhotoAttractive, Col. iStock / nyul, Col. iStock / Jupiterimages, Col. BananaStock / ntellistudies, Col. iStock) | **Page 38** (Fuse, Col. Fuse / Jupiterimages, Col. BananaStock / ChoochartSansong, Col. iStock / kosmos111, Col. iStock / a-wrangler, Col. iStock / ArtHdesign, Col. iStock / Hongqi Zhang, Col. iStock / Ablestock.com, Col. AbleStock.com) | **Page 39** (Thomas Northcut, Col. Digital Vision / BONNINSTUDIO, Col. iStock / Sergiy Tryapitsyn, Col. iStock) | **Page 40** (Fuse, Col. Fuse / Christopher Futcher, Col. iStock) | **Page 42** (NA, Col. Photos.com) | **Page 43** (Kai Chiang, Col. iStock) | **Page 46** (Fuse, Col. Fuse / monkeybusinessimages, Col. iStock / Hongqi Zhang, Col. Hemera / diego_cervo, Col. iStock / Tashi-Delek, Col. iStock / Wavebreakmedia Ltd, Col. Wavebreak Media) | **Page 48** (bst2012, Col. iStock) | **Page 49** (Dmitrii Kotin, Col. iStock / John Rowley, Col. Digital Vision / Klaus Tiedge, Col. Blend Images) | **Page 50** (Digital Vision, Col. Photodisc) | **Page 51** (peresanz, Col. iStock / vladj55, Col. iStock / Por cortesía de Pure-football en Creative Commons) | **Page 52** (HSNPhotography, Col. iStock / drpnncpp, Col. iStock / USGirl, Col. iStock / Anton Starikov, Col. Hemera / ttatty, Col. iStock / GlobalP, Col. iStock / ayzek, Col. iStock / Fuse, Col. Fuse / Iñigo Quintanilla Gomez, Col. iStock) | **Page 53** (Marko Beric, Col. iStock / Baloncici, Col. iStock / sergey02, Col. iStock / Dario Sabljak, Col. Hemera / scanrail, Col. iStock) | **Page 54** (borzywoj, Col. iStock / Ivonne Wierink-vanWetten, Col. iStock / Digital Vision, Col. Digital Vision) | **Page 55** (pyotr021, Col. iStock / Wavebreakmedia Ltd, Col. Wavebreak Media) | **Page 56** (Elenathewise, Col. iStock) | **Page 58** (Maridav, Col. iStock) | **Page 59** (Jack Hollingsworth, Col. Photodisc / karandaev, Col. iStock / Hemera Technologies, Col. PhotoObjects.net / gonul kocak, Col. iStock / Paolo Diani, Col. iStock) | **Page 62** (Robert Churchill, Col. iStock) | **Page 63** (Wavebreakmedia Ltd, Col. Wavebreak Media / Moodboard, Col. Moodboard / Hannu Viitanen, Col. Hemera / Minerva Studio, Col. iStock / Jose Antonio Sánchez Reyes, Col. Hemera / Ingram Publishing / alkimsarac, Col. iStock) | **Page 64** (Feverpitched, Col. iStock) | **Page 66** (Manfred Steinbach, Col. iStock / fotocelia, Col. iStock / Viacheslav Khmelnytskyi, Col. iStock / Kseniya Ragozina, Col. iStock / Tanya Weliky, Col. iStock / Humberto Ortega, Col. iStock) | **Page 67** (Thomas Northcut, Col. Digital Vision / Comstock Images, Col. Stockbyte / Jupiterimages, Col. Creatas / Digital Vision, Col. Digital Vision / jaguarblanco, Col. iStock / AnikaSalsera, Col. iStock) | **Page 70** (Goodshoot, Col. Goodshoot / moodboard, Col. moodboard) | **Page 73** (DNF-Style, Col. iStock) | **Page 74** (Purestock / AntonioGuillem, Col. iStock) | **Page 75** (Purestock, Col. Purestock) | **Page 76** (Purestock, Col. Purestock) | **Page 79** (Matc13, Col. iStock / Voyagerix, Col. iStock) | **Page 80** (michaeljung, Col. iStock / Lalouetto, Col. iStock / vetkit, Col. iStock / linhof, Col. iStock / popovaphoto, Col. iStock / belchonock, Col. iStock / alekleks, Col. iStock / khvost, Col. iStock / tarasov_vl, Col. iStock) | **Page 81** (Digital Paws Inc., Col. iStock / Elnur Amikishiyev, Col. iStock / khvost, Col. iStock) | **Page 82** (paulprescott72, Col. iStock) | **Page 86** (Photodisc, Col. Photodisc) | **Page 87** (4774344sean, Col. iStock) | **Page 89** (Michael Blann, Col. Digital Vision / Purestock, Col. Purestock / Tim Pannell, Col. Fuse / MM Productions, Col. Digital Vision) | **Page 91** (Robert Churchill, Col.iStock / Vbaleha, Col. iStock) | **Page 94** (Oakozhan, Col. iStock) | **Page 96** (John Lund/Drew Kelly, Col. Blend Images) | **Page 97** (Klaus Tiedge, Col. Blend Images / Blend Images, Col. Shutterstock / wavebreakmedia, Col. Shutterstock / Andrew Olney, Col. Photodisc) | **Page 98** (Photick/Odilon Dimier, Col. Photick) | **Page 99** (Comstock Images, Col. Stockbyte / James Woodson, Col. Digital Vision / Purestock, Col.

Sabor Latino

UNIDAD 0 | **Yo hablo español, ¿y tú?** Shutterstock/Frontpage, Shutterstock/Michal Szymanski, Shutterstock/Lauren Orr, Shutterstock/Narongsak Nagadhana, Shutterstock/elxeneiz, Shutterstock/Iakov Filimonov, Thinkstock/stelioskyriakides, Thinkstock/Vladitto

UNIDAD 1 | **Hispanos en EE. UU.** Shutterstock/Helga Esteb, Shutterstock/American Spirit, Shutterstock/Igor Golovniov, Shutterstock/Nagel Photography, Thinstock/William Perry

UNIDAD 2 | **Ser joven en España.** Shutterstock/Allan Danahar, Shutterstock/Chancios, Shutterstock/Yulia Grigoryeva, Shutterstock/Bertl123

UNIDAD 3 | **Tradiciones familiares.** Shutterstock/Sunsinger, Shutterstock/Creatista, Thinstock/Nina Shannon, Shutterstock/Marc C. Johnson, Shutterstock/Steve Heaps

UNIDAD 4 | **Vivir en Argentina.** Shutterstock/Spectral-Design, Shutterstock/T photography, Shutterstock/Yonkyut Kumsri, Shutterstock/Daniel M Ernst

UNIDAD 5 | **Tradiciones gastronómicas.** Shutterstock/R. J. Lerich, Shutterstock/Marc C. Johnson, Shutterstock/haak78, Shutterstock/Irafael, Shutterstock/Charles Harker, Shutterstock/T photography

UNIDAD 6 | **Turismo de aventura.** Imágenes cedidas por cortesía de Ruta Quetzal BBVA, Shutterstock/Marzolino

UNIDAD 7 | **El cambio climático.** Shutterstock/Anton Balazh, Shutterstock/Pichugin Dmitry, Shutterstock/Andre Dib, Shutterstock/Nataliya Hora

UNIDAD 8 | **Colombia y Panamá: la alianza hombre-naturaleza.** Shutterstock/Serban Bogdan, Shutterstock/Maria Maarbes, Thoroe/Map data (c) OpenStreetMap (and) contributors, CC-BY-SA, Shutterstock/Rafal Chichawa, Shutterstock/Vlad Galenko

UNIDAD 9 | **La nueva educación latinoamericana.** Ian MacLellan/Shutterstock.com, Shutterstock.com / cristovao, Asuncion Grafimam/2007 Cervantes Project, ES James/Shutterstock.com, German Costabel/Wikicommons

AGRADECIMIENTOS

Many thanks to the following reviewers who offered ideas and suggestions:

David Alley, Georgia Southern University

Damian Bacich, San Jose State University

Marie Blair, University of Nebraska-Lincoln

Gabriela Brochu, Truckee Meadows Community College

Teresa Buzo Salas, Georgia Southern University

Patricia Crespo-Martin, Foothill College

Lisa DeWaard, Clemson University

Aida Diaz, Valencia Community College

Dorian Dorado, Louisiana State University

Erin Fab, Community College of Denver

Esther Fernandez, Sarah Lawrence University

Gayle Fiedler Vierma, University of Southern California

Alberto Fonseca, North Central University

Amy Ginck, Messiah College

Jose Manuel Hidalgo, Georgia Southern University

Michael Hydack, Austin Community College

Elena Kurinski, St. Cloud University

Courtney Lanute, Edison State College

Kathleen Leonard, University of Nevada-Reno

Tasha Lewis, Loyola University of Maryland

Jose Lopez Marron, Bronx Community College

Donna Marques, Cuyamaca Community College

Markus Muller, California State University-Long Beach

Luz Porras, SUNY-New Paltz

Kristina Primorac, University of Michigan

Danielle Richardson, Davidson County Community College

Angel Rivera, Worcester Polytechnic Institute

Fernando Rubio, University of Utah

Benita Sampedro, Hofstra University

Rachel Shively, Illinois State University

Yun Sil Jeon, Coastal Carolina University

Christine Stanley, Roanoke College

Luz Triana-Echeverria, St. Cloud University

Matthew A. Wyszynski, University of Akron